Stichwort Deutsch

Intensivkurs für Grundstufe Band I

新求精德语强化教程

初级 I

（第四版）

Deutsch-Kolleg
der Tongji-Universität

教育部直属同济大学留德预备部　编著

同济大学 出版社
TONGJI UNIVERSITY PRESS

内 容 提 要

　　《新求精德语强化教程》共有五册,分别为初级Ⅰ、Ⅱ,中级Ⅰ、Ⅱ和高级教程。本书为第一册,包括语音教程及基础教程共14课,相当于《出国留学人员德语强化教学大纲》规定的初级阶段Ⅰ水平,供赴德语国家学习的大学生、研究生和进修生使用。全书语言地道,练习形式丰富多样,旨在全面培养学员听、说、读、写等方面的能力,尤其突出听说训练,并结合国情知识,帮助学员提高在德语国家生活和学习所需要的语言能力。该书的语音教程及所有听力课文等均配有相应的MP3,读者可登陆同济大学出版社网站 www.tongjipress.com.cn 免费下载。

图书在版编目(CIP)数据

　　新求精德语强化教程. 初级. Ⅰ/同济大学留德预备部编著.
—4 版. —上海:同济大学出版社,2012.6(2018.8 重印)
　　ISBN 978—7—5608—4829—7

　　Ⅰ.①新... 　Ⅱ.①同... 　Ⅲ.①德语—教材 　Ⅳ.①H33

　　中国版本图书馆 CIP 数据核字(2012)第 091784 号

Stichwort Deutsch

Intensivkurs für Grundstufe Band Ⅰ

新求精德语强化教程初级Ⅰ(第四版)

教育部直属同济大学留德预备部　编著

插图　王晓东

责任编辑　吴凤萍　　　　责任校对　徐春莲　　　　封面设计　陈益平

出版发行	同济大学出版社	www.tongjipress.com.cn

　　　　　　(地址:上海市四平路1239号　邮编:200092　电话:021—65985622)

照　排	南京展望文化发展有限公司
经　销	全国各地新华书店
印　刷	苏州望电印刷有限公司
开　本	889mm×1194mm　1/16
印　张	23.75
印　数	99 601—110 600
字　数	760 000
版　次	2012 年 6 月第 4 版　2018 年 8 月第 13 次印刷
书　号	ISBN 978—7—5608—4829—7

定　价　88.00 元

德语只接第三格的介词：

von	aus
nach	bei
zu	mit
ab	außer
seit	gegenüber

本书编著者

（按姓氏笔画为序）

王丽明　方建国　祁志琴
李立贵　杨爱珍

U.Busch　B.Geist　L.Richter　R.Unthan

德语只接第三格的介词：

von	aus
nach	bei
zu	mit
ab	außer
seit	gegenüber

第四版出版说明

《新求精德语强化教程·初级》是专为赴德语国家留学及进修人员进行德语强化学习而编写的,是国内德语强化教学自《出国留学人员德语强化教学大纲》问世以来首套集语言、国情、跨文化交际以及听、说、读、写训练于一体的完整的系统教材。《新求精德语强化教程·初级》由初级 I 和初级 II 教程、初级 I 和初级 II 词汇册、初级测试题、新求精德语初级语法精解与练习、初级教学参考书及配套教学音像(MP3)组成。

《新求精德语强化教程·初级》自出版以来,深受德语学习者的青睐和同行的好评。为了更好地适应新的教学需要,我们又一次对本教材进行了修订,对教材中的部分信息作了适时的更新;针对各类德国高校德语入学考试,书中设计了各类题型,使其更加具有针对性和实用性。此外,我们对本教材的结构进行了一定的调整,语音由原来的 6 个部分调整为 3 个部分;在初级 II 中新增加了一个单元,使得本教程(第四版)初级 I 和初级 II 均为 14 个单元,共 28 课,其中第 8、14、22 和 28 课为复习单元。与第三版教材相比,本新版教材在继续强调对德语学习者听、说、读、写等语言能力训练的同时,更多地注重对他们听、说能力和应考能力的培养。

我们衷心希望第四版《新求精德语强化教程·初级》的出版,能使德语学习者在短时期内打好扎实的语言基础,有效地掌握和提高基本的德语交际和运用能力;同时能让教师更加得心应手地使用本教材,提高课堂教学效果。

在此,我们再次衷心感谢广大德语学习者和同行们长期以来对《新求精德语强化教程·初级》的厚爱。希望你们一如既往地支持我们,给予我们更多、更好的建议,使《新求精德语强化教程·初级》在今后修订时能够更加完善。

在本次修订过程中,DAAD 专家 Ulrike Endres 给予了大力协助,她做了大量的审校工作,在此对她表示深深的感谢。

最后,我们真诚感谢同济大学出版社对《新求精德语强化教程·初级》编写出版工作的一贯支持。

编　者

2012 年 4 月

第三版出版说明

《新求精德语强化教程·初级》自 1998 年出版、尤其 2002 年修订再版以来，深受读者和同行的好评。为了更好地完善此教材，我们再次修订此教材。《新求精德语强化教程·初级》内容丰富、体系完整、构思新颖、题型多样。《新求精德语强化教程·初级》第三版共两册：初级 I（Lek.1—14），初级 II（Lek.15—26），适用于初级德语强化培训。在第三版修订时，我们同样考虑到了信息量需要不断更新、德国高校入学德语考试的多样性发展趋势、读者和同行们对此教材提出的建议以及使用中的实际情况等因素，继续注重对学员听、说、读、写等语言能力的训练，尤其是对听、说能力的培养。为此，我们对过时的信息作了更新，对一些题型作了相应的改进，使听力和阅读课文中设计的各类题型不仅更具针对性和实用性而且更加多样性，以求达到更好的训练和学习效果。

《新求精德语强化教程·初级》第三版包括两册教科书、两本词汇练习册、一本测验册、一本教参以及配套教学磁带。

我们希望《新求精德语强化教程·初级》第三版的出版将进一步促进德语强化教学界教材建设方面的交流，并有利于我国与德语国家间的文化沟通。

最后，我们衷心感谢广大读者和同行们长期以来对《新求精德语强化教程·初级》的厚爱，并且希望《新求精德语强化教程·初级》的读者和同行们一如既往地支持我们，给于我们更多的建议，以求《新求精德语强化教程·初级》更加完善。

编 者

2007 年 9 月

再版说明

  《新求精德语强化教程》自出版以来，深受读者和各界的好评，为了更好地适应新的教学需要及德国国情，我们对此教材及时做了修订。

  《新求精德语强化教程》初级（第二版）共两册：初Ⅰ（Lek.1—14）、初Ⅱ（Lek.15—26），为德语强化培训的初级教程。在本书（第二版）的编写时，我们考虑到了信息量不断更新、德国新正字法的执行以及德国大学的外国人入学语言考试的多样性发展趋势等因素，并结合近几年读者和同行对本书提出的许多有益的建议，更加注重对学员听、说、读、写等语言能力的训练，尤其是对听、说能力的培养。为此，《新求精德语强化教程》初级（第二版）增加了语音练习、句型操练、会话练习以及词汇练习等；针对各类德国高校入学德语考试，听力课文和阅读课文中设计的各类题型更加具有针对性和实用性。《新求精德语强化教程》初级（第二版）适用于第一学期（共19周，每周24学时）的教学。整套初级教程包括两册教科书、两本词汇练习手册、一本测验册、一本教师手册及配套教学磁带。

  我们希望《新求精德语强化教程》初级（第二版）的出版将进一步促进德语强化教学界教材建设方面的交流，并有利于我国与德语国家、地区间的文化沟通。

编 者

2002年8月于同济

前　言

　　《新求精德语强化教程》是专为赴德语国家学习、进修的人员进行德语强化学习而编写的。全书分为初级I、II，中级I、II和高级教程，共五册。本书是目前国内德语强化教学界自《出国留学人员德语强化教学大纲》问世以来首套集语言、国情、跨文化交际以及听、说、读、写训练和德国 DSH（高校德语入学考试）迎考培训于一体的完整的系列教材。全书根据教学大纲并参考德国 DSH 考试大纲的要求编写。从编写、试用、修改、定稿、出版、使用，到修订、再版，历经 10 年时间。全书从初学德语开始，直至可参加 DSH 考试为止，适用于三个学期的教学。

　　本教材内容丰富，体系完整，构思新颖，题型多样，是国内唯一与 DSH 直接接轨的德语强化教程。我们希望以《新求精德语强化教程》的出版来促进德语强化教学界教材建设工作方面的交流，并有利于我国与德语国家、地区间的文化沟通。

　　《新求精德语强化教程》的初级 I、II 两册为德语强化培训的初级教程，适用于第一学期（共 19 周，每周 24 学时）的教学。参加德语强化培训的大多数学员的学习目标是赴德进修、上大学或攻读博士学位，因此，本教程以达到德国大学的外国人入学语言考试的要求为最终培训目标，注重对学员听、说、读、写等语言能力的训练，尤其是对听、说能力的培养，学员通过本教程强化培训后，应能在语言上具备在德语国家处理日常事宜的能力，初步掌握德语常用语法规则。

　　在体例上，初级教程由 6 课语音（每课 5 个学时）和 28 个单元的正课（每个单元 14 个学时）组成，第一册和第二册各有 14 个单元的正课，其中的第 7，14，21 单元和第 28 单元为阶段复习课。每个单元基本上用三天的教学时间，第一天、第二天主要用于新内容的教学，第三天则是每个单元的复习。整套初级教程包括两册正式出版的教科书以及教学磁带（同济大学留德预备部另备有测验册和教师手册）。

　　希望《新求精德语强化教程》的读者和使用者对本书多提批评和建议，使本教程在今后修订时得以改进和完善。

编　者

1998 年 7 月

目　　录

Lektion 1

Phonetik

Das Alphabet

Aa	Bb	Cc	Dd ·	Ee	Ff	Gg /	Hh	Ii
Jj	Kk ·	Ll	Mm	Nn	Oo	Pp /	Qq	Rr
Ss	Tt ·	Uu	Vv	Ww /	Xx	Yy	Zz	

Übungen

1. Bitte hören und sprechen Sie nach!

A	a	a		J	j	jott		S	s	ess
B	b	be		K	k	ka		T	t	te
C	c	tse		L	l	ell		U	u	u
D	d	de		M	m	emm		V	v	fau
E	e	e		N	n	enn		W	w	we
F	f	eff		O	o	o		X	x	iks
G	g	ge		P	p	pe		Y	y	ypsilon
H	h	ha		Q	q	ku		Z	z	tsett
I	i	i		R	r	err				

2. Bitte hören und singen Sie!

Das ABC - Lied

‖: 1 1 | 5 5 | 6 6 | 5 — | 4 4 | 3 3 |

a   b   c   d   e   f   g,   h   i   j   k

2 2   2 3 | 1 — | 5 5 | 4 4 | 3 3 |

l   m   n   o   p,   q   r   s   t   u   v

2 — | 5 5 | 4 4 | 3 3 | 2 — | 12 34 |

w,   q   r   s   t   u   v   w,   x   yp-

5 5 | 6 1 6 | 5 — | 4 4 | 3 3 3 |

si - lon   z juch - he!   So, jetzt kenn' ich das

2 5 | 1 — :‖

A   B   C!

z. B.
(USW) usw.

3. Lesen Sie bitte!

a) UN   b) AG   c) ABM   d) SOS
e) VR   f) VWL   g) IHK   h) BRD
i) DAAD   j) WC   k) LKW   l) FAZ
m) USA   n) e. V. *registered association* eingetragener   o) EG   p) BWL
q) DSH   r) k. o. Verein.   s) DNS   t) DRK
knock out · 土倒对方
u) GmbH   v) AAA   w) VW   x) KGB
y) KG   z) ABC

Teil 1

Vokale: a, e, i, o, u,

Umlaut: ä
m. 变者

Konsonanten: b, p, d, t, g, k

$$[a:], [a]$$

[a:]   a, ah, aa

Ali, da, Papa, Gabi, Datum, Tat

ah, Bahn, Hahn, Kahn, lahm

Aal, Aas, Haar, Paar, Maat

[a]   a

All, Ball, Damm, dann, Gatt, Lamm, Mann, wann

Anna, alt, Kalk, Takt, fast, Mast, Atlas, Halle, Anton

Aber: an, ab, hat, man, das

Übungen

1. Lesen Sie bitte!

ah – all   kam – Kamm   Tat – Takt   Papa – Papp
Aas – Atlas   dann – da   Kahn – kann   Mann – Mal

2. Was hören Sie? Kreuzen Sie bitte an!

a) ☐ Kahn   b) ☐ Fahrt   c) ☐ All   d) ☐ Lamm
   ☐ kann   ☐ Fall   ☐ Aal   ☐ lahm
e) ☐ Ball   f) ☐ Wahn   g) ☐ Bahn   h) ☐ Haft
   ☐ Bar   ☐ wann   ☐ Bann   ☐ Hahn

3. Hören Sie bitte! Ist „a" lang (_) oder kurz (.)?

a) Fall   b) Haar   c) Ball   d) Blatt   e) Mal

f) wahr   g) Tal   h) Haft   i) Damm   j) gar

[eː], [ɛː], [ɛ], [ə], [ər], [ən], [əl]

[eː] e, eh, ee

er, den, dem, Edel

geht, fehl, Mehl, Lehm, nehmt, dehnt

Lee, Beet, Idee, Tee, Fee, Meer, leer, Kaffee

[ɛː] ä, äh

Bär, Läden, Mädel

fährt, Hähne, Kähne, Nähe, gähnen, lähmen, mähen

[ɛ] ä, e

Männer, Länder, fällen, Kälte

Bett, Emma, elf, denn, hell, gelb, Geld, Hemd, Heft

[ə] e

Bedarf, Beamter, begabt, Gefahr

Gabe, gehe, Farbe, Name, Plage, Tage

[ər] er

aber, Lager, Halter, Hammer, Keller, Maler, mager

Täter, Walter

[ən] en

baden, beben, Daten, heften, leben, kleben, fallen

[əl] el

Gabel, Fabel, Kabel, Mädel, Nadel, Tafel

Übungen

1. Lesen Sie bitte!

a) er   – Herr   nennen – nehmen   Fell   – Fehler

   Teller – Teer   den   – denn   gelb   – geben

b) Feder   – Fäden   lähmen – lehnen   Bete   – Bärte

   gähnen – geben   mähen   – Mehl

c) gelben – gähnen   Bär   – Bäcker   lärmen – lähmen

d) Befehl – Befall   Lage   – Lager   gefallen – Gefälle

   helle   – heller   Kehle   – Keller   leben   – Leber

2. Was hören Sie? Kreuzen Sie bitte an!

a) ☐ Kelle   b) ☐ Gebete   c) ☐ leben   d) ☐ lebe

☐ Keller   ☐ Bete   ☐ beleben   ☐ Leber

e) ☐ zehn   f) ☐ Gefahr   g) ☐ den   h) ☐ gelber

☐ Zehner   ☐ Gefahren   ☐ denen   ☐ gelbe

3. Hören Sie bitte! Wo hören Sie [eː], [ɛ], [ə]?

a) Kamel [ ]   b) Ebbe   [ ][ ]   c) beehren [ ][ ][ ]

d) eben [ ][ ]   e) Meerenge [ ][ ][ ][ ]   f) kneten [ ][ ][ ]

[iː],   [i]

[iː] i, ih, ie

Biber, Tibet, Mine, mir, Fibel, Lid

ihr, ihm, ihnen

Bier, fliegen, tief, Lied, Liebe, Tier, Piep, Dieb, Kieker, kieken

[i] i

innen, immer, Kissen, Bitte, Lippe, Mitte, ist, finden, Liste, Zimmer

Aber: mit, fit, im, in, bis

Übungen

1. Lesen Sie bitte!

Tier – Tinte   ihn   – innen   will   – wir

Bild – Bier   Miete – Mitte   hier   – hinten

2. Was hören Sie? Kreuzen Sie bitte an!

a) ☐ mir   b) ☐ Kinn   c) ☐ im   d) ☐ Lippe

☐ Mitte   ☐ Kiel   ☐ ihm   ☐ lieb

e) ☐ innen   f) ☐ ihn   g) ☐ wieder   h) ☐ lies

☐ ihnen   ☐ in   ☐ Widder   ☐ List

3. Hören Sie bitte! Ist „i" lang (_) oder kurz (.)?

a) hier   b) Niete   c) Kinn   d) bis   e) nie

f) Pille   g) bitten   h) Fliege   i) Igel   j) Brille

4. Bitte hören und ergänzen Sie „i" [i] oder „ie" [iː]!

a) N __ re   b) K __ nd   c) b __ ten   d) b __ tten   e) T __ nte

f) T __ fe   g) K __ l   h) B __ ne   i) B __ rne   j) z __ hen

[o:], [ɔ]

[o:]   o, oh, oo

<u>O</u>pa, <u>O</u>ma, Ofen, oder, Olaf, Koma, Polen, rot, wo

Hof

Dohle, Ohr, Kohle, Lohn, Bohne, Hohn, Floh

Boot, Moos, doof, Zoo

[ɔ]   o

offen, Otter, oft, Tonne, Komma, Motte, hoffe, toll, Gold

<u>G</u>locke, Form, Morgen, Norm, Dock, Bonn

Aber: ob

Übungen

1. Lesen Sie bitte!

Bonn	–	Bohne	Donner	–	Dohmen	hoffen	–	Hohn
Morgen	–	Mohn	Mode	–	Motte	Koma	–	Komma

2. Was hören Sie? Kreuzen Sie bitte an!

a) ☐ Ton   b) ☐ wohne   c) ☐ Ohr   d) ☐ Ofen
☐ Tonne   ☐ Wonne   ☐ ob   ☐ offen

e) ☐ ob   f) ☐ Bogen   g) ☐ Rolle   h) ☐ froh
☐ Opa   ☐ borgen   ☐ roh   ☐ fromm

3. Hören Sie bitte! Ist „o" lang (_) oder kurz (.)?

a) toben   b) Topf   c) Sonntag   d) locken   e) wohnen

f) wollen   g) Tropen   h) Wolf   i) wohl   j) fort

[u:], [u]

[u:]   u, uh

Ufer, Uta, Udo, Mut, gut, nun, Duden, du, Nudel, Bube

Juni

<u>U</u>hr, Kuh, Huhn, fuhr

[u]   u

Butter, Mutter, Duft, unter, und, Nummer, Null, Hummer

<u>P</u>uppe, Muster, Hund, Ulm, Wupper

Aber: um, Bus

Übungen

1. Lesen Sie bitte!

Mund – Mut   und – Uhr   Hummer – Humor

dumm – du   Nudel – Nummer   Bullen – buhlen

2. Was hören Sie? Kreuzen Sie bitte an!

a) ☐ Lupe   b) ☐ Mut   c) ☐ Tunnel   d) ☐ um

   ☐ Lunte   ☐ Mutter   ☐ tun   ☐ UNO

e) ☐ Krume   f) ☐ Hund   g) ☐ gut   h) ☐ Furt

   ☐ krumm   ☐ Hut   ☐ Grund   ☐ Fuhre

3. Hören Sie bitte! Ist „u" lang (_) oder kurz (.)?

a) Juni   b) Puppe   c) Flut   d) kurz   e) Ulli

f) Futter   g) Kuhn   h) Hupe   i) Flug   j) Funke

4. Bitte hören und ergänzen Sie „o" oder „u"!

a) G __ tt   b) H __ mboldt   c) g __ t   d) Gr __ tte   e) K __ sten

f) M __ nd   g) L __ ft   h) M __ nd   i) K __ ppel   j) m __ n __ t __ n

[b], [p]

[b] b, bb

Bern, Bild, Blume, Biene, Bahn, bunt, Tube, Fieber

Tabelle, aber, oben, Diebe, Liebe

Ebbe, blubbern

[p] p, pp, b

Plakat, Papier, Papa, Lampe, Tulpe, Tempel, Hupe, Ampel

Puppe, Mappe, Lippe, Nippel, Lappen

Kalb, Dieb, Lob, Bub

Übungen

1. Lesen Sie bitte!

Pille – Brille   Paar – Bar   Ballett – Palette

gab – Gabe   Dieb – Diebe   oben – Opa

2. Was hören Sie? Kreuzen Sie bitte an!

a) ☐ Plombe   b) ☐ Bock   c) ☐ Pudel   d) ☐ Prahm

   ☐ Bombe   ☐ Pocke   ☐ buddeln   ☐ Brahms

e) □ Lob   f) □ Bagger   g) □ Blatt   h) □ packen

     □ lobe   □ Packer   □ platt   □ backen

3. Bitte hören und ergänzen Sie „b" oder „p"!

a) __ ass   b) __ a __ a   c) __ lass   d) __ a __ agei   e) __ iologie

f) Na __ el   g) __ a __ el   h) __ ro __ e   i) __ alast   j) lo __ en

[d],   [t]

[d]   **d, dd**

Dame, Dackel, Daniel, da, denn, Pudel, Duden, Feder, Kunde

Paddel, buddeln, Widder, Pudding

[t]   **t, tt, th, d, dt**

Tafel, Telefon, Test, Tulpe, Tier, Bote, Ute, Not, Mut

Luft, Flut, Tim

Butter, Dotter, Bett, nett, Blatt, platt

Thema, Theater, Thomas, Lothar, Luther

bald, Bild, Hund, Lied, wild

gewandt, Brandt

Übungen

1. Lesen Sie bitte!

dick – Tick   Dieb – Trieb   Bild – Bilder   dir – Tier   Boten – Boden

2. Was hören Sie? Kreuzen Sie bitte an!

a) □ runde   b) □ Torte   c) □ Tonne   d) □ Ton

     □ bunte   □ dort   □ Donner   □ Dom

e) □ Daten   f) □ toll   g) □ Latten   h) □ Made

     □ Taten   □ doll   □ Laden   □ Matte

3. Bitte hören und ergänzen Sie „d" oder „t"!

a) __ attel   b) __ empel   c) __ rude   d) __ an __ e

e) __ an __ em   f) __ or   g) __ el __ a   h) Win __ er

i) blin __   j) __ a __ el

[g],   [k]

[g]   **g, gg**

Geld, Gold, Gabe, Garten, Geduld, Gitter, gut, Glut

Tage, fliegen

Fugger, Bagger, Flagge, Egge

[k] **k, kk, g, ck, c, ch**

Komma, Konto, Kamel, Karl, Kiel, Kiste, Kuba, Kino

Fakten, Akt, Akku

Tag, arg, Berg, Bug

Ecke, lecker, Kocker, Deck

Calcium, Café, Clown, Cottbus

Chaos, Chor, Charakter, Christ, Chlor

Übungen

1. Lesen Sie bitte!

Gunst – Kunst   Tag   – Tage   Gabel – Kabel

Berg   – Berge   Hagen – Haken   Wecker – Wege

2. Was hören Sie? Kreuzen Sie bitte an!

a) ☐ Garten   b) ☐ Gurgel   c) ☐ Magen   d) ☐ kleben

☐ Karten   ☐ Kurbel   ☐ Masken   ☐ geben

e) ☐ Mark   f) ☐ Graben   g) ☐ Kugel   h) ☐ Gans

☐ Magen   ☐ Kragen   ☐ kucken   ☐ Kranz

3. Bitte hören und ergänzen Sie „k" oder „g"!

a) __ lutamat   b) __ locke   c) __ lauen   d) __ ruppe

e) __ e __ el   f) __ rupp   g) __ alant   h) da __ e __ en

i) __ ur __ e   j) __ al __

Zusammenfassende Übungen

1. Bitte hören Sie! Ergänzen Sie die Vokale!

a) Aut __   b) B __ rne   c) T __ ller   d) __ tt __

e) K __ l __ nd __ r   f) T __ l __ f __ n   g) B __ nn   f) F __ rma

h) R __ tte   i) M __ de   j) B __ n __ n __   k) M __ n __ te

l) __ ndr __ __   m) __ nf __ rm __ t __ k

2. Was hören Sie? Kreuzen Sie bitte an!

a) ☐ doll   b) ☐ gelte   c) ☐ Hennen   d) ☐ Motor

☐ toll   ☐ Kälte   ☐ hemmen   ☐ Moder

e) ☐ Parken   f) ☐ Dorf   g) ☐ halten   h) ☐ Daten
    ☐ Barken   ☐ Torf   ☐ Halden   ☐ Taten
i) ☐ Tage   j) ☐ gut   k) ☐ Gatte   l) ☐ Dieb
    ☐ Tag   ☐ Kuh   ☐ Katte   ☐ Diebe

Dialoge

a) * Guten Morgen/Tag/Abend!
    + Guten Morgen/Tag/Abend!
    * Wie geht es Ihnen?
    + Danke gut. Und Ihnen?
    * Auch gut, danke.

b) * Auf Wiedersehen!
    + Auf Wiedersehen!

c) * Tschüss!
    + Tschüss!

Zungenbrecher

a) Herr von Hagen, darf ich's wagen,
   Sie zu fragen, wie viel Kragen Sie getragen,
   als Sie lagen, krank am Magen,
   im Spital zu Kopenhagen.

b) Not kennt kein Gebot.

Teil 2

Umlaute: ö, ü,

Diphthonge: ei, au, eu,

Konsonanten: m, n, l, r, w/v, f/v/ph, s, st, sp

[ø:], [œ]

[ø:]   ö, öh

Öl, Öde, Öfen, Ökonomie, <u>Flöte</u>, Töne, Höfe, mögen, Möbel
Löhne, Flöhe, gewöhnen, Köhler, Höhle

[œ]   ö

öfter, öffnen, können, Körbe, Köln, Hölle, Böll, <u>Löffel</u>
Götter, Göttingen

Übungen

Lesen Sie bitte!

1. Hölle – Höhle   Löwe – Löffel   Köhler – Köln
   Öfen – öffnen

2. öfen – Ofen   Kohl – Köln   Gott – Götter
   oft – öfter   Höfer – Hof

<h3 style="text-align:center">[y:],   [y]</h3>

[y:] ü, üh, y

Übel, über, müde, für, <u>Tür</u>, Blüten, Lügen, Hügel, Hüte
Güte, Lübeck
Blühen, führen, kühl, Mühe, Mühle, fühlen, Bühne, Hühner
Typ, Type, Typus

[y] ü, y

dünn, Müller, füttern, Mütter, Hütte, dürr, <u>Gürtel</u>, fünf, Günter,
Münster
System, Symbol, Hymne

Übungen

1. Lesen Sie bitte!

Düne	– Dünner	Typ	– System	Lüge	– Lücke
Hüte	– Hütte	Mühe	– Müll	Tür	– Türme
klug	– klüger	Hühner	– Huhn	gut	– Güter
Mutter	– Mütter	Füller	– Futter	Ufer	– über

2. Bitte hören und ergänzen Sie „ö" oder „ü"!

a) L __ hne   b) F __ ller   c) B __ rste   d) K __ rbe   e) L __ ffel

f) H __ hner   g) __ ber   h) t __ ten   i) k __ nnen   j) pr __ fen

<h3 style="text-align:center">[ai], [ao], [ɔy]</h3>

[ai] ei, ai, ay, ey

<u>Ei</u>, ein, eins, einer, leider, Heidi, Heike, Heidelberg, kein, mein
Blei, bei
Main, Kai, Laie, Mai, Hai
Mayer, Bayern
Beyer, Meyer

[ao]   **au**

auf, Aufbau, Aula, Baum, kaufen, laufen, Klaus, Paul, Paula
genau, blau, Haus, Hausaufgaben

[ɔy]   **eu, äu**

Eule, Eugen, Feuer, heute, Leute, neu, Heu, Teufel
Bäume, Läufer

Übungen

1. Lesen Sie bitte!

Ei	– Au	Mai	– Maul	keifen	– kaufen
hau	– Heu	heiter	– heute	nein	– neun
Eule	– Aula	leider	– lauter	Feind	– Feuer

2. Was hören Sie? Kreuzen Sie bitte an!

a) ☐ Eile   b) ☐ Laub   c) ☐ lauter   d) ☐ Eis
   ☐ Aula   ☐ Leib   ☐ Leute   ☐ aus

e) ☐ Bäume   f) ☐ kaum   g) ☐ deinen
   ☐ Beine   ☐ kein   ☐ Daumen

3. Hören Sie bitte! Richtig oder falsch?

	richtig	falsch		richtig	falsch
a) heute	☐	☐	b) Leute	☐	☐
c) lauter	☐	☐	d) Eiter	☐	☐
e) Mai	☐	☐	f) neun	☐	☐
g) kaufen	☐	☐	h) frei	☐	☐
i) blau	☐	☐	j) grau	☐	☐
k) Bein	☐	☐			

[m], [n]

[m]   **m, mm**

Mutter, mein, Monika, morgen, Main, Martina, Ampel, Oma, Dom,
Kommen, Komma, Himmel, dumm, Lamm, Kamm

[n]   **n, nn**

Neu, nein, nun, neun, Name, knacken, lernen, genug, knapp, Knabe,
kennen, innen, können, dann, begann

Übungen

Lesen Sie bitte!

morgen	–	Norden	wärmen	– warnen	dann	– Damm
Baum	–	Paul	Hain	– Heim	nein	– mein
lahm	–	Lahn	Kim	– Kinn	tun	– dumm

[l],   [r]

[l] l, ll

Lina, Liebe, Lob, leer, Luft, liegen, glatt, blau, gelb, Glück, kalt, fallen, knall, toll, Moll, Ball, hell

[r] r, rr, rh

Raum, reden, reduziert, rot, Rainer, Trier, Freitag, fahren, Frankfurt
Bremen, Freund, hören, breit, treffen, tragen, Krieg, Grit, grau, grün
Karre, irre, zerren, Dürre
Rhein, Rhetorik, Rheuma, Rhythmus
Aber [ər]: Herr, Uhr, pur, Tor, Tier, Teer, Bär, dürr

Übungen

1. Lesen Sie bitte!

a) blau	–	braun	Bälle	– Bären	Rand	– Land
Reim	–	Leim	Herren	– heller	Rast	– Last
Halt	–	hart	Geld	– Gerd	Leiter	– Reiter
b) Uhren	–	Uhr	Bär	– Bären	Meer	– mehren
der	–	deren	Herren	– Herr	garen	– gar

2. Lesen Sie bitte!

leben	– neben	Wonne	– wollen	Glück	– Knick
Bein	– Beil	nähren	– lehren	Lunte	– Null

3. Was hören Sie? Kreuzen Sie bitte an!

[m] oder [n]

a) ☐ mein   b) ☐ morgen   c) ☐ nimm   d) ☐ dann
   ☐ nein   ☐ Norden   ☐ drin   ☐ Damm

e) ☐ kümmern   f) ☐ inner   g) ☐ mir
   ☐ können   ☐ immer   ☐ nie

[n] oder [l]

a) ☐ leben   b) ☐ wollen   c) ☐ von   d) ☐ nahm
   ☐ neben   ☐ Wonne   ☐ voll   ☐ lahm

e) ☐ kennen   f) ☐ glatt   g) ☐ Knut
   ☐ Keller   ☐ Knack   ☐ Glut

[l] oder [r]

a) ☐ klauen   b) ☐ Lampe   c) ☐ rot   d) ☐ Blei
   ☐ Grauen   ☐ Rampe   ☐ Lot   ☐ Brei

e) ☐ zählen   f) ☐ laufen   g) ☐ Bären   h) ☐ Floh
   ☐ zerren   ☐ raufen   ☐ bellen   ☐ froh

4. Was hören Sie? Ergänzen Sie bitte!

a) K __ eber   b) wo __ __ en   c) B __ ei   d) __ ei __   e) __ u __

f) g __ ün   g) Mu __ __   h) __ age __   i) K __ eis   j) b __ u __ __ en

[v], [f]

[v]   w, v

was, wo, wann, wie, Wien, wer, wobei, Wort. Möwe

Gewitter, Witwe

V̲ase, Visum, oval, Motive, Direktive, aktive

[f]   f, ff, v, ph

Familie, faul, F̲rau, Frieder, Frankfurt, Freiburg, fliegen, laufen

Ofen, Luft, oft, kaufen, tief, Golf, Fulda

offen, öffnen, Löffel, Kartoffel, Riff

Vater, Motiv, naiv, informativ, aktiv

Photo, Physik, Phase, Atmosphäre, Alphabet

Übungen

1. Lesen Sie bitte!

wahren – fahren   wir – vier   Olive – offen

Wort – fort   oval – Ofen   Photo – wo

Motive – Tiefe   naiv – naive

2. Was hören Sie? Kreuzen Sie bitte an!

a) ☐ Wolke   b) ☐ wer   c) ☐ frei   d) ☐ offen
   ☐ Folter   ☐ Verkehr   ☐ weit   ☐ oval

e) ☐ wo   f) ☐ wieder   g) ☐ voller   h) ☐ wie

    ☐ vor   ☐ Flieder   ☐ Wolle   ☐ Vieh

[z],   [s]

[z]   s

sagen, Sabrina, Salzburg, sie, so, Summe, Susanne, sind

Seite, Sahne, Sorge, sehen, sieben, Siegen, Sonne, Sören

Pause, Dose, Reise, Rosenheim, Hose, besuchen

[s]   s, ss, ß

Slawe, Sklave, Skizze, das, Haus, Bus, was, dies, Eis, Maus, Zeus

Nüsse, Düsseldorf, Passau, müssen, Essen, Wasser, Fass, besser

wissen, Imbiss, muss, Neuss

Fuß, Soße, groß, Größe, Maß, weiß, heißen, genießen

Übungen

1. Lesen Sie bitte!

weißen – weisen   hassen – Hasen   Wesen – wessen

Muße – Muse   Ross – Rose   Kasse – Käse

Hausseite, aussagen, Sessel

eine Urlaubsreise im Sommer an der Nordsee absagen

2. Was hören Sie? Kreuzen Sie bitte an!

a) ☐ Besen   b) ☐ Gase   c) ☐ Moos   d) ☐ nass

    ☐ bessern   ☐ Gasse   ☐ Mosel   ☐ Nase

e) ☐ Insel   f) ☐ heiser   g) ☐ Vase   h) ☐ lassen

    ☐ Imbiss   ☐ heißer   ☐ Fass   ☐ lasen

[ʃt],   [st]

[ʃt]   st

studieren, Stuttgart, Stein, Staat, Stuhl, stehen, stellen, Stift, Stau

Stock

Verstand, verstehen, Besteck, gestehen, erstaunt

Straße, Strafe, Stress, Streit, Streik, Strauß

[st]   st

besten, Fenster, tasten, konstant

fast，Fest，Gast，Lust，Post，selbst，Rest，Durst，Kunst
Wurst，Budapest

Übung

Lesen Sie bitte!

stehen - testen　　　　Staat　 - tasten　　　　Stein - Geist
Post　 - Straße　　　　Feststand - Meisterstraße

[ʃp]，　[sp]

[ʃp]　sp

spielen，sparen，Spanne，Spanien，Speise，Spiegel，Sport，Spott，spät
verspielen，entspannen，ersparen
Spreu，Sprint，Sprit，Spross，Sprosse，Sprudel

[sp]　sp

Espe，raspeln，Aspekt，respektiv，Kasper，Prospekt
Wespe，Respekt

Übung

Lesen Sie bitte!

sparen　 - raspeln　　　Espe　 - Speise　　　knuspern　 - Spur
spät　 - Wespe　　　　Respekt - Spektrum

Zusammenfassende Übungen

1. Lesen Sie bitte!

Mann　 - Name　　　　las　 - lasen　　　wollen　 - Wonne
Stunde - fast　　　　　sagst - Stadt　　　Herren　 - leer
Vase　 - Phase　　　　groß - Klos　　　Sommer - Sonne
Sportstunde，Testspiel，Obstspeise，Sportstadion，Stadtsparkasse

2. Was hören Sie? Kreuzen Sie bitte an!

a) ☐ grün　　　b) ☐ Blase　　　c) ☐ Hennen　　d) ☐ lagen
　 ☐ glühen　　 　☐ blasse　　　 　☐ hemmen　　 　☐ Magen
e) ☐ hassen　　f) ☐ Löwe　　　g) ☐ nun　　　h) ☐ Rahmen
　 ☐ Hasen　　 　☐ Löffel　　　 　☐ Null　　　 　☐ nahmen
i) ☐ Mayer　　j) ☐ Rhein　　　k) ☐ Türme
　 ☐ Laie　　 　☐ Leim　　　 　☐ tönern

Dialoge

a) * Wie heißt du?

+ Ich heiße Xiao Lin. Und du?

* Ich heiße Xiao Ming.

+ Sehr angenehm.

b) * Wie geht es dir?

+ Danke gut. Und dir?

* Auch gut, danke.

c) * Kommst du aus Shanghai?

+ Nein, ich komme aus Beijing. Und du?

* Ich komme aus Shanghai.

d) * Öffnen Sie das Fenster/die Tür, bitte!

+ Wie bitte?

* Öffnen Sie das Fenster/die Tür, bitte!

+ OK.

Zungenbrecher

a) Der Staat spart stark Steuern.

b) Esel essen keine Nesseln, Nesseln essen keine Esel.

c) Große Krebse krabbeln im Korb. Im Korb krabbeln große Krebse.

d) Wenn ich weiß, was du weißt, und du weißt, was ich weiß, dann weiß ich, was du weißt, und du weißt, was ich weiß.

Teil 3

Konsonanten: sch, ch, tsch, h, j, z, ng, -ung, nk, x, pf, qu, -tion, -ssion, -sion, -ismus

[ʃ]

[ʃ] sch, ch

Schal, scheint, schieben, schnell, schnallen, schon, schön, Schulter, Tasche, löschen, beschließen, Gulasch, Englisch, Französisch, Mensch, kindisch, griechisch, Feinschmecker

charmant, Chance, Chauffeur, Champagner, Chef, Charlotte

[ç, iç], [x]

a) ich- Laut [ç, iç] ch, ig

China, Chemie, dicht, feucht, Bräuche, Grieche, leicht

möchten, Küche, Nächte, Recht, ich, Milch, gemütlich

Friedrich, <u>Würstchen</u>, München

billig, beliebig, fleißig, geistig, mutig, nötig, richtig, wenig, wichtig

beschäftigt, beleidigt, verdächtigt

Aber: [ig] — fleißige, wichtige, Dreißiger, billiger

b) ach- Laut [x] ch nach: a, o, u, au

lachen, Aachen, machen, Sache, acht, Bach, Fach, Krach

kochen, mochte, Woche, doch, Loch, noch, hoch, Bochum

<u>Kuchen</u>, Suche, Wucher, Buch, Geruch, Tuch, Flucht, Zucht

auch, fauchen, Hauch, Bauch, Rauch, Schlauch

Übungen

1. Lesen Sie bitte!

Sucht	–	süchtig	Dach	–	Dächer	Gicht – acht	
Rechen –	Rachen		Leuchte	–	lacht	Epoche – Bauch	
Richtig –	richtiger		menschlich	–	harmonisch		

2. Hören und ergänzen Sie bitte „ch" oder „sch"!

a) bre __ en   b) rä __ en   c) du __ en   d) __ wedi __   e) __ eiden

f) __ inesi __   g) Ge __ i __ te   h) Bei __ te   i) fe __ ten   j) Tu __ e

k) Bü __ er   l) __ icken   m) __ lau   n) Pfli __ t   o) __ ema

[tʃ]

[tʃ] tsch

Tscheche, tschau, tschüss, Gautsche, hatschi

klatschen, <u>Kutsche</u>, Peitsche, lutschen, Deutsch

Putsch, Quatsch, Rutsch

Übung

Was hören Sie? Bitte kreuzen Sie an!

a) ☐ Chemie   b) ☐ neidisch   c) ☐ peinlich   d) ☐ täppisch
   ☐ schlimm   ☐ neulich   ☐ politisch   ☐ Teppich

e) ☐ Schiene   f) ☐ echt   g) ☐ Nacht   h) ☐ schlecht
   ☐ China   ☐ acht   ☐ nicht   ☐ Schlacht

i) ☐ Loch   j) ☐ Tücher   k) ☐ fleißiger   l) ☐ reichlich
   ☐ Löcher   ☐ Tuch   ☐ fachlich   ☐ richtige

m) ☐ selig   n) ☐ tüchtig   o) ☐ Russisch   p) ☐ Deutsch
   ☐ seelisch   ☐ tückisch   ☐ lustig   ☐ Dusche

q) ☐ hatschen   r) ☐ Kirche   s) ☐ zwischen   t) ☐ Latsche
  ☐ haschen   ☐ Kirsche   ☐ zwitschern   ☐ Lasche

[h]

[h] h

Hai, halb, Hälfte, Haushalt, hoffen, Hochhaus, hören, Hecht, heilen,

Himmel, hier, husten, huschen, Hüfte, helfen, hinterher

Aber: gehen, leihen, lehnen, strahlen, flieh, Vieh, Stroh

Übungen

1. Lesen Sie bitte!

Hasten, sehen, Huhn, gähnen, heulen, Hölle, Hinterhof, höher, lieh, ohne, Herr

heilgehalten, haschen, Hauch, oh, fliehen, Hoheit, hünenhaft, Wahl, Hundehütte

Stuhl, geh, sprühen, hindern

2. Hören und ergänzen Sie bitte „h" oder „ch"!

a) Fa ___   b) ma ___ len   c) no ___   d) sie ___

e) Bu ___   f) bege ___ en   g) Rau ___   h) Ha ___ n

i) schwa ___   j) Vie ___   k) Schu ___   l) ne ___ men

m) po ___ en   n) mo ___ te   o) Ja ___ r   p) Wo ___ e

q) Mo ___ n   r) Tau ___ er   s) se ___ nen

[j]

[j] j, y

ja, Jade, Jahr, Jakob, Japan, jeder, Jena, Joghurt, Juli, Juni, Julia,

Junior, Jubel, Juden, Jugend, Jura, Juwel, Justus

Yacht, Yak, Yard, Yen,

[ts]

[ts] z, c, tz, ts, ds

zahlen, Zauber, zäumen, zehn, Zeit, Ziel, Zimmer, Zoo, zu, züchten, Arzt

duzen, siezen, tanzen, Wurzel, Erz, Kerz

Celsius, circa, Cicero, Mercedes

blitzt, jetzt, Glatze, Katze, Sätze, Spitze, Gesetz, Platz

Schutz, Sitz, Witz

Arbeitsstelle, Arbeitszimmer, Haushaltskasse, Rätsel, abwärts, bereits,

Niemandsland, abends, nirgends

Übungen

1. Bitte lesen Sie!

Salz, ätzen, siebzig, vorwärts, Landsmann, Zucker, Zeder, Weizen, Pilz, besitzen

zersetzen, putzen, Zaun, züchten, verzichten, Spritze, Arbeitssuche

Rechtssache, rechtsseitig

2. Was hören Sie? Bitte kreuzen Sie an!

a) ☐ sacken   b) ☐ zagen   c) ☐ zäh   d) ☐ sausen
     ☐ zacken   ☐ sagen   ☐ See   ☐ zausen

e) ☐ selten   f) ☐ zeigen   g) ☐ Zinn   h) ☐ Siege
     ☐ zelten   ☐ seigen   ☐ Sinn   ☐ Ziege

i) ☐ Sitze   j) ☐ Soll   k) ☐ Zahl   l) ☐ Zank
     ☐ Zitze   ☐ Zoll   ☐ Saal   ☐ sank

m) ☐ Ritze   n) ☐ Seen   o) ☐ Hase   p) ☐ verziert
     ☐ Riese   ☐ zehn   ☐ Hitze   ☐ versiert

$$[\eta], [u\eta], [\eta k]$$

[η] ng

Angst, Englisch, bringen, Wange, Hengst, sengen

dringend, Tübingen, Hongkong, <u>Frühling</u>, eng, lang

[uη] ung

Übung, jung, Sprung, <u>Zeitung</u>, Sitzung, Endung, Fassung, Prüfung

Lösung, Wendung, Achtung, Festung, Lesung, Hunger

[ηk] nk

danken, Frankfurt, <u>Schrank</u>, krank, denken, Henkel, schminken

trinken, Onkel, Punkt, dunkel, Bänke, pünktlich

Übungen

1. Vergleichen Sie bitte!

a) singen – sinken   Engel – Enkel   Schlange – schlank
   Dinge – dunkel   Klinge – Klinke   Drang – Trank
   Hängen – Henkel   Junger – Junker   Längen – Lenken

b) tannen – tanken   dünner – Dünger   spinnen – springen
   sinnen – singen   sennen – sengen   drinnen – dringen

2. Hören und ergänzen Sie bitte „ng" oder „nk"!

a) wi __ en　　　b) hä __ en　　　c) E __ els　　　d) bri __ en　　　e) Füllu __

f) Nahru __　　　g) hu __ rig　　　h) Lu __ enfu __ tion　　　i) Heri __ sri __ e

[ks], [pf], [kv]

[ks]　ks, ,x, chs

Keks, links, Koks, pieksen

Taxi, Praxis, Text, Lexikon, Mexiko, Oxford, Luxus, Fax

Max, Experte,

Achse, Fuchs, wachsen, wechseln, sechs, Wuchs, Ochse, Erwachsener

[pf]　pf

Pfad, Pfanne, Pferd, Pfeffer, Pfingsten, Pflicht, pfeifen, Pfeil

Apfel, Opfer, dampfen, verpflichten, Napf, Kopf, Topf

[kv]　qu

Quatsch, quer, Quittung, Quote, Qualität, Quantität,

Quadrat, bequem

Übungen

1. Bitte lesen Sie!

Quatsch	–	Klatsch	Toffel – Topf		wachsen	– wachen
quer	–	kehr	dampfen – Damen		Achsen	– Aachen
Quote	–	Worte	Pfanne – Fahne		Quelle	– Keller

2. Hören Sie bitte! Richtig oder falsch?

	richtig	falsch			richtig	falsch
a) Pfennig	☐	☐		b) Pfeife	☐	☐
c) Pfeffer	☐	☐		d) Lachs	☐	☐
e) Sachsen	☐	☐		f) Text	☐	☐
g) Koch	☐	☐		h) Quote	☐	☐

[tsion], [sion], [zion], [ismus]

[tsion]　tion

Lektion, Nation, Station, Konjugation, Auktion, Opposition

Installation, Dekoration, Delegation, Promotion, Produktion

Sensation, Tradition

[**sion**] ssion

Diskussion, Passion, Profession, Emission, Immission

Impression, Kommission, Konzession

[**zion**] sion

Division, Diffusion, Explosion, Fusion, Infusion, Illusion

Inversion, Invasion, Vision, Version

[**ismus**] ismus

Analphabetismus, Buddhismus, Feudalismus, Idealismus, Kapitalismus

Mechanismus, Sozialismus

Übungen

1. Hören und kreuzen Sie bitte an!

a) ☐ Revision   b) ☐ Demission   c) ☐ Portion

☐ Revolution   ☐ Division   ☐ Passion

d) ☐ Kaution   e) ☐ Provision   f) ☐ Immission

☐ Kommission   ☐ Profession   ☐ Illusion

2. Hören und ergänzen Sie bitte „ssion, sion, tion, ismus"!

a) Tradi ___   b) Expre ___   c) Kommunika ___   d) Ideal ___   e) Promo ___

f) Disku ___   g) Informa ___   h) Explo ___   i) Mechan ___

Zusammenfassende Übungen

1. Lesen Sie bitte!

schon	–	Sohn	Schal	– Sorgen	Rauch	– Rausch
Sprecher	–	Sprache	lacht	– Licht	euch	– auch
Bräuche	–	Brauch	nicht	– Nacht	schien	– sieh
Tische	–	Tscheche	durch	– Deutsch	Mensch	– manch
Englisch	–	ähnlich	Lösche	– Löcher	Tasche	– Tasse
waschen	–	wachen	Buch	– Busch	lachen	– lächeln
Peitsche	–	Pech	Chemie	– Schema	mich	– Mischer
Koch	–	Küche	Männchen	– Menschen		

hassen, heißen, heben, heute, Hitze, hierher, hinhauen, hinterhältig

2. Hören und kreuzen Sie bitte an!

a) ☐ sieht   b) ☐ matschen   c) ☐ Kirche

☐ zieht   ☐ Maschen   ☐ Kirsche

d) ☐ Latz   e) ☐ Zähne   f) ☐ Rutsch

    ☐ Latsch   ☐ Sehne   ☐ Lutz

g) ☐ Klatsche   h) ☐ zart   i) ☐ Sucht

    ☐ Glatze   ☐ Saat   ☐ Zucht

j) ☐ so   k) ☐ säumen   l) ☐ Nacht

    ☐ Zoo   ☐ zäumen   ☐ nicht

m) ☐ durch   n) ☐ Englisch   o) ☐ weibisch

    ☐ Dusche   ☐ ähnlich   ☐ weiblich

p) ☐ löschen   q) ☐ Chef   r) ☐ kindisch

    ☐ lösen   ☐ scharf   ☐ kindlich

3. Lesen Sie bitte!

Stangen	–	stanken	Pfarre	–	befahl	Kurve	–	quer
Quote	–	Kurator	Kämpen	–	kämpfen	Fraktion	–	Version
befreien	–	pfeifen	lacht	–	Lachs	Posten	–	Pfosten
Länge	–	lenken	Pferd	–	fällt	Passion	–	Portion

4. Was hören Sie? Kreuzen Sie bitte an!

a) ☐ Junge   b) ☐ fänden   c) ☐ Ascher

    ☐ Junker   ☐ pfänden   ☐ Achse

d) ☐ Provision   e) ☐ Sachen   f) ☐ Flug

    ☐ Produktion   ☐ Sachsen   ☐ Pflug

g) ☐ Emotion   h) ☐ Pfeffer   i) ☐ Befehl

    ☐ Emission   ☐ Quelle   ☐ Pflege

j) ☐ sechs   k) ☐ Stadion   l) ☐ Abfall

    ☐ sechzig   ☐ Station   ☐ Apfel

m) ☐ Person   n) ☐ hoffen   o) ☐ klingen

    ☐ Version   ☐ Hopfen   ☐ klinken

p) ☐ Pfand   q) ☐ Pfingsten   r) ☐ Äxte

    ☐ fand   ☐ fingst   ☐ extra

Dialoge

a)   * Lesen Sie bitte den Text!

     + Wie bitte?

     * Lesen Sie bitte den Text!

     + Ja, gut.

b)   * Öffnen Sie Ihr Buch, bitte!

     + Entschuldigen Sie, ich habe Sie nicht verstanden.

* Öffnen Sie bitte Ihr Buch!

+ In Ordnung.

c) * Beantworten Sie bitte die Fragen eins bis vier!

+ Bitte etwas lauter!

* Beantworten Sie bitte die Fragen eins bis vier!

+ Danke.

d) * Noch einmal, bitte!

+ Wie bitte?

* Wiederholen Sie noch einmal den Satz, bitte!

+ Ja, gut.

e) * Sprechen Sie mit Ihrem Nachbarn!

+ Wie bitte?

* Machen Sie einen Dialog mit Ihrem Nachbarn!

+ In Ordnung.

f) * Haben Sie noch Fragen?

+ Ja, ich habe noch eine Frage.

* Bitte.

+ Wie buchstabiert man „Student"?

* S – T – U – D – E – N – T.

+ Vielen Dank.

* Nichts zu danken.

Satzintonationen

a) Aussagesatz (.)

Ich habe eine Frage. ↘

b) W-Frage (?) (wie, was, wer, wo, u. ä.)

Wie geht es Ihnen? ↘**oder**(↗)

c) Ja/Nein-Frage (?)

Haben Sie noch Fragen? ↗

d) Alternativfrage (?)

Möchten Sie Wasser ↗**oder Saft?**↘

e) Aufforderung (!)

Bitte etwas lauter! ↘

Übungen zur Satzintonation

a) * Ist Wien die Hauptstadt von Deutschland?

+ Nein, Wien ist die Hauptstadt von Österreich. Berlin ist die Hauptstadt von Deutschland.

b) * Ist Eis heiß?

+ Nein, Eis ist kalt.

* Was ist denn heiß?

+ Natürlich ist der Sommer heiß.

c) * Bellen Katzen?

+ Nein, Katzen bellen nicht sondern miauen.

* Und was bellt denn?

+ Der Hund bellt.

d) * Hat ein Fahrrad vier Räder?

+ Nein, ein Fahrrad hat zwei Räder.

* Was hat vier Räder?

+ Das Auto hat vier Räder.

e) * Wo leben Fische?

+ Fische leben im Wasser.

* Was lebt auf Bäumen?

+ Vögel leben auf Bäumen.

f) * Am Tag scheint die Sonne. Was scheint in der Nacht?

+ Der Mond scheint in der Nacht.

g) * Lernen Sie Deutsch oder Englisch?

+ Deutsch.

* Haben Sie am Vormittag oder am Nachmittag Unterricht?

+ Am Vormittag.

h) * Noch einmal, bitte!

+ Wie bitte?

* Wiederholen Sie bitte noch einmal!

+ Ja, gut.

Zungenbrecher

a) Milch macht müde Männer munter.

b) Lorre Latte liebt lange Lulatsche.

c) Rudi Ratlos rollt rasch roten Rasen.

d) Frau Frei fragt Frank freche Fragen.

e) Fischers Fritz fischt frische Fische. Frische Fische
fischt Fischers Fritz.

f) Der Sportstudent steht ständig unter Stress.

g) Der Schmied schneidet schnell einen Schal für die Geschwister Scholl.

h) Zwischen zwei Zwetschgenbaumzweigen zwitschern zwei geschwätzige Schwalben.

i) Dietrich möchte Lieschen chinesische Tücher überreichen.

j) Sieben Schneeschippern schippen sieben Schippen Schnee.

k) Der Potsdamer Postkutscher putzt pustend die Potsdamer Postkutsche.

l) Ich steck meinen Kopf in'n kupfernen Topf, in'n kupfernen Topf steck ich meinen Kopf.

m)An den Pfählen stehen Fallen.

n) Der Pfarrer stopft eine alte Pfeife.

o) Die junge Fraktion der Junker singt sechsundsechzig Visionen von Revolutionen und Illusionen.

Lektion 2
Auf dem Flughafen
m.

Hören und Lesen

Text A   Am Zoll

1. Hören Sie bitte den Text und beantworten Sie die Fragen!

a) Wie heißt der Chinese?

Wang Dali

b) Woher kommt er?

auf China , aus Shanghai

c) Was ist im Koffer?
m.

Kleidung . Bücher

2. Hören Sie bitte den Text noch einmal und fügen Sie die fehlenden Wörter ein!

缺失的 adj

Zollbeamtin：Guten Tag.

Wang Dali： Guten   Tag.

P57

Zollbeamtin：Ihren Pass bitte!

Wang Dali：Bitte schön.

Zollbeamtin：Gut. Wie heißen Sie?

Wang Dali：__Wang　Dali__.

Zollbeamtin：Herr Dali ...

Wang Dali：Moment bitte，Dali ist der Vorname. Wang ist der _Familienname_

Zollbeamtin：Entschuldigung. Herr Wang, woher _kommen_ Sie?

Wang Dali：Aus China，_aus_ Shanghai.

Zollbeamtin：Was ist _im_ Koffer?

Wang Dali：Kleidung，Bücher.

Zollbeamtin：_Okay_. Auf Wiedersehen.

Wang Dali：_Auf_ Wiedersehen.

3. Lesen Sie bitte den Text mit Ihrem Nachbarn und achten Sie auf Ihre Aussprache!

Wortschatz I

Anrede / Vorname und Familienname

称谓

in China			in Deutschland		
Familienname	Vorname	Anrede	Vorname	Familienname	Anrede
Wang	Jin	Herr Wang	Emil	Sommer	Herr Sommer
Ma	Ping	Frau Ma	Ulrike	Sommer	Frau Sommer
Wang	Linlin	Linlin	Fritz	Sommer	Fritz

Deutsche Familiennamen：

Sprechen Sie bitte nach!

Weber	Schneider	Strauß	Huber
Wagner	Müller	Klein	Schmidt
Biermann	Bauer	Mayer	Martin
Krause	Meier	Kaufmann	Hartmann

Deutsche Vornamen:

Sprechen Sie bitte nach!

♀		♂	
Hanna	Katharina	David	Florian
Julia	Sabine	Jan	Paul
Laura	Doris	Erich	Hans
Karin	Susanne	Ralf	Lukas
Helga	Lara	Matthias	Jonas

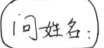

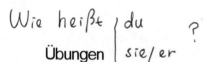

Wie heißen Sie?

Wie heißt { du / sie / er } ?

Übungen

1. Antworten Sie bitte!

Beispiel: * Wie heißt er?

+ Er heißt Peter Lau.

Peter ist der <u>Vorname.</u>

Lau ist der <u>Familienname.</u>

* Wie heißt sie?

+ Sie heißt Yang Feifei.

Yang ist der Familienname.

Feifei ist der Vorname.

Peter Lau   Yang Feifei

a)   b)   c)

Tang Kai   Pan Jiawei   Gabi Müller

d)

Dr. Andreas Schmidt

e)

Chen Mengyi

f)

Frau Professor Lotter

2. Fragen Sie in der Klasse!

Wie heißen Sie?

Wie heißt du?

Wie heißt sie / er?

Grammatik I   heißen & kommen aus

Ich heiße An.
Ich komme aus Shanghai.

Du heißt Anton.
Du kommst aus Bremen.

Er heißt Liu.
Er kommt aus Beijing.

Sie heißt Karin.
Sie kommt aus Stuttgart.

Es heißt „Stichwort Deutsch".
Es kommt aus Shanghai.

Wir heißen Wang.
Wir kommen aus Chengdu.

Ihr heißt Müller.

Ihr kommt aus Köln.

Sie heißen Holz.

Sie kommen aus Berlin.

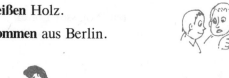

Sie heißen Xu.

Sie kommen aus Qingdao.

Personalpronomen im Nominativ (N) und Konjugation der Verben im Präsens ①

Personalpronomen	Verben		
	kommen	**studieren**	**heißen**
ich	komm - e	studier - e	heiß - e
du	komm - st	studier - st	heiß - t
er **sie** **es**	komm - t	studier - t	heiß - t
wir	komm - en	studier - en	heiß - en
ihr	komm - t	studier - t	heiß - t
sie	komm - en	studier - en	heiß - en
Sie	komm - en	studier - en	heiß - en

Übungen

1. Ergänzen Sie bitte die Personalpronomen!

a) _Er / Sie_ kommt aus China.

b) _Wir_ lehren Deutsch.

c) _Er / Sie_ lernst Englisch.

d) _Ich_ heiße Halbe.

e) _Du / Er / Sie_ heißt Xu.

f) _Wir / sie_ lernen Chinesisch.

辨析: lernen v.学
　　　 lehren v.教
　　　 lehnen v.靠

Kolleg n. 大学预科
Kollege m. 同事

2. Konjugieren Sie bitte!

Personalpronomen	Verben				
	lernen	**brauchen**	**üben**	**wohnen**	**lehren**
ich	lerne	brauche	übe	wohne	lehre
du	lernst	brauchst	übst	wohnst	lehrst
er sie es	lernt	braucht	übt	wohnt	lehrt
wir	lernen	brauchen	üben	wohnen	lehren
ihr	lernt	braucht	übt	wohnt	lehrt
sie	lernen	brauchen	üben	wohnen	lehren
Sie	lernen	brauchen	üben	wohnen	lehren

3. Ergänzen Sie bitte!

a) Herr Zhou __kommt__ (kommen) aus China. Er __lehrt__ (lehren) Chinesisch.

b) Ich __heiße__ (heißen) Müller und __lerne__ (lernen) Chinesisch.

c) Sie __heißt__ (heißen) Jinny und __studiert__ (studieren) in Amerika.

d) Frau und Herr Mayer __wohnen__ (wohnen) in London und __lernen__ (lernen) Englisch.

e) Herr Huber __lebt__ (leben) in München. Er __lehrt__ (lehren) Deutsch.

f) Frau Clinton __kommt__ (kommen) aus England. Sie __wohnt__ (wohnen) in Deutschland und __übt__ (üben) Deutsch.

g) Herr Li __kommt__ (kommen) aus Shandong. Er __lernt__ (lernen) Deutsch am Deutsch-Kolleg und *an der Uni* __macht__ (machen) Übungen im Unterricht. Er __wohnt__ (wohnen) im Hotel.

m.　　　n.

Konjugation der Verben im Präsens ② ⭐

Personal-pronomen	Verben				Sonderformen 特殊
	A -t-	**B** -d-	**C** -ffn-	**D** -chn- v.画；做标记	
	warten	**bilden**	**öffnen**	**zeichnen**	
ich	warte	bilde	öffne	zeichne	
du	wart-e-st	bildest	öffnest	zeichnest	
er sie es	wart-e-t	bildet	öffnet	zeichnet	
wir	warten	bilden	öffnen	zeichnen	
ihr	wart-e-t	bildet	öffnet	zeichnet	
sie	warten	bilden	öffnen	zeichnen	
Sie	warten	bilden	öffnen	zeichnen	

Üb

Bilden S

Beispiel: Ch

a) Frankreich

b) Japan — Frau I

c) Österreich — Herr

Übungen

1. Ergänzen Sie bitte die Verben!

a) Herr und Frau Baumann _warten_ （warten）schon lange. Und du? _Wartest_ （warten）du auch schon lange?

b) _Zeichnet_ （zeichnen）ihr gut?

c) Wo _ist_ （sein）Hanna?

d) Herr und Frau Schmidt _arbeiten_ （arbeiten）bei Siemens.

e) Ich _weiß_ （wissen）das nicht. _Weiß_ （wissen）er das?

f) Martins Frau _arbeitet_ （arbeiten）in einem Krankenhaus.

g) * Susanne kommt nicht. _Weißt_ （wissen）du das schon?

　　+ Nein, das _weiß_ （wissen）ich nicht.

h) Ich _arbeite_ （arbeiten）in Shanghai. Wo _arbeitest_ （arbeiten）du?

2. Ergänzen Sie bitte die Personalpronomen!

a) _Er/Sie/Ihr_ kommt aus Italien. _Er/Sie/Ihr_ lernt in Berlin Deutsch.

b) _Er/Sie/Ihr_ zeichnet gut, aber _ich_ zeichne nicht gut.

c) _Er/Sie/Ihr_ arbeitet in Köln und wohnt in Bonn.

d) * Wo lernt Maria Deutsch? + _Sie_ lernt am Deutsch-Kolleg Deutsch.

e) * Wartet _er/sie_ schon lange? + Das weiß _ich_ nicht.
　　　　　　　　　　　　　　　　　　　[kɔleːk]

Wortschatz II

Länder ★

China	Deutschland	Russland	Frankreich	Großbritannien	Amerika	Japan
中国	德国	俄国	法国	英国	美国	日本

Italien	Australien	Spanien	Österreich	Korea	Indien	die Schweiz
意大利	澳大利亚	西班牙	奥地利	韩国	印度	瑞士

ng

ie Sätze wie das Beispiel!

ina-Herr Wang → *Herr Wang kommt aus China*.

　　 — Herr Simon

Schmidt

d) Australien — Frau Petersen

e) Großbritannien — Herr Smith

f) Deutschland — Frau Kai

g) Korea — Herr Kim

h) Amerika — Herr Bush

i) Spanien — Frau Fernandez

j) Russland — Frau Kawerin

Sprachen

Deutsch	Chinesisch	Englisch	Spanisch	Italienisch
Russisch	Französisch	Japanisch	Koreanisch	Indisch

Übung benutzen

Wo benutzt man welche Sprache? Bilden Sie Sätze wie das Beispiel!

Deutsch benutzt man in *Deutschland*.

_____

_____

_____

_____

_____

_____

_____

_____

_____

Leute

*der Chinese	die Chinesin	die Chinesen
• der Deutsche ein Deutscher	die Deutsche	die Deutschen
▲ der Franzose	die Französin	die Franzosen
der Engländer	die Engländerin	die Engländer
der Amerikaner	die Amerikanerin	die Amerikaner
der Japaner	die Japanerin	die Japaner
der Koreaner	die Koreanerin	die Koreaner
* der Russe	die Russin	die Russen
der Italiener	die Italienerin	die Italiener
der Australier	die Australierin	die Australier
der Inder	die Inderin	die Inder

der Schweizer	die Schweizerin	die Schweizer
der Spanier	die Spanierin	die Spanier
der Österreicher	die Österreicherin	die Österreicher

Übung

Machen Sie einen Dialog wie das Beispiel!

Beispiel: *China-Deutschland*

 * Guten Tag. Ich komme *aus China*. Ich bin *Chinese*.

 + Guten Tag. Ich komme aus *Deutschland*. Ich bin *Deutscher*.

a) Frankreich — Korea

b) Japan — Russland

c) Amerika — Spanien

d) Australien — England

e) Italien — Indien

f) Deutschland — Österreich

Hören

Text B   Am Zoll

Hören Sie bitte den Text zweimal und beantworten Sie die Fragen!

a) Wie heißt die Frau?

b) Woher kommt sie?

c) Was ist im Koffer?

Sprechen

1. Fragen Sie bitte Ihre Kommilitonen!

* Wie heißt du?   + Ich heiße ...

                                Mein Vorname ist ...

                                ... ist mein Familienname.

* Woher kommst du?   + Ich komme aus ...

2. Machen Sie bitte einen Dialog am Zoll!

Hören und Lesen

Text C   Wo ist Herr Wang

1. Hören Sie bitte den Text einmal und beantworten Sie die Frage!

Wo ist Herr Wang?

2. Hören Sie bitte den Text noch einmal und beantworten Sie die Fragen!

a) Kommt der erste (1.) Mann aus China?

b) Ist der zweite (2.) Mann Koreaner?

c) Wie heißt der Deutsche? (Vorname und Familienname)

3. Hören Sie bitte den Text noch einmal und fügen Sie die fehlenden Wörter ein!

Pöppelmann: Entschuldigung, _____ Sie aus China?

1. Mann: Nein, ich bin _____ Japan.

Pöppelmann: Entschuldigen Sie. Sind _____ Chinese?

2. Mann: Oh nein, ich bin Koreaner.

Pöppelmann: Entschuldigung, _____ kommen Sie?

Li: Aus China.

Pöppelmann: Ah, guten _____ , Herr Wang.

Li: Entschuldigung, ich bin nicht _____ Wang.

             Herr Wang ist noch am _____ .

Pöppelmann: Ich bin Max Pöppelmann. Ich bin der Betreuer von Wang Dali.

Li: Sehr angenehm, Herr Pöppelmann. Mein _____ ist Li.

             Ah, da kommt Wang.

4. Lesen Sie bitte den Text mit Ihrem Nachbarn und achten Sie auf Ihre Aussprache!

Grammatik Ⅱ

Possessivpronomen im Nominativ (N)

Personal- pronomen	Sg.	阳 中 m / n	Possessivpronomen	阴 复 f / Pl.
ich	mein	*Koffer / Buch*	mein-e	*Tasche / Bücher*
du	dein		dein-e	
er	sein		sein-e	
sie	ihr		ihr-e	
es	sein		sein-e	
wir	unser		unser-e	
ihr	euer		eur-e	
sie	ihr		ihr-e	
Sie	Ihr		Ihr-e	

Übungen

1. Ergänzen Sie bitte!

a) _____ Lehrer kommt heute nicht. _____ Frau ist krank.

b) * Ist das _____ Frau?

    + Nein, das ist nicht _____ Frau. Aber vielleicht ist das die Frau von Christian.

c) * Wo sind _____ Bücher?

    + _____ Bücher liegen hier.

d) * Herr Wang, wer ist _____ Betreuer?

    + _____ Betreuer ist Max Pöppelmann.

e) * Karin, wo ist _____ Buch?

    + _____ Buch ist am Zoll.

2. Ergänzen Sie bitte!

Kinder fragen

                   Mutter   Vater

Franz und Karin: Mutti, wer ist _____ Vati?

Mutter: _____ Vati ist euer Opa.

Franz und Karin: _____ Opa?

Mutter: Ja, und _____ Mutter ist _____ Oma.

Franz und Karin: Mutti, aber wer sind _____ Oma und _____ Opa?

Mutter: _____ Oma und _____ Opa leben nicht mehr.

Grammatik III

A Verbstellung im Satz

1. Aussagesatz

I	II	III
Ich	**bin**	Chinese.
Wir	**kommen**	aus Japan.
Du	**lernst**	Deutsch.
Er	**heißt**	Horst Grün.

2. W-Fragen

I	II	III	Antworten
Wie	**heißen**	Sie?	Ich heiße Wang Dali. / Wang Dali.
Was	**ist**	das?	Das ist ein Buch. / Ein Buch.
			Das sind Bücher.
Wer	**ist**	das?	Das ist Herr Le. / Herr Le.
			Das sind Jin und Chen.

Regeln: In einem *Aussagesatz* steht das Verb an Position _____ .

In einer *W-Frage* steht das Verb an Position _____ .

Übung

Bilden Sie bitte Sätze!

Beispiel: Monika kommt aus Bonn.

wie   Monika   ihr   Wang   woher   ich   was   Herr und Frau Hua   wir   du   heißen

bist   komme   ist   lehrt   kommst   sind   kommt   lerne   seid   Deutsch   im Koffer

Chinesen   aus Bonn   Sie   aus Xi'an   Chinese   Deutsche   du

3. Ja / Nein - Fragen

I	II	III	Antworten
Kommen	Sie	aus China?	**Ja,** ich komme aus China.
			Nein, ich komme aus Korea.
Heißt	du	Carsten?	**Ja,** ich heiße Carsten.
Sind	Sie	Deutscher?	**Nein,** ich bin Franzose.

Regel: In *Ja / Nein - Fragen* steht das Verb an Position _____ .

Übungen

1. Antworten Sie bitte!

a) * Kommen Sie aus Beijing?   + _____

b) * Fliegt Luise nach Marburg?   + _____

c) * Heißt er Lu Ming?   + _____

d) * Sind Sie Chinese?   + _____

e) * Lernen Sie Französisch?   + _____

f) * Heißen Sie Li Ting?   + _____

2. Bilden Sie bitte Sätze!

a) Deutsch, ich, lerne.

_____

b) kommt, aus, Deutschland, sie?

_____

c) du, was, lernst?

_____

d) ist, er, Chinese.

_____

e) Heine, Sie, heißen?

_____

3. Ergänzen Sie bitte die Sätze!

a) * _____ heißen Sie?   + _____ heiße _____ .

b) * Woher _____ du?   + _____ _____ aus _____ .

c) * _____ _____ _____ ?   + Er _____ Wang Dali.

d) _____ sind Deutsche.

e) * Was _____ sie?   + _____ _____ Deutsch.

f) * Wer _____ ihr?   + _____ _____ Hans und Nina.

4. Bilden Sie bitte Fragen!

Beispiel: Der Mann heißt Max. (wie)

      Wie heißt der Mann?

a) Monika kommt aus Berlin. (wer)

b) Sie heißt Karin. (wie)

c) Im Koffer ist Kleidung. (was)

d) Herr Kurz lernt Chinesisch. (was)

e) Uta fliegt nach Düsseldorf. (wer)

f) Er heißt Wang Gang. (wie)

g) <u>Klaus</u> kommt aus Stuttgart. (wer)

h) Ich lerne <u>Englisch</u>. (was)

i) Er macht <u>Übungen</u>. (was)

j) <u>Wang</u> ist der Familienname. (wie)

B   Woher? — Wohin? — Wo?

Woher kommst du?	**Aus** Deutschland.
	Aus England.
	Aus London.
	Aus Qingdao.
aus + 三格	**Aus** <u>der</u> Schweiz.
	Aus <u>den</u> USA
	pl.
Wohin fliegst du?	**Nach** Amerika.
	Nach Kiel.
用 nach 或 in 回答	**Nach** Hannover.
	Nach Heidelberg.
	Nach Mainz.
	Nach Lübeck.
动四	**In** <u>die</u> Schweiz.
	In <u>die</u> USA.
Wo bist du?	**In** England.
	In Hongkong.
	In Paris.
	In Dänemark.
	In der Schweiz.
静三	**In** den USA.
	Im Koffer.

Übung

Fragen Sie bitte nach den <u>unterstrichenen</u> Satzteilen!

a) Dai Jie ist <u>in Xi'an</u>.

b) Wir fliegen <u>nach</u> Dortmund.

c) Die Bücher sind <u>im Koffer</u>.

d) Ilse studiert <u>in Kanada</u>.

e) Ihr fliegt <u>**in** die USA</u>.

f) Herr Joseph kommt aus Gießen.

g) Martina Hingis ist aus der Schweiz.

h) Martinas Eltern leben in der Schweiz.

Wortschatz III

Zahlen 0—12

Sprechen Sie bitte nach!

0	null
1	eins
2	zwei
3	drei
4	vier
5	fünf
6	sechs
7	sieben
8	acht
9	neun
10	zehn
11	elf
12	zwölf

Übungen

1. Lesen Sie bitte die Telefonnummern!

Beispiel 1:	Wang Dali Tel.: 65981130
Man spricht:	sechs, fünf, neun, acht, eins, eins, drei, null
Beispiel 2:	Wang Dali Handy: 0173 – 8843 – 779
Man spricht:	null eins sieben drei- acht acht vier drei- sieben sieben neun

a) Karl Lange   Tel: 74562210

b) Qian Yong   Tel: 62753794

c) Zhang Jigang   Tel: 0158 – 5843 – 904

d) Wang Yuanchao   Tel: 65953513

e) Albert Müller   Tel: 4326771

f) Maria Stahl   Tel: 0151 – 6324 – 870

g) Liang Hua   Tel: 67408816

h) Birgit Baumann   Tel: 0158 – 3472 – 119

2. Bitte hören und schreiben Sie die Zahlen!

a)   b)   c)   d)   e)

f)   g)   h)   i)   j)

Hören

Text D   Im Flugzeug

1. Hören Sie bitte den Text zweimal und beantworten Sie die Fragen!

a) Wie heißen Tom und Nicole mit Familiennamen?

> Meier

b) Woher kommen Tom und Nicole?

c) Wohin fliegen sie?

d) Wo sind sie jetzt?

2. Üben Sie bitte zu zweit!

a) Woher kommen Sie?

b) Wo wohnen Sie?

c) Wo lernen Sie Deutsch?

d) Wohin fliegt das Flugzeug?

Sprechen

Machen Sie bitte Dialoge!

1. Am Zoll

* Guten Tag.   + ...

* ... heißen ...?   + Ich ...

* Woher ...?   + ... aus ...

* ... im Koffer?   + ... sind ...

2. Auf dem Flughafen

* ...   + Guten Tag.

* Ich heiße Emil. Und ...?   + ...

                                  ... fliegst ...?

* ... Lanzhou.

  ... du auch ... Lanzhou?   + Nein. Ich fliege ...

                                  Studierst ...?

* Ja，... in Lanzhou.

3. Im Flugzeug

* Guten Tag. ... Ball.   + ... Dong Bin.

* Sehr angenehm, Herr Bin.   + Entschuldigung, mein ... Dong.

* Oh Entschuldigung, Herr Dong.

  ... Sie ... Korea?   + ... China. Und Sie?

* Ich ...   + ... fliegen ...?

* ... Bremen.   + Ich ... auch nach Bremen.

* Was machen Sie in Bremen?   + Ich ... in Bremen.

Lesen

Text E Herr und Frau Pöppelmann

1. Lesen Sie bitte den Text!

Das ist Herr Max Pöppelmann. Pöppelmann ist der Familienname.
Max ist der Vorname.

Herr Pöppelmann ist Deutscher. Er wohnt in Darmstadt und lehrt an
der TU Darmstadt.

Frau Mary Pöppelmann ist Engländerin. Sie kommt aus London und
lebt in Darmstadt.

Sie lernt Deutsch. Herr und Frau Pöppelmann fahren jetzt zum
Flughafen. Sie fliegen heute nach London.

2. Beantworten Sie bitte die Fragen!

a) Wo leben Herr und Frau Pöppelmann?

b) Wohin fahren sie?

3. Stellen Sie bitte Fragen!

a) * _____ ?   + Nein, er ist Deutscher.

b) * _____ ?   + Mary.

c) * _____ ?   + Ja, aus England.

d) * _____ ?   + In Darmstadt.

e) * _____ ?   + An der TU Darmstadt.

Hören

Text F Michael Kaufmann

1. Hören Sie bitte den Text und beantworten Sie die Fragen!

a) Was macht Michael Kaufmann?

b) Woher kommt er?

c) Wo wohnt er jetzt?

2. Ergänzen Sie bitte den Text!

Guten Tag. _____ heiße _____ . _____ _____ aus _____ .

_____ _____ Deutsch. _____ _____ jetzt in _____ .

3. Stellen Sie sich bitte vor!

sich vorstellen 自我介绍

Schreiben

Stellen Sie sich bitte vor!

— Name

— Herkunft/Heimatland

— Wohnort/Heimatstadt

— Studienort/Universität

— Deutsch lernen

Zusammenfassende Übungen

1. Ordnen Sie bitte zu!

a) Wie heißt er?

b) Was lehren Sie?

c) Kommst du aus Japan?

d) Ist Qiao dein Familienname?

e) Wer bist du?

f) Woher kommt sie?

g) Seid ihr Japaner?

h) Wo lernst du Deutsch?

i) Was ist im Koffer?

j) Guten Tag. Mein Name ist Müller.

k) Wohin fliegt Frau Meister?

l) Ist das ein Koffer?

m) Lernen Sie Chinesisch?

1. Bücher.

2. Sehr angenehm, Ma.

3. Ich bin Murong Hua.

4. Nein, aus Korea.

5. Ich lehre Deutsch.

6. Ja, das ist ein Koffer.

7. Nach London.

8. Er heißt Ralf.

9. Nein, wir kommen aus China.

10. In Beijing.

11. Nein, ich lehre Chinesisch.

12. Nein, Liu ist mein Familienname.

13. Aus Nanjing.

2. Antworten Sie oder stellen Sie bitte Fragen!

a) * Wo arbeitet ihr?   + _____ .

b) * Kommt Herr Tang aus Deutschland?   + _____ .

c) * Was machen Sie hier?   + _____ .

d) * Ist Frau Mott Amerikanerin?   + _____ .

e) * _____ ?   + Nein, sie kommen aus der Schweiz.

f) * _____ ?   + Er wartet auf dem Flughafen.

g) * _____ ?   + Ja, ich heiße Müller.

h) * _____ ?   + Sie lernen Koreanisch.

i) * _____ ?   + Nein, ich bin Chinesin.

j) * _____ ?   + Ja, er lehrt Englisch.

3. Bilden Sie bitte korrekte Sätze!

a) kommst, woher, du? — aus Japan, ich, komme.

_____ .

b) Deutsch, ich, lehre.

_____ .

c) Amerikanerin, Sie, sind? — bin, ich, Engländerin, nein.

_____ .

d) lernt, Chinesisch, er? — er, nein, Chinesisch, lehrt.

_____ .

e) ihr, lernt, was? — Japanisch, wir, lernen.

_____ .

f) Französin, sie, ist.

_____ .

g) heißt, wie, du? — heiße, Peter, ich.

_____ .

4. Fragen und antworten Sie!

Beispiel: *Herr Zhang: die USA → Deutschland → England*

* Woher kommt *Herr Zhang?*

+ *Er* kommt aus *den USA* .

* Wo wohnt *er?*

+ *Er* wohnt in *Deutschland* .

* Wohin fliegt *er*? England, Deutschland, China, die USA, die Schweiz, Japan,
+ *Er* fliegt nach *England*. Korea, Dänemark, Frankreich

5. Situative Frage:

Sie sind im Sprachkurs. Sie stellen sich vor. Was sagen Sie?

Phonetische Übung I

Hören und sprechen Sie bitte nach!

● [aː] — [a]

Tag – was – Pass – am – Nachbarn – Japan – nach – Monika – Jahr – Beamtin – Apfel – Wahl – Lampe – Dampf – Zahn – machen – alle – Nadel – Laden

● [oː] — [ɔ]

Koffer – kommen – Zoll – holen – Volk – Moment – Vorname – Morgen – wo – Kopf – Note – noch – wohnst – kommst – doch – Honig – drohen

● [uː] — [u]

gut – Buch – du – und – Flugzeug – Frankfurt – Zug – Lust – tun – Mutter – zum – Zug – Null – Nuss – nun – Nummer – Uhr – Mut – Blumen – Wurst

Phonetische Übung II

Hören und sprechen Sie bitte nach!

a) Guten Morgen.

Guten Tag.

Guten Abend.

Gute Nacht.

Guten Appetit.

Gute Besserung.

b) Wie heißen Sie?

Wie heißt du?

Wie heißt sie?

Wie heißt er?

Wie heißt ihr?

Wie ist Ihr Familienname?

c) Kommen Sie aus China?

Kommt er aus Japan?

Kommst du aus Amerika?

Kommt sie aus Deutschland?

Kommt ihr aus Frankreich?

Kommen Sie aus England?

d) Sind Sie Chinese?

Fliegt Franz nach Hamburg?

Lernen Sie Deutsch?

Lehren Sie Englisch?

Hören Sie Japanisch?

Seid ihr Deutsche?

Phonetische Übung Ⅲ

Hören und sprechen Sie bitte nach!

a) * Guten Tag!

+ Guten Tag!

* Mein Name ist Monika Behm!

+ Mein Name ist Li Xiao.

* Woher kommen Sie?

+ Ich komme aus China. Und Sie?

* Ich komme aus Deutschland.

Was machen Sie hier?

+ Ich studiere hier.

b) * Wie heißen Sie?

+ Ich heiße Gabi Grün. Wie heißen Sie?

* Ich heiße Wang Dali. Wang ist mein

Familienname. Dali ist mein Vorname.

+ Herr Wang, wohin fahren Sie?

* Ich fahre nach Hamburg. Fahren Sie

auch nach Hamburg?

+ Ja, ich fahre auch nach Hamburg.

c) * Hallo!

+ Hallo!

* Ich heiße Rosa. Er heißt Peter. Und du, wie heißt du?

+ Ich heiße Maria. Woher kommt ihr?

* Ich komme aus Stuttgart. Er kommt aus München. Und du?

+ Ich komme aus Bremen. Wohin fliegt ihr?

* Wir fliegen nach Wien. Fliegst du auch nach Wien?

+ Nein, ich fliege nach Frankfurt. Auf Wiedersehen!

* Auf Wiedersehen!

Lektion **3**
Familie

Hören und Lesen

Text A Bei einer deutschen Familie

1. Hören Sie bitte den Text und beantworten Sie die Fragen!

a) Wer besucht Max Pöppelmann?

b) Hat Herr Pöppelmann Kinder?

   Ja, einen Sohn und eine Tochter.

2. Hören Sie bitte den Text noch einmal und fügen Sie die fehlenden Wörter ein!

Wang Dali:	Guten Abend, Herr Pöppelmann!
Max Pöppelmann:	Guten Abend, Herr Wang. *Kommen* Sie bitte herein! Nehmen *Sie*
	doch Platz! Mary, das *ist* Herr Wang.
Mary Pöppelmann:	Guten Abend, Herr Wang.
Wang Dali:	Guten Abend, Frau Pöppelmann, sehr angenehm.
Mary Pöppelmann:	Herr Wang, *Was* trinken Sie? Kaffee oder *Tee* ?
Wang Dali:	Kaffee bitte.
Mary Pöppelmann:	Gut, einen Moment. Der Kaffee *kommt* gleich.
Wang Dali:	Herr Pöppelmann, *haben* Sie Kinder?

Max Pöppelmann: Ja, einen <u>Sohn</u> und eine <u>Tochter</u>.
Wang Dali: Wo sind sie jetzt?
Max Pöppelmann: Sie <u>schlafen</u> schon.

3. Lesen Sie bitte den Text mit Ihrem Nachbarn und achten Sie auf Ihre Aussprache!

Grammatik I ☆ 不规则动词变位
Konjugation der Verben im Präsens ③

Personal-pronomen	Verben			
	A	**B**	**C**	*Sonderform*
	lesen	**schlafen**	**nehmen**	**haben**
ich	lese	schlafe	nehme	habe
du	liest	schläfst	nimmst	*hast*
er sie es	liest	schläft	nimmt	*hat*
wir	lesen	schlafen	nehmen	haben
ihr	lest	schlaft	nehmt	habt
sie	lesen	schlafen	nehmen	haben
Sie	lesen	schlafen	nehmen	haben

Anmerkungen:

A: <u>lesen (er liest)</u>, sehen (er sieht)

B: <u>schlafen (er schläft)</u>, fahren (er fährt)

C: <u>nehmen (er nimmt)</u>, essen (er isst), sprechen (er spricht)

Übungen

1. Konjugieren Sie bitte die Verben!

Personal-pronomen	Verben					
	sehen	fahren	essen	sprechen	schlafen	haben
ich	sehe	fahre	esse	spreche	schlafe	habe
du	siehst	fährst	isst	sprichst	schläfst	hast
er sie es	sieht	fährt	isst	spricht	schläft	hat

Personal-pronomen	Verben					
	sehen	fahren	essen	sprechen	schlafen	haben
wir	sehen	fahren	essen	sprechen	schlafen	haben
ihr	seht	fahrt	esse	sprecht	schlaft	habt
sie Sie	sehen	fahren	essen	sprechen	schlafen	haben

2. Ergänzen Sie bitte die Verben!

a) * Herr Bräuer _____ (fahren) nach Köln. _____ (fahren) du auch nach Köln?

　 + Nein, ich _____ (fahren) nach München.

b) Er _____ (nehmen) ein Taxi nach Hause. _____ (nehmen) du auch ein Taxi?

c) * _____ (haben) er Kinder?

　 + Ja, er _____ (haben) zwei Töchter und drei Söhne.

d) * Jürgen, was _____ (lesen) du da?

　 + Ich _____ (lesen) Zeitung.

e) * Eva und Adam, _____ (sprechen) ihr Englisch?

　 + Nein, Eva _____ (sprechen) Englisch, aber ich _____ (sprechen) Deutsch.

f) * Christian, wo _____ (schlafen) du?

　 + Ich _____ (schlafen) auf dem Sofa.

g) Ich _____ (essen) immer chinesisch. Und du? Was _____ (essen) du?

h) * _____ (haben) du jetzt Zeit?

　 + Nein, ich _____ (haben) jetzt keine Zeit.

i) * Was _____ (sehen) er?

　 + Er _____ (sehen) das Foto.

3. Was passt zusammen?

Peter	öffnet	bitte Platz!
Sprichst	warten	ich nicht.
Wohin	weiß	Herr Müller?
Das	du	auch Deutsch?
Nehmen	liest	im Unterricht.
Wir	fährt	das Fenster?
Was	schläft	schon lange.
Wer	Sie	er?

4. Ergänzen Sie bitte!

a) Ich fahre jetzt nach Frankfurt. Peter _____ auch nach Frankfurt.

b) Kommen Sie bitte herein! _____ Sie doch Platz!

c) Franz _____ viele Fotos. _____ du auch viele Fotos?

d) Herr Schneider _____ ein Buch. Seine Frau _____ Zeitung.

e) Maria _____ sehr gut Deutsch.

f) Herr und Frau Schmidt _____ ein Taxi zum Flughafen.

g) Die Kinder schlafen schon. Warum _____ du noch nicht?

h) * Ich esse gern Käse. Und ihr? Was _____ ihr gern?

  + Ich _____ auch gern Käse, aber Susanne _____ gern Wurst.

i) * _____ Sie Geschwister?

  + Ja, ich _____ einen Bruder und zwei Schwestern.

Wortschatz I

Berufe 职业
Was ist er / sie von Beruf?

Sie ist *Sekretärin*.

Sie ist Lehrerin

Sie ist Sängerin

Er ist Arzt.

Er ist Lehrer
    Physiker

Sie ist Chemikerin
  der Chemiker

Er ist Arbeiter

Er ist Koch

Er ist Verkäufer

学科 { Physik
die { Chemie
Musik
Medizin
Mathematik

Übungen

1. Ergänzen Sie bitte die Liste!

der Maschinenbau

der Mann	die Männer	die Frau	die Frauen
der Lehrer	die Lehrer	die Lehrerin	die Lehrerinnen
der Arbeiter	die Arbeiter	die Arbeiterin	die Arbeiterinnen
der Schauspieler	die Schauspieler	-in	-innen
der Sänger		die Sängerin	-innen
der Verkäufer		-in	-innen
der Physiker		die Physikerin	
der Chemiker			die Chemikerinnen
der Informatiker	die Informatiker		
der Designer			
der Ingenieur	die Ingenieure	die Ingenieurin	die Ingenieurinnen
der Arzt	die Ärzte	die Ärztin	die Ärztinnen
der Koch	die Köche	Köchin	
der Rechtsanwalt		die Rechtsanwältin	die Rechtsanwältinnen

2. Bilden Sie bitte Sätze wie im Beispiel!

Beispiel: Er studiert Chemie.

→ Er studiert Chemie. *Er ist Chemiestudent. Er wird Chemiker.*

a) Frau Jin studiert Musik.　　　　b) Regine und Stefan studieren Medizin.

c) Wang Dali studiert Maschinenbau.　　d) Klaus studiert Physik.

e) Christina studiert Mathematik.　　f) Wolfgang studiert Informatik.

Sprechen

1. Sprechen Sie bitte!

Beispiel:

| Maria Beierl |
| Österreich |
| Wien |
| Verkäuferin |
| verheiratet |

Ich heiße Maria Beierl. Beierl ist mein Familienname. Ich komme aus Österreich, aus Wien. Ich bin Verkäuferin von Beruf. Ich bin verheiratet. Ich habe kein Kind.

```
Ma Yu
VR China
Zhengzhou
Ärztin
verh., ein Kind
```

```
Dr. Wolfgang Groß
Deutschland
Stuttgart
Lehrer
geschieden, ein Kind
```

```
John Watson
USA
New York
Koch
verh., zwei Kinder
```

```
Tomoko Taraka
Japan
Kyoto
Studentin (Medizin)
ledig
```

```
Nicole Clermont
Frankreich
Paris
Schauspielerin
verh.
```

```
Jiang Wen
Taiwan
Tainan
Physiker
ledig
```

2. Machen Sie bitte Dialoge!

Beispiel:

Tomoko Taraka   *Jiang Wen*

* Hallo!   + Hallo!

* Ich heiße Tomoko. Und wie
* heißt du?   + Jiang Wen.

* Woher kommst du?   + Aus Taiwan. Und du?

* Aus Japan.   + Was machst du hier?

* Ich bin Studentin. Ich studiere   + Ich bin Physiker. Ich arbeite
* Medizin. Und du?   in Tainan.

a) *Ma Yu*   *John Watson*

b) Dr. *Wolfgang Groß*   *Nicole Clermont*

c) *Ihr Partner*   *Sie*

3. Sprechen Sie bitte über eine Person!

* Wer ist denn das?   + Die Frau?

* Ja.   + Das ist Frau Beierl.

* Woher ...?   + ...

* Was macht sie?   + ...

* Ist sie verheiratet?   + ...

Hören

Text B   Ein Besuch

Hören Sie bitte den Text und beantworten Sie die Fragen!

a) Wo ist Gao Ming? Kreuzen Sie bitte an!

- ❏ bei einem Freund
- ❏ bei einer deutschen Familie
- ❏ bei Herrn Pöppelmann

b) Woher kommt Gao Ming?

c) Was macht er in Deutschland?

Hören und Lesen

Text C   Wer ist denn das?

1. **Hören Sie bitte den Text einmal und beantworten Sie die Fragen!**

a) Worüber sprechen Herr Pöppelmann und Wang Dali?

Über ...

b) Hat Herr Pöppelmann zwei Söhne?

c) Wie heißen die Kinder?

d) Wie viele Geschwister hat Herr Pöppelmann?

e) Was sind die Geschwister von Beruf?

arbeiten als ____ bei ____

2. **Hören Sie bitte den Text noch einmal und fügen Sie die fehlenden Wörter ein!**

Max Pöppelmann: _____ Sie mal, Herr Wang!

Wang Dali: Oh, ein _____ . Ist das Ihre _____ , Herr Pöppelmann?

Max Pöppelmann: Ja. Hier, das ist meine _____ . Sie ist _____ . Und das sind meine _____ ,

hier Christian, mein _____ und meine _____ , Susanne.

Wang Dali: _____ ist das?

Max Pöppelmann: Hier, das ist mein _____ .

Wang Dali: Und Ihre _____ ?

Max Pöppelmann: Hier, das ist sie.

Wang Dali: Haben Sie _____ ?

Max Pöppelmann: Ja, ich habe einen _____ und eine _____ . Hier, das ist Peter. Er arbeitet

als _____ bei Siemens. Und das ist Maria. Sie ist _____ . Und Ihre

Familie, Herr Wang?

3. **Lesen Sie bitte den Text mit Ihrem Nachbarn und achten Sie auf Ihre Aussprache!**

4. Ergänzen Sie bitte die Bilder mit Hilfe des Textes!

Max Pöppelmann

Grammatik Ⅱ

☆ Personalpronomen im Akkusativ (A)

Personalpronomen im Nominativ	Personalpronomen im Akkusativ
ich du er sie es wir ihr sie Sie	**mich** **dich** <u>**ihn**</u> sie es <u>**uns**</u> <u>**euch**</u> sie Sie
Fragepronomen: wer	wen

Übungen

1. Antworten Sie und üben Sie bitte zu zweit!

Beispiel: Professor Lehmann kennen

    * Wen kennst du? Kennst du *Professor Lehmann*?

    + Ja, ich kenne *ihn*.

a) Frau Schuhmann kennen

b) Wang Dali suchen

c) Doktor Schmitt kennen

d) das Kind sehen

e) die Müllers kennen

f) das Mädchen zeichnen

g) mich lieben

h) Gabi besuchen

2. Üben Sie zu zweit bitte!

Beispiel: * Wie ist denn *das Buch*?

+ Gut. Ich kaufe *es*!

        * Wie sind die Bücher?

+ Gut. Ich kaufe sie!

a) Wie ist denn der Pullover?

b) Wie ist denn das Fahrrad?

c) Wie ist denn die Zeitung?

d) Wie ist denn das Auto?

e) Wie ist denn der Bleistift?

f) Wie ist denn die Uhr?

g) Wie ist denn der Koffer?

h) Wie ist denn der Ball?

3. Ergänzen Sie bitte!

a) _____ fragt der Lehrer? Fragt er mich?

b) * Braucht die Studentin das Buch? + Nein, sie braucht _____ nicht.

c) Er ist Franzose. Ich verstehe _____ nicht. Und ich bin Deutscher.

Er versteht _____ nicht.

d) * Besuchst du heute Ingrid? + Ja, ich besuche _____ .

e) Wir sind zu Hause. Besuchen Sie _____?

f) Wo ist mein Buch? Siehst du _____?

g) Wo ist Monika? Ich suche _____ schon lange.

4. Verbessern Sie die Fehler!

Beispiel: Er versteht ~~wir~~ nicht. <u>Er versteht **uns** nicht.</u>

a) Brigitte besucht ich.

_____

b) Ich kenne ihr nicht.

_____

c) Helmut sucht du.

_____

d) Barbara sieht er.

_____

e) Kennen Sie wir?

_____

f) Herr Sommer fragt ich viel.

_____

g) Ich verstehe er nicht.

_____

5. Bilden Sie bitte Sätze!

besucht	besuchen	~~dich~~	du	wir
sie	sie	besuchst	ihr	ihn
~~besuche~~	euch	besucht	~~ich~~	uns

Ich besuche dich. _____

_____ . *Wer besucht mich?*

Grammatik Ⅲ

Bestimmter und unbestimmter Artikel im Nominativ (N) und Akkusativ (A)

A Nominativ (*Subjekt / Prädikativ*)

a) Das ist **ein** Mann.	**Der** Mann ist Chinese.
b) Das ist **ein** Kind.	**Das** Kind ist Japaner.
c) Das ist **eine** Frau.	**Die** Frau ist Deutsche.
d) Das sind / Studenten.	**Die** Studenten sind Ausländer.

Unbestimmter Artikel					Bestimmter Artikel				
	m	n	f	Pl.		m	n	f	Pl.
N	ein	ein	eine	/	**N**	der	das	die	die

Fragepronomen: *wer/was*

Wer ist das?	Das ist **der** Zollbeamte. / Das **sind** Herr und Frau Meier.
(Personen)	
Was ist das?	Das ist **ein** Kugelschreiber. / Das **sind** Lehrbücher.
(Sachen)	

B Akkusativ (*Objekt*)

a) Der Mann kauft **einen** Koffer.	Er öffnet **den** Koffer.
b) Das Kind sieht **ein** Buch.	Es öffnet **das** Buch.
c) Die Frau holt **eine** Zeitung.	Sie liest **die** Zeitung.
d) Wir kaufen / Bücher.	Wir lesen **die** Bücher.

Unbestimmter Artikel					Bestimmter Artikel				
	m	n	f	Pl.		m	n	f	Pl.
A	einen	ein	eine	/	**A**	den	das	die	die

Fragepronomen: *wen*/*was*

Wen ruft er?（Personen）	Er ruft **den** Mann. /Er ruft **die** Kinder.
Was braucht sie?（Sachen）	Sie braucht **einen** Bleistift. /Sie braucht Bücher.

Verben mit Akkusativ-Objekt:

kaufen, suchen, brauchen, besuchen, haben, nehmen, lernen, trinken, essen, sehen, öffnen, bilden, lesen, erklären, lehren, studieren, machen usw.

Übungen

1. Ergänzen Sie bitte!

a) Das ist _____ Mann. _____ Mann ist Lehrer.

b) Das ist _____ Frau. _____ Frau ist Lehrerin.

c) Das ist _____ Frau. _____ Frau ist Verkäuferin.

d) Das ist _____ Mann. _____ Mann ist Arzt.

e) Das sind _____ Frauen. _____ Frauen sind Chemikerinnen.

f) Das ist _____ Mann. _____ Mann ist Ingenieur.

g) Das sind _____ Männer. _____ Männer sind Arbeiter.

h) Das ist _____ Mädchen. _____ Mädchen geht in die Schule.

i) Das ist _____ Kind. _____ Kind spielt.

2. Ergänzen Sie bitte den bestimmten und unbestimmten Artikel im Nominativ oder Akkusativ!

a)   b)   c)

a)	b)	c)
Das ist _ein_ Mann. _Der_ *Mann* zeichnet _eine_ *Frau*. _Die_ Frau ist schön.	Das ist _eine_ Frau. _Die_ *Frau* hat _ein_ Sohn. _Der_ *Sohn* liest _eine_ *Zeitung*. _Die_ Zeitung heißt „Xinmin-Abendzeitung".	Das ist _ein_ Kind. _Das_ *Kind* hat _ein_ *Auto*. _Das_ Auto ist neu.

3. Fragen Sie bitte nach den *kursiv* geschriebenen Satzteilen aus Übung 2!

_____

_____

_____

_____

4. Bitte fragen und antworten Sie!

Was ist das?   Was sehen Sie?

Das ist ein(e) ...   Ich sehe ein(e / en) ...

5. Bitte ergänzen Sie!

Ich habe _____ Freundin. _____ Freundin besucht _____ Freund. Der Freund hat zwei

Kinder, _____ Sohn und _____ Tochter. _____ Sohn öffnet _____ Tür.

Tochter macht _____ Hausaufgaben und schreibt _____ Text. _____ Sohn macht _____

Übungen und bildet _____ Satz.

6. Machen Sie ein Gedächtnisspiel in der Klasse!

Lehrer: „Ich kaufe eine Tasse."

Student 1:   „Ich kaufe eine Tasse und ein Auto."

Student 2:   „Ich kaufe eine Tasse, ein Auto und ..."

7. Fragen Sie bitte nach den unterstrichenen Satzteilen!

a) Der Schüler fragt den Lehrer.

b) Herr Müller kommt aus Deutschland.

_____

_____

c) Wir brauchen ein Auto.

d) Er ruft die Krankenschwester.

_____

_____

e) Das Kind fragt die Mutter.

f) Brigitte hat ein Foto.

_____

_____

g) Herr Pöppelmann ist Lehrer.

h) Der Pass liegt da.

_____

_____

Grammatik Ⅳ

Nullartikel　零冠词

a) Sie kaufen *Taschen*. (　　) Sie kaufen *eine Tasche*.

Sie braucht *Koffer*. Sie braucht *einen Koffer*.

b) Herr Müller ist *Arzt*. **Aber** Herr Müller ist *ein guter Arzt*.

Sie ist *Studentin*. **Aber** Sie ist *eine junge Studentin*.

c) Herr Lin ist *Chinese*. **Aber** Herr Lin ist *ein großer Chinese*.

Frau Ono ist *Japanerin*. **Aber** Frau Ono ist *eine schöne Japanerin*.

d) *Deutschland* ist ein Land in Europa. **Aber** *Die Bundesrepublik Deutschland* (die BRD) ist ein Land in Europa.

China ist ein Land in Asien. **Aber** *Die Volksrepublik China* (die VR China) ist ein Land in Asien.

Berlin hat 3,4 Mio. Einwohner.

Paris ist die Hauptstadt von Frankreich.

e) Wir kaufen *Bier*, *Milch*, *Zucker*, *Wasser*, *Tee*, *Kaffee*. **Aber** Wir kaufen *eine Flasche* (　　) *Bier*, *eine Dose* (　　) *Cola* ...

f) Ich habe *Zeit / Geld / Geduld / Hunger / Durst*.

Übung

Ergänzen Sie bitte!

a) ＊ Möchtest du _____ Tee? ＋ Nein danke, ich trinke _____ Tasse Kaffee.

b) ＊ Hat Jochen _____ Geschwister?

＋ Ja, _____ Bruder und _____ Schwester. Sein Bruder ist _____ Ingenieur von Beruf.

      Seine Schwester studiert _____ Germanistik.

c) Wir haben _____ Durst. Bitte bringen Sie _____ Wasser und Kaffee und _____ Flasche Cola.

d) ＊ Hast du _____ Hunger?   + Ja, ich habe _____ Hunger.

e) _____ Shanghai ist _____ Stadt in _____ China. Beijing ist _____ Hauptstadt von China.

f) ＊ Habt ihr _____ Zeit?

   + Nein, heute haben wir _____ Unterricht.

g) ＊ Ich brauche _____ Auto.   + Hast du denn _____ Geld?

h) ＊ Haben Sie _____ Kinder?   + Ja, ich habe _____ Sohn.

Hören

Text D   Hat sie …?

Hören Sie bitte den Text und beantworten Sie die Fragen!

a) Wer spricht in dem Text?

b) Was hat Susanne? Kreuzen Sie bitte an!

❑  ❑  ❑

Grammatik V

Possessivpronomen im Akkusativ (A)

Personal-	Possessivpronomen		
pronomen	m	n	f/Pl.
ich	mein-**en** *Koffer*	mein *Buch*	mein-**e** *Tasche / Bücher*
du	dein-**en**	dein	dein-**e**
er	sein-**en**	sein	sein-**e**
sie	ihr-**en**	ihr	ihr-**e**
es	sein-**en**	sein	sein-**e**
wir	unser-**en**	unser	unser-**e**
ihr	eur-**en**	euer	eur-**e**
sie	ihr-**en**	ihr	ihr-**e**
Sie	Ihr-**en**	Ihr	Ihr-**e**

Übung

Ergänzen Sie bitte!

a) * Geben Sie mir bitte _____ Pass! + Ich habe _____ Pass nicht.

b) Besuchst du _____ Eltern?

c) * Hans, ich brauche _____ Buch, _____ Bleistift und _____ Uhr.

   + Warum?

   * _____ Buch, _____ Bleistift und _____ Uhr sind zu Hause.

d) * Kennst du _____ Frau?   + Nein, _____ Frau kenne ich nicht.

e) * Brauchst du _____ Fahrrad? + Wie bitte?

   * Brauchst du _____ Fahrrad?   + Ja, natürlich brauche ich _____ Fahrrad.

   * Schade, _____ Fahrrad ist kaputt.

f) Wer besucht heute _____ Eltern, Frau Kaiser?

g) Das ist _____ Buch. Warum liest du _____ Buch?

h) * Was suchen Sie?   + Ich suche _____ Ball.

Lesen

Text E   Unsere Familie

1. Lesen Sie bitte den Text!

Herr Müller erzählt: *erzählen v 讲述*

Das sind meine Eltern, mein Vater und meine Mutter. Ich bin ihr Sohn. Meine Eltern haben auch eine Tochter. Sie ist meine Schwester und ich bin ihr Bruder. Wir sind Geschwister. Meine Eltern und meine Schwester leben in Frankfurt.

Mein Vater hat keine Eltern mehr. Sie sind tot. Meine Mutter hat ihren Vater und ihre Mutter noch. Wir sind ihre Enkelkinder. Unsere Großeltern wohnen nicht in Frankfurt, sondern in Stuttgart. Wir besuchen sie oft. Wir lieben unseren Großvater und unsere Großmutter sehr.

Mein Vater hat einen Bruder. Er ist unser Onkel. Meine Mutter hat eine Schwester. Sie ist unsere Tante.

Ich bin verheiratet und meine Frau heißt Bettina. Sie ist die Schwiegertochter von meinen Eltern. Wir haben eine Tochter. Wir wohnen in Darmstadt.

2. Richtig oder falsch?

	Richtig	Falsch
a) Herr Müller hat keine Geschwister.	☐	☒
b) Sein Vater hat noch Eltern, aber seine Mutter hat keine Eltern mehr.	☐	☒
c) Die Großeltern leben in Frankfurt.	☐	☒
d) Herr Müller hat einen Onkel.	☒	☐
e) Seine Tante hat eine Tochter.	☐	☒
f) Herrn Müllers Eltern haben eine Schwiegertochter.	☒	☐

Wortschatz Ⅱ

Die Familie

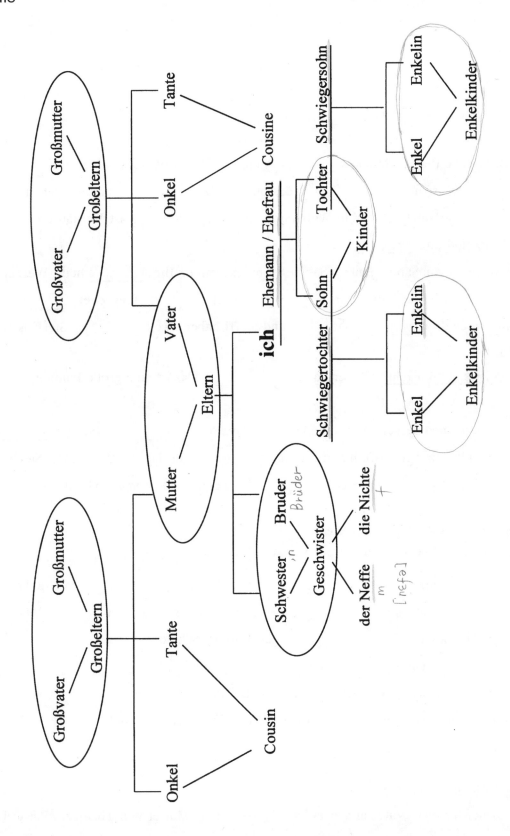

Übungen

1. Zeichnen Sie bitte einen Stammbaum von Ihrer Familie!

v.画　　　　　　m. 家庭树

2. Ergänzen Sie bitte die Wörter!

a) Meine Familie

Ich heiße Wiebke Berger. Meine _Eltern_ , Anna und Bernd Berger, haben zwei _Kinder_ : einen _Sohn_ , Thomas, und eine _Tochter_ , das bin ich. Mein _Bruder_ und ich gehen in die Schule. Mein _Vater_ arbeitet bei VW in Wolfsburg, und meine _Mutter_ ist Verkäuferin.

b) Meine Tante und ihre _Mann_

Hier ist ein Foto von Sabine Bauer. Sabine ist meine Tante. Ihr _Mann_ heißt Werner Bauer. Er ist mein _Onkel_ . Sie haben fünf _Kinder_ : drei _Töchter_ und zwei _Söhne_ . Peter und Benjamin haben drei _Schwestern_ Uta, Eva und Steffi haben zwei _Brüder_ . Steffi ist schon zwölf Jahre alt.

[bauə] m.农民

Benjamin ist erst zwei Jahre alt. Er hat vier _Geschwister_. Das ist eine große Familie.

c) Meine _Großeltern_
adv. 才

Die Eltern von Anna Berger und Sabine Bauer sind meine _Großeltern_ . Ich bin ihre _Enkelin_ . Meine _Großmutter_ heißt Elisabeth Wiesmann. Mein _Großvater_ heißt Jakob Wiesmann. Sie haben sieben _Enkelkinder_ : drei _Enkelinnen_ und vier _Enkels_ . Wir nennen sie „Oma" und „Opa".
[nɛnən]

3. Bitte ergänzen Sie die fehlenden Wörter!

Eine _Familie_　　fehlen ['feːlən] 的现在分词 [Partizip Präsens]
丢失 vi

Klaus Siebert ist verheiratet. _Sione_ _Frau_ heißt Lena. Klaus _arbeitet_ im Krankenhaus. Er ist _Arzt_ . Lena arbeitet nicht. _Sie_ ist Hausfrau. Klaus und Lena _haben_ vier _Kinder_ , zwei _Töchter_ und zwei _Söhne_ . _Sie_ gehen in die Schule.

Andreas ist schon fünfzehn. _Er_ hat zwei _Schwestern_ und _ein_ _Bruder_ . _Sein_ Bruder _heißt_ Jochen. _Seinen_ Schwestern _heißen_ Bettina und Ulrike.

Die _Eltern_ lieben _ihren_ Kinder sehr. Die Kinder lieben ihre _Mutter_ und _ihr_ _Vater_ .

4. Überlegen Sie bitte!
v.思考

a) Familie Bauer hat zwei Väter und zwei Söhne, aber keine Mütter und Töchter. Wie viele Personen hat Familie Bauer? Wer sind sie?

Bauer 1   drei Personnen

Bauer 2

Bauer 3

b) Mein Vater hat ein Kind, aber ich bin nicht sein Sohn. Wer bin ich?

Ich bin seine Tochter.

Hören

Text F Ich und meine Familie

Hören Sie bitte den Text zweimal und beantworten Sie die Fragen!

a) Was ist Sun Jia von Beruf?

b) Ist sie verheiratet?

c) Was macht sie im Moment?

d) Wie viele Geschwister hat sie?

e) Was sind ihre Eltern von Beruf?

f) Wo lebt ihre Schwester?

Situative Frage

Ihre Freunde besuchen Sie. Sie kennen Ihre Familienangehörigen noch nicht. Sprechen Sie bitte über Ihre Familie!

Schreiben

Schreiben Sie bitte über Ihre Familie!
—Personen
—Beruf

Phonetische Übung I

Hören und sprechen Sie bitte nach!

● [eː] [ɛː][ɛ]

lesen – Herr – nehmen – Kaffee – Verben – er – sprechen – gern – jetzt – wer

essen – Lehrer – Geld – Ärzte – denn – sehen – Text – kennen – hätte – trägt

● [ə]

Tasse – besuchen – bitte – warte – Tante – Beruf – arbeitet – Sabine – Gefahr –

Gebrauch – komme – viele – gehören

● [ɚ]

Peter – Fenster – Bruder – Tochter – Schwester – Sänger – Vater – Mutter

Kinder – Wasser – Koffer – über – Arbeiter – aber – Meier

Phonetische Übung　Ⅱ

Hören und sprechen Sie bitte nach!

a) Was machen Sie hier? Studieren Sie?

　Was machst du hier? Lernst du Deutsch?

　Was macht er hier? Arbeitet er?

b) Sie sprechen schon gut Deutsch.

　Du sprichst schon gut Englisch.

　Ihr sprecht schon gut Chinesisch.

c) Sabine, das ist Herr Wang aus China.

　Stefan, das ist Frau Ito aus Japan.

　Herr Yang, das ist Professor Müller aus Berlin.

d) Ist das Ihre Familie, Herr Pöppelmann?

　Ist das Ihre Frau, Herr Pöppelmann?

　Ist das Ihre Tochter, Herr Pöppelmann?

　Ist das Ihre Schwester, Herr Pöppelmann?

　Ist das Ihre Mutter, Herr Pöppelmann?

e) Das sind meine Kinder, mein Sohn Christian und meine Tochter Susanne.

　Das sind meine Eltern, mein Vater Hans und meine Mutter Maria.

　Das sind meine Geschwister, mein Bruder Stefan und meine Schwester Steffi.

　Das sind meine Großeltern, mein Opa Otto und meine Oma Charlotte.

f) Mein Vater arbeitet als Professor an der TU Berlin.

　Meine Mutter arbeitet als Lehrerin in der Schule.

　Mein Onkel arbeitet als Ingenieur bei VW.

　Meine Tante arbeitet als Ärztin im Krankenhaus.

　Mein Bruder arbeitet als Verkäufer im Kaufhaus.

　Meine Schwester arbeitet als Sekretärin bei Siemens.

g) Haben Sie Geschwister?

　Hast du noch Großeltern?

Hat sie eine Tante und einen Onkel?

Hat er einen Neffen und eine Nichte?

Phonetische Übung Ⅲ

Hören und sprechen Sie bitte nach!

a) * Stefan, was trinkst du? Kaffee oder Tee?

　　+ Tee bitte.

　　* Warte einen Moment. Der Tee kommt gleich.

b) * Herr Zhang, haben Sie Kinder?

　　+ Ja, einen Sohn.

　　* Was ist er?

　　+ Er ist Schüler.

c) * Hallo!

　　+ Hallo! Was machst du hier? Studierst du?

　　* Nein, ich lerne Deutsch. Und Du?

　　+ Ich lerne auch Deutsch.

d) * Wer ist denn das?　　　　　　　+ Stefan.

　　* Was macht er denn?　　　　　　+ Er lernt.

　　* Was lernt er?　　　　　　　　 + Er lernt Deutsch.

　　* Wie lernt er denn ?　　　　　　+ Er lernt fleißig.

　　* Kann er schon Deutsch sprechen?　+ Ja, aber nur ein bisschen.

e) * Was ist denn das?　　　　　　　+ Das ist mein Familienfoto.

　　* Wer ist das?　　　　　　　　　+ Das ist mein Mann.

　　* Was ist er?　　　　　　　　　 + Er arbeitet als Lehrer an der Universität.

　　* Wer ist das?　　　　　　　　　+ Das ist meine Tochter.

　　* Was ist sie?　　　　　　　　　+ Sie ist Studentin.

　　* Wo studiert sie?　　　　　　　+ An der Tongji-Universität in Shanghai.

Lektion **4**
Einkaufen

Hören und Lesen

Text A   Wang Dali geht auf den Markt

1. Hören Sie bitte den Text und beantworten Sie die Fragen!

a) Was macht Wang Dali?

  Wang Dali geht auf den Markt.

b) Warum geht Hans nicht selber?

  Er hat keine Zeit.

c) Was braucht Hans?

  ein Prfund Fleisch , ein Kilo ~~Kato~~ Kartoffeln   ein Stück Käser , eine Pakung Salz

2. Hören Sie bitte den Text noch einmal und fügen Sie die fehlenden Wörter ein!

Heute ___ist___ Samstag. Wang Dali ___geht___ auf den Markt. Er ___nimmt___ eine Tasche und geht. Da ___kommt___ sein Freund Hans.

Hans:	Hallo, Wang!
Wang Dali:	___Hallo___, Hans!
Hans:	Wohin ___gehst___ du?
Wang Dali:	Ich ___gehe___ auf den Markt.
Hans:	Was, ___du___ gehst schon wieder einkaufen? 你又去购物呀？
Wang Dali:	Na ja, ich ___kaufe___ nur Obst und Gemüse.
Hans:	Ah, gut. Kannst du etwas für mich ___kaufen___? Ich ___habe___ keine Zeit.

Wang Dali: Ja, gern. Was ~~brauhst~~ _brauchst_ du?

Hans: Moment! Ich __habe__ kein Fleisch, keinen Käse, keine Kartoffeln mehr. Also,

holen ['hoːlən] __holst__ du für mich ein Pfund Rindfleisch, ein Kilo Kartoffeln und ein Stück Käse,
_v 取,拿来_   bitte.

Wang Dali: Na gut, sonst noch was?

Hans: Einen Augenblick. Ja, ich ~~brauhe~~ _brauche_ noch eine Packung Salz.

Wang Dali: Ja, alles klar. Bis dann!

Hans: __Bis dann__ !

3. Lesen Sie bitte den Text mit Ihrem Nachbarn und achten Sie auf Ihre Aussprache!

Wortschatz I
_m, -es 词汇_

Lebensmittel

die Wassermelone, – n

der Kaffee

die Erdbeere, – n

die Wurst, ̈ e

das Mineralwasser

der Käse

der Tee

die Coca – Cola

der Kuchen,-

der Reis

der Saft, ̈ e

die Orange, -n

der Apfel, ̈

die Banane,-n

die Milch

das Bier

der Joghurt

der Wein, -e

der Salat, -e

der Chinakohl

die Kartoffel, -n

die Schokolade

die Butter

die Marmelade,-n

der Blumenkohl

die Tomate, -n

das Ei, -er

das Huhn, ⸚er

der Fisch, -e

das Rindfleisch
das Schweinefleisch
das Lammfleisch

die Nudel, -n

das Brot, -e

das Salz

der Honig
[ˈhoːnɪɡ]

der Zucker

Übungen

1. Ordnen Sie bitte die Lebensmittel den Oberbegriffen zu!

Obst: die Wassermelone, n ; die Erdbeere, -n; die Orange, -n ; der Apfel, ⸚;
die Banane, -n;

Gemüse: der Salat, -e; der Chinakohl ; die Kartoffel, -n; die Blumen Kohl
die Tomate, -n;

Milchprodukte: der Käse; die Milch ; der Joghurt

Fleisch / Wurst / Geflügel: die Wurst, ⸚e; der Kuchen ; die Butter das Ei, -er
家禽
das Huhn, ⸚er ; der Fisch, -e; das Rindfleisch, Schweinefleisch, Lammfleisch

Getränke: der Koffee ; das Mineralwasser; der Tee ; die Coca-Cola; der Saft, ⸚e; das Bier
der Wein, -e;

Andere Lebensmittel: der Reis ; die Schokolade ; die Butter; die Marmelade, -n;
die Nudel, -n ; das Brot, -e; das Salz ; der Honig ; der Zucker

2. Fragen Sie Ihren Partner bitte!

a) Was isst du (nicht) gern?

Ich esse gern ...

b) Was trinkst du (nicht) gern?

Ich trinke gern ...

3. Machen Sie bitte Dialoge!

Beispiel:

* Ich gehe einkaufen. Brauchst du *Getränke*?   + Ja. Ich brauche *Saft* und *Mineralwasser*.

* Brauchst du auch *Fleisch*?   + Ja. Ich brauche *Rindfleisch*.

* Brauchst du sonst noch was?   + Ja. *Kaffee* und *Eier*.

adv 此外

Wortschatz Ⅱ

Mengeneinheiten und Mengenangaben

Menge f. 人群   Einheit. f 单位

（die）单位   [die] 数量说明

A Mengeneinheiten

die Flasche, -n 奶瓶
长瓶

Er kauft eine Flasche Milch.

die Dose, -n 铝罐

Sie kauft eine Dose Wasser und drei
Dosen Coca-Cola.

das Glas 玻璃罐

Wir brauchen ein Glas Honig und zwei
Glas Marmelade.

die Packung, -en

Eine Packung Zucker kostet 1 Euro und
zwei Packungen kosten 2 Euro.

der Beutel 袋（编织袋）

Ich nehme einen Beutel Äpfel und drei
Beutel Kartoffeln.

das Stück 块

Ich nehme vier Stück Erdbeerkuchen.

aber: Ich kaufe einen Kuchen.

Ich brauche ein Brot.

B Mengenangaben

das Kilo（kg）   Ein Kilo hat zwei Pfund.

das Pfund（Pfd）   Ein Pfund hat 500 g（Gramm）.

das Gramm（g）   Ein Kilo hat _1000_ g.

der Liter（l）   Ein Liter hat 1 000 Milliliter(ml).

In der Flasche sind zwei Liter Wasser.

Übung

Ergänzen Sie bitte die Einkaufsliste!

Packung, Dose, Beutel, Stück, Flasche, Glas , Tafel

f. 块（像板一样）

Eine	Packung	Saft	Ein	Glas	Marmelade
Eine	Tafel	Eier	Eine	Dosen	Fanta 芬达
Eine	Flaschen	Honig	Einen	Beutel	Erdbeeren
Eine	Packungen	Tee	Ein	Stück	Käse
Einen	Beutel	Kartoffeln	Ein	Stück	Wassermelone
			Eine	Tafel	Schokolade

Wortschatz Ⅲ

Schreibwaren   (Pl.) 文具

das Wörterbuch, ̈ er   der Marker , -   das Papier   der Ordner , -   der Radiergummi , - s   das Spiralheft , - e

橡皮

der Locher , -   der Bleistift , - e   der Füller , -   der Taschenrechner , -   der Korrekturstift , -e   der Kugelschreiber , -

das Loch. zu   自来水笔   便携计算器   十修正   圆珠笔

Löcher   die Kugel 球

Übung

Sie möchten Schreibwaren kaufen. Aber Sie haben keine Zeit. Diktieren Sie Ihrem Nachbarn fünf Schreibwaren!

[m] Nachbar -n/-s

— ein Marker

— ein Spiralheft

— ein Füller

— ein Locher

— ein Ordner

die Zeit   das Geld   der Hunger
die Lust   der Durst

	Nominativ	Akkusativ	Dativ	Genitiv
m.	kein	keinen	keinem	keines
n.	kein	kein	keinem	keines
f.	keine	keine	keiner	keiner
pl.	keine	keine	keinen	keiner

Grammatik I

Negation

A   Negation mit *kein*

a) **Unbestimmter Artikel**

   Beispiele:

   * Ist das *ein* Apfel?   *der Hahn, ̈e* 公鸡 -en   + Nein, das ist *kein* Apfel.
   * Ist das *ein* Hähnchen?   *das Hähnchen* 小鸡   + Nein, das ist *kein* Hähnchen.
   * Ist das *eine* Banane?   + Nein, das ist *keine* Banane.
   * Hat er *einen* Apfel?   + Nein, er hat *keinen* Apfel. (m)
   * Hat er *ein* Hähnchen?   + Nein, er hat *kein* Hähnchen. (n)
   * Hat er *eine* Banane?   + Nein, er hat *keine* Banane. (f)

b) **Nullartikel**

   Beispiele:

   * Brauchen Sie Kartoffeln?   + Nein, ich brauche *keine* Kartoffeln. (pl.)
   * Haben Sie Geld?   + Nein, ich habe *kein* Geld. (n.)
   * Trinken Sie Kaffee?   + Nein, ich trinke *keinen* Kaffee. (m.)
   * Haben Sie Hunger?   + Nein, ich habe *keinen* Hunger. (m.)

Akk.
Akkusativ
m.   keinen
n.   kein
f.   keine
pl. keine

Übung

Ergänzen Sie bitte *ein*- oder *kein*-, wenn notwendig!   *adj. 必要的*

a) * Haben Sie _ein_ Chinakohl?   + Nein, ich habe _keinen_ Chinakohl. (m)

b) * Isst du _/_ Nudeln?   + Nein, ich esse _keine_ Nudeln.

c) * Hast du _/_ Zeit?   + Ja, aber _keine_ Lust. f

d) * Was ist das?   + Das ist _ein_ Kaffee.

e) * Wie komme ich in die Stadt?   + Nehmen Sie _einen_ Taxi! (n.)

f) * Haben Sie noch _/_ Fragen?   + Ja, ich habe _keine_ Frage. f

g) Ich habe _einen_ Haus, _einen_ Auto und _/_ Geld, (aber) _keine_ Frau und _keine_ Kinder. pl.
   das n.   *das n.*   *das n*   *f*   Kindern (三格的时候) Dativ.

B   Negation mit *nicht*

▲ 注意 nicht 的位置

a) * Trinkt er?   + Nein, er trinkt *nicht*.
b) * Kaufen wir das Brot?   + Nein, wir kaufen das Brot *nicht*.
c) * Ist das dein Glas?   + Nein, das ist *nicht* mein Glas.
d) * Sind Sie hungrig?   + Nein, ich bin *nicht* hungrig.
e) * Kommen die Erdbeeren aus Italien?   + Nein, sie kommen *nicht* aus Italien.
f) * Haben Sie viel Zeit?   + Nein, wir haben *nicht* viel Zeit.

Übungen

1. Antworten Sie bitte mit *Nein*!

a) * Haben Sie *Tomaten*?
   + Nein, ich habe keine *Tomaten*. [pl.]

   (Kartoffeln, Orangen, Äpfel, Bananen, Erdbeeren)

b) * Haben Sie *Geld*? [n]
   + Nein, _ich habe kein Geld_.

   (Zeit, Durst, Hunger)
   [f] [m] [m]

c) * Brauchen Sie *Kaffee*?
   + Nein, _ich brauche keinen Kaffee_

   (Tee, Cola, Bier, Wasser, Milch)
   keinen keine keinen keinen keine

d) * Hat er *eine Freundin*?
   + Nein, _ich habe keine Freudin_.

   (Bruder, Schwester, Kind, Tante, Onkel)
   [m] [f] [n.] [f] [m.]

Nominativ. e) * Ist das *ein Brief*? [m.]
   + Nein, _das ist kein Brief_.

   (Zeitung, Heft, Tasche, Koffer, Fahrrad)
   [f] [n.] [f] [m] [n.]

f) * Sind Sie *Lehrer*? [m.]
   + Nein, _ich bin nicht Lehrer_.

   (Chemiker/in, Physiker/in, Student/in, Arbeiter/in)

g) * *Liest* er?
   + Nein, er *liest* nicht.

   (studieren, arbeiten, das Buch kaufen, das Taxi nehmen, nach Beijing fahren, aus Shanghai
   studiert arbeitet kauft nimmt fährt kommt
   kommen, hungrig sein, durstig sein, viel Geld haben, viel Zeit haben, den Bus nehmen)
   ist ist nicht viel nicht viel nicht viel
   5 kein Geld 区分

2. Verneinen Sie bitte die Sätze!

Beispiele: * Hat er einen Pass? ǀ + Nein, er hat keinen Pass.
　　　　　 * Kommt sie heute? ǀ + Nein, sie kommt heute nicht.

a) Haben Sie Kinder?
   Nein, ich habe keine Kinder.
b) Kaufst du ein Auto?
   Nein, ich kaufe nicht ein Auto.
c) Gehen wir heute auf den Markt?
   Nein, wir gehen heute nicht auf den Markt.
d) Braucht er Fisch?
   Nein, er braucht nicht Fisch.
e) Sind Sie Herr Maier?
   Nein, ich bin nicht Herr Maier.
f) Machen Sie Hausaufgaben?
   Nein, ich mache nicht Hausaufgaben.

3. Ergänzen Sie bitte *kein* oder *nicht*!

a) * Arbeitet er?
   + Nein, er arbeitet _nicht_.
   * Aber er studiert?
   + Nein, er studiert auch _nicht_.

* Dann lernt er einen Beruf?
_m
+ Nein, er lernt _kennen_ Beruf.

* Aber dann hat er ____/____ Geld.

+ Richtig, aber er braucht _kein_ Geld.
_{n.}
* Das verstehe ich _nicht_.

+ Ich auch _nicht_.

b) * Brauchst du Milch und Brot?

+ Nein, ich brauche _keine_ Milch und _kein_ Brot.
_+_   _n._

c) * Hast du Hunger?

+ Nein, ich habe _keinen_ Hunger, aber Durst.

d) * Trinken Sie Tee?

+ Nein, ich trinke _keinen_ Tee. Haben Sie Wasser?

* Oh, Entschuldigung, leider habe ich _kein_ Wasser, aber Cola.

？究竟否定 Tee 还是否定 trinken 呢？

e) * Essen Sie bitte!

+ Danke, ich bin _nicht_ hungrig.

f) Ihr habt fünf Kinder. Wir haben noch _kein_ Kind.

g) Wir haben heute Unterricht. Ihr habt heute aber _keinen_ Unterricht.
_{m.}

h) Sie braucht immer viel Geld. Aber sie hat _____ Geld.

4. Warum?

* Mama, warum habe ich _keine_ Schwester?

+ Mama und Papa haben _kein_ Geld.

* Ihr habt _kein_ Geld?

+ Wir haben _nicht_ viel Geld.

* Warum habt ihr _nicht_ viel Geld?

+ Mama arbeitet _nicht_.

* Warum arbeitest du _nicht_?

+ Ich finde _keine_ Arbeit._+_

* Warum findest du _keine_ Arbeit?

+ Jetzt ist Schluss! Ich habe _keine_ Zeit mehr.

* Warum hast du _keine_ Zeit mehr?

Du arbeitest doch _nicht_.

5. kein-... mehr / nicht mehr

Beispiele: * Haben Sie *noch* Geld?   + Nein, ich habe *kein* Geld *mehr*.
_n

Mein Vater ist schon alt. Er arbeitet *nicht mehr*.
_v._

a) Der Kaffee ist kalt, ich trinke ihn _nicht mehr_ .

b) * Hast du noch Eier?   + Nein, ich habe _keine_ Eier _mehr_ .

c) Peter arbeitet _nicht mehr_ in der Schule.

d) * Essen Sie noch ein Stück Kuchen?

   + Nein danke, ich esse _kein_ Stück Kuchen _mehr_ .

e) Die Familie hat schon ein Auto. Sie braucht _kein_ Auto _mehr_ .

f) * Hast du noch Zeit?   + Nein, ich habe _keine_ Zeit _mehr_ .

g) * Haben Sie noch Brot?

   + Nein, leider haben wir _kein_ Brot _mehr_ .

6. Bilden Sie bitte zu zweit einen Dialog: Eine Vorbereitung auf eine Party!

* Wir machen morgen eine Party.
  Was brauchen wir?

                                    + Haben wir Coca-Cola?

* Nein. Wir brauchen zwölf...
                                    + Haben wir Kaffee?

* Nein. Wir brauchen eine...
                                    + Haben wir...?

* Nein. Wir brauchen...
                                    + Haben wir...?

* Oh ja,... haben wir.

Hören

Text B

Ich bin erst seit 3 Tagen in Deutschla~~

Das ist aber nett von dir!

1. **Hören Sie den Text bitte einmal und beantworten Sie die Frage!**

Was macht Frau Li? Kreuzen Sie bitte an!

☒ Einkaufen

☐ Chinesisch lernen

☐ Kim besuchen

2. **Hören Sie bitte den Text zum zweiten Mal und beantworten Sie die Fragen!**

a) Wo kauft Kim Lebensmittel?

   im Supermarkt , bei Aldi

b) Was bekommt er dort nicht?

   ~~*Doufu*~~ *Dofu*

c) Wo bekommt er ihn?

   Bei China-Laden

Hören und Lesen

Text C   Im Supermarkt

1. Hören Sie bitte den Text und beantworten Sie die Fragen!

a) Was kauft Wang Dali?

_Brot   Milch   Chinakohl   Fisch   Bananen
Kohl
Bier_

b) Worüber sprechen die Mutter und ihre Tochter?

Schocolade

2. Hören Sie bitte den Text noch einmal und fügen Sie die fehlenden Wörter ein!

Wang Dali will einkaufen. Er braucht _Lebensmittel_ Er schreibt einen Zettel:

Im Supermarkt _kauft_ Wang Dali ein Brot, zwei _Flaschen_ Milch und zwei

Flaschen Bier, fünf Bananen, einen Fisch und einen Chinakohl. Er geht zur

Kasse und _wartet_ . Da _gehen_ eine Frau und ihre Tochter. Die Tochter ist

vier oder fünf Jahre alt.

Tochter: Mama, ich will _Schokolade_ haben.

Mutter: Wir _sagen_ nicht „ ich will ". Wir _sagen_ „ Ich möchte

Schokolade haben".

Tochter: Warum?

Mutter: „Ich will" _ist_ unhöflich. a 不礼貌的

Tochter: Aber ich möchte sehr, sehr gern Schokolade haben. Also _sage_ ich „ich will".

Mutter: Nein, du _denkst_ „ich will", aber du _sagst_ „ich möchte".

Tochter: Also gut, _ich_ möchte sehr, sehr gern Schokolade haben.

Jetzt _ist_ Wang Dali an der Reihe. Er _bezatt_ 6 Euro.

排行 [raiə]   _bezahlt_   _bezahlen_ v.付款

Brot
Milch
Bier
Chinakohl
Fisch
Bananen

3. Lesen Sie bitte den Text mit Ihrem Nachbarn und achten Sie auf Ihre Aussprache!

Grammatik Ⅱ

[语] 情态的，语气的

Modalverben

A Konjugation der Modalverben *möchten* und *wollen*

	möchten would like	**wollen** want
ich	*möchte*	*will*
du	möchtest	willst
er sie es	*möchte*	*will*
wir	möchten	wollen
ihr	möchtet	wollt
sie	möchten	wollen
Sie	möchten	wollen

B Verbstellung mit *möchten* und *wollen*

im Aussagesatz

第二位

I	Ⅱ	Ⅲ...	Ende
Stefan	**möchte**	Bier	*kaufen*.
Ich	**will**	Schokolade	*essen*.

im Fragesatz

I	Ⅱ	Ⅲ...	Ende	Antwort
* Was	**möchte**	Monika	trinken?	+ Sie **möchte** Kaffee trinken.
* **Möchte**	Monika	Tee	trinken?	+ Nein. Sie **möchte** Kaffee trinken.
* Was	**will**	die Tochter	essen?	+ Sie **will** Schokolade essen.
* **Will**	die Tochter	Schokolade	essen?	+ Ja. /Nein.

C Gebrauch der Modalverben „möchten und wollen"

m. 用法

möchten (*Wunsch, Plan, Absicht — höflicher Ausdruck*)

于打算　　　　　　[der] 输出；表达

Ich möchte (bitte) ein Kilo Kartoffeln.

Ich möchte ihn morgen besuchen.

强烈的

wollen (***starker Wunsch, Plan, Absicht***)

Ich will jetzt keine Hausaufgaben machen.

Ich will in Deutschland Physik studieren.

Übungen

1. Sprechen Sie bitte zu zweit!

Beispiel: ＊ Was möchten Sie trinken/essen? ＋ Ich möchte ein Glas Bier trinken.

die Wassermelone,– n   der Kaffee   die Erdbeere，– n   die Wurst,⸚ e

das Mineralwasser   der Käse   der Tee   die Coca – Cola

2. Üben Sie bitte zu zweit!

Beispiel: auf den Markt gehen   Geld

    ＊ Möchtest du heute *auf den Markt gehen*?

    ＋ Ich möchte sehr gern *auf den Markt gehen*, aber ich habe *kein Geld*.

 a) in die Stadt fahren   Auto

b) zur Großmutter gehen   Zeit

c) nach Beijing fahren   Fahrkarte

d) deinen Bruder besuchen   Zeit

e) nach Deutschland fliegen   Pass m

f) zum Unterricht gehen   krank sein

3. Bilden Sie bitte Sätze!

a) will / fahren / sie / nach Deutschland

    Sie will nach Deutschland fahren .

b) seine / Michael / besuchen / Mutter / möchte

    Michael möchte seine Mutter besuchen .

c) studieren / was / möchten / Sie

    Was möchten Sie studieren ?

d) das Kind / Hausaufgaben / machen / will

    Das Kind will Hausaufgaben Machen .

e) du / morgen / möchtest / Bücher / kaufen

    Möchtest du morgen Bücher kaufen ?

D　Konjugation der Modalverben „*müssen, dürfen, können, sollen*"

	müssen	dürfen	können	sollen
	must	*be allowed to*	*may*	*Should*
ich	**muss**	**darf**	**kann**	**soll**
du	musst	darfst	kannst	sollst
er sie es	**muss**	**darf**	**kann**	**soll**
wir	müssen	dürfen	können	sollen
ihr	müsst	dürft	könnt	sollt
sie	müssen	dürfen	können	sollen
Sie	müssen	dürfen	können	sollen

E　Gebrauch der Modalverben „müssen, dürfen, können, sollen"

müssen (*Pflicht, Befehl, Notwendigkeit*)
[ba'fe:l]
大义务 m 指挥;命令 m 必要性

a) Mit 6 Jahren *müssen* alle Kinder zur Schule gehen.

b) Herr Müller sagt: „Sie *müssen* die Modalverben lernen."

c) Hans ist krank. Er *muss* zu Hause bleiben.

▲注意否定时的句式

dürfen (*Erlaubnis, Verbot, höfliche Frage*)
f准许　n 禁止　礼貌性的询问
Man *darf* hier parken.

Hier *dürfen* Sie nicht rauchen.

* *Darf* ich im Bus rauchen?　　+ Nein, Sie *dürfen* nicht rauchen.

können (*Fähigkeit, Möglichkeit, Erlaubnis*)
f能力;才能　可能性　准许
a) Meine Tochter ist 3 Jahre alt. Sie *kann* laufen. Aber sie *kann* nicht schreiben.

　Frau Müller ist Deutsche. Sie *kann* nicht Chinesisch sprechen.

b) * *Können* Sie mich morgen besuchen?

　+ Nein, ich *kann* Sie morgen nicht besuchen. Ich habe keine Zeit.

c) * *Kann* ich hier schwimmen?　+ Ja, Sie *können* hier schwimmen.

　　　　　　+ Nein, Sie dürfen hier nicht schwimmen.

sollen (*Weitergabe einer Information, Auftrag von einer anderen Person, Bitte um einen Rat, moralische*
f转告　m委托
Verpflichtung)
f义务
a) *Arzthelferin*: Sie *sollen* viel Obst essen und viel Wasser trinken. Das hat der Arzt gesagt.

b) Die Sekretärin soll Kaffee machen.

c) * Kannst du mich morgen besuchen?

　+ Ja. Wann *soll* ich kommen?

　* Um drei.

d) Man soll Rücksicht auf andere Menschen nehmen.
f后视
hindsight

Übungen

1. Bitte setzen Sie das passende Modalverb ein!

(*müssen, dürfen, sollen, können*)

a) * Bleiben Sie doch noch!

+ Ich __kann__ leider nicht bleiben. Ich __muss__ um acht Uhr zu Hause sein.

b) * __Kannst__ du morgen kommen?

+ Morgen? Wann __soll__ ich denn kommen?

c) * Hans, du __musst__ deine Hausaufgaben machen. Du __darfst__ nicht spielen.

+ Ich __kann__ die Hausaufgaben nicht machen. Ich verstehe sie nicht.

d) * Wir fahren in die Stadt. Kommst du mit?

+ Nein. Ich __kann__ nicht in die Stadt fahren. Ich __muss__ zur Arbeit gehen.

e) * Susi sucht dich. Du __sollst__ sie anrufen.

+ Was ist denn los?

2. Bitte setzen Sie das passende Modalverb ein!

a) * Was __möchtest__ du trinken?

+ Kaffee, bitte.

b) * __Kannst__ du koreanisch kochen?

+ Nein, nur chinesisch.

c) * Was machst du am Freitag?   + Ich __muss__ arbeiten.

d) * Im Klassenzimmer __dürfen__ Sie nicht rauchen.

+ Oh, entschuldigen Sie.

e) * Professor Fischer __möchte__ Sie sprechen. Sie __sollen__ zu ihm kommen.

+ Gut.

f) * Was __möchtest__ du studieren?   + Physik.

* __Möchtest__ du Lehrer werden?

+ Nein, Physiker.

g) * Du __sollst__ zu Hause bleiben.

+ Warum __darf__ ich nicht in den Park gehen?

h) * Maria arbeitet jetzt in Paris.

+ __Können__ sie Französisch sprechen?

* Nicht gut. Sie __möchten__ einen Französischkurs besuchen.

i) * Hans! Was sagt der Arzt immer!? Du __darfst__ nicht so viel rauchen und __darfst__ nicht so viel Bier trinken.

+ Ja, ja. Das sind die letzte Zigarette und das letzte Bier.

j) * Unser Hänschen _möchte_ nicht in die Schule gehen. Er _möchte_ immer spielen. Aber er

   muss in die Schule gehen. Er _darf_ nicht zu Hause bleiben und spielen.

   + Wie unser Martin.

k) * Herr Sender ist krank. Er _kann_ nicht arbeiten. Er _muss_ Medizin nehmen und _soll_

   viel schlafen.

   + Ich _will_ ihn morgen besuchen.

3. Bilden Sie bitte Sätze!

```
Klaus   ich   die Studenten   du Sie   Ute
und Otto   ihr   das Kind Wang Dali
wir   Frau Wagemann
```

```
         möchten
müssen         wollen
         können
sollen         dürfen
```

★ 词组

nach Hause fahren	kochen	Deutsch lernen
einen Freund einladen	rauchen	Eis essen
meine Schwester besuchen	Kaffee trinken	Radio hören
einkaufen	Grammatik	wiederholen
im Bett bleiben	lesen	nach Deutschland fahren
Obst essen	Französisch lernen	studieren
ein Fahrrad kaufen	schlafen	singen

Wortschatz IV

A   Zahlen 13—99

Sprechen Sie bitte nach!

13—19		20—90		21—99	
13	dreizehn	20	zwan**zig**	21	ein**und**zwanzig
14	vierzehn	30	drei**ßig**	32	zweiunddreißig
15	fünfzehn	40	vierzig	44	vierundvierzig
16	**sechzehn**	50	fünfzig	57	siebenundfünfzig
17	**siebzehn**	60	**sechzig**	65	fünfundsechzig
18	achtzehn	70	**siebzig**	73	dreiundsiebzig
19	neunzehn	80	achtzig	78	achtundsiebzig
		90	neunzig	96	sechsundneunzig
				99	neunundneunzig

Übungen

1. Bitte lesen Sie!

a) 4	b) 19	c) 53	d) 10	e) 14	f) 86
g) 33	h) 41	i) 50	j) 27	k) 91	l) 75
m) 68	n) 11 *elf*	o) 54	p) 16	q) 99	r) 47
s) 48	t) 0	u) 1	v) 79		

2. Hören und schreiben Sie bitte die Zahlen!

a) _____   b) _____   c) _____   d) _____   e) _____

f) _____   g) _____   h) _____   i) _____

3. Lesen Sie bitte die Telefonnummern!

Beispiel 1: Wang Dali   Tel.: 65981130

Man spricht: fünfundsechzig, achtundneunzig, elf, dreißig

a) Wolfgang Lange   Tel: 74562210

b) Liu Yong   Tel: 62753794

c) Wang Yuanyuan   Tel: 65953513

d) Michael Ullrich   Tel: 67408816

e) Alex Schneider   Tel: 4326771

f) Lang Lang   Tel: 5896407

B   Zahlen 100—1 000 000 000

100, 200,..., 900					
100	(*ein*)hundert	200	zweihundert	300	dreihundert
400	vierhundert	500	fünfhundert	600	sechshundert
700	siebenhundert	800	achthundert	900	neunhundert
101—999					
101	(*ein*)hundert*eins*		299	zweihundertneunundneunzig	
307	dreihundertsieben		412	vierhundertzwölf	
534	fünfhundertvierunddreißig		619	sechshundertneunzehn	
705	siebenhundertfünf		825	achthundertfünfundzwanzig	
901	neunhunderteins				
1 000—1 000 000 000					
1 000	(*ein*)tausend				
1 001	(*ein*)tausend*eins*				

1 000—1 000 000 000	
3 022	dreitausendzweiundzwanzig
5 121	fünftausendeinhunderteinundzwanzig
7 415	siebentausendvierhundertfünfzehn
10 000	zehntausend
20 084	zwanzigtausendvierundachtzig
43 005	dreiundvierzigtausendfünf
95 712	fünfundneunzigtausendsiebenhundertzwölf
100 000	(*ein*)hunderttausend
100 007	(*ein*)hunderttausendsieben
200 433	zweihunderttausendvierhundertdreiunddreißig
307 000	dreihundertsiebentausend
434 010	vierhundertvierunddreißigtausendzehn
1 Mio. (1 000 000)	*eine* Million
1,5 Mio. (1 500 000)	*eins* Komma fünf Millionen
1 Mrd. (1 000 000 000)	*eine* Milliarde
4,9 Mrd. (4 900 000 000)	vier Komma neun Milliarden

Übungen

1. **Hören und schreiben Sie bitte die Zahlen!**

a)　　　b)　　　c)　　　d)　　　e)　　　f)　　　g)

h)　　　i)　　　j)　　　k)　　　l)　　　m)　　　n)

2. **Rechnen Sie bitte!**

Man schreibt: $16 + 6 = 22$

Man spricht: Sechzehn plus sechs *ist gleich* zweiundzwanzig.

Beispiel:

　＊ Wie viel ist sechzehn plus sechs?

　＋ Sechzehn plus sechs *ist gleich* zweiundzwanzig.

+ plus	− minus
· mal	: durch
= ist (gleich)	Prp + Dat

与…相等，与…相似

a) $1\,001 + 5\,438 =$ b) $56\,500 - 1\,300 =$

c) $46 \cdot 3 =$ d) $333 : 3 =$

e) $7\,822 - 2\,178 =$ f) $6\,349 + 644 =$

g) $5\,500 \cdot 2 =$ h) $625 : 5 =$

i) $4\,208 - 808 =$ j) $1\,956 + 204 =$

3. Lesen und beantworten Sie bitte die Fragen! *Wie viel?* *Wie viele?*

Beispiele:

＊ *Wie viel* Milch brauchst du?

＋ Nur eine Flasche.

＊ *Wie viele* Kinder hast du?

＋ Ich habe ein Kind, eine Tochter.

a) Wie viele Studenten sind in Ihrer Klasse?

b) Wie viele Personen hat Ihre Familie?

c) Wie viele Studenten hat Ihre Universität?

d) Wie viele Übungen machen Sie heute?

e) Wie viele Bilder sind im Klassenzimmer?

f) Wie viel Geld haben Sie in der Tasche?

g) Wie viele Menschen leben in China? Und in Deutschland?

h) Wie viele Menschen leben in Shanghai? Und in Hamburg?

i) Wie viele Menschen leben in Beijing? Und in Berlin?

j) Wie viele Menschen leben in Hangzhou? Und in Bonn?

Wortschatz V

A Das Geld

Geldscheine

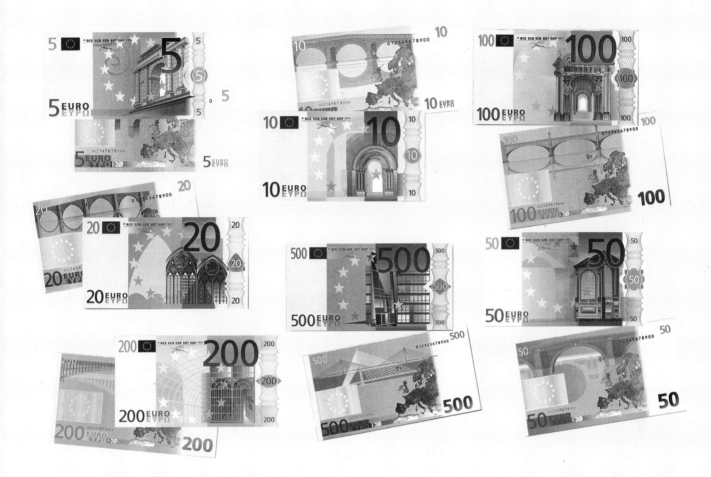

Geldstücke/Münzen

B Preise

Lesen Sie bitte die Preise!

a)	1	Euro(€)	ein Euro (= 100 Cent)
b)	4,30	Euro(€)	vier Euro dreißig (Cent)
c)	0,70	Euro(€)	siebzig Cent
d)	12,99	Euro(€)	zwölf Euro neunundneunzig (Cent)
e)	658,09	Euro(€)	sechshundertachtundfünfzig Euro neun (Cent)

Übungen

1. Lesen Sie bitte die Zeitungsanzeige!

Brot, Stück	1,80		Tomaten, Kilo	2,66
Butter, Packung	1,39		Blumenkohl, Stück	2,09
Käse, 100 g	– ,99		Kartoffeln, Beutel	2,29
Joghurt, Glas	– ,49		Huhn, Stück	4,19
Bier, Dose	0,39		Schweinefleisch, Pfd.	2,98
Saft, Flasche	1,69		Eier, 6 er Packung	1,18

2. Lesen Sie die Fragen und beantworten Sie sie!

a) Wie viel kostet ein Beutel Kartoffeln?

b) Wie viel kosten 250 g Schweinefleisch?

c) Wie viel kosten drei Flaschen Saft?

d) Wie viel kosten 300 g Käse?

e) Wie viel kosten 12 Eier?

f) Was kostet ein Pfund Tomaten?

3. Hören und ergänzen Sie bitte die Preise!

a) Drei Marker kosten _____ Euro.

b) Ein Locher kostet _____ Euro.

c) Ein Taschenrechner kostet _____ Euro.

d) 10 Hefte kosten _____ Euro.

e) Ein Füller kostet _____ Euro.

f) Fünf Kugelschreiber kosten _____ Euro.

Hören

Text D   Wang Dali auf dem Markt

4,48
6,49

🎧 **1. Hören Sie bitte den Text einmal!**

Was kauft Wang Dali? Kreuzen Sie bitte an!

☒ Gemüse   7,28 €

☐ Fisch

☐ Obst

☒ Fleisch   Rindfleisch   2.24 €

☐ Getränke

🎧 **2. Hören Sie bitte den Text noch einmal und beantworten Sie die Frage!**

Wie viel bezahlt er bei der Gemüsefrau?

7,28 €

Lesen

Text E

 **1. Lesen Sie bitte den Text in 5 Minuten und finden Sie eine Überschrift!**

Einkaufen in Deutschland   f. -en 标题

In Deutschland kaufen viele Familien im Supermarkt. Nach der Arbeit fahren sie mit dem Auto zum Supermarkt. Sie kaufen zum Beispiel Nahrungsmittel, wie Brot, Butter, Fleisch, Käse, Obst und Gemüse oder Getränke, z. B. Milch, Wasser, Saft und Bier.

Die meisten Menschen kaufen gern im Supermarkt, denn es ist oft billig. Der Supermarkt hat am Wochenende oft billige Angebote. Beim Fleischer, im Tante-Emma-Laden oder auf dem Markt ist es oft teuer. Aber die Lebensmittel sind immer frisch.

2. Lesen Sie bitte den Text genau und beantworten Sie die Fragen!

a) Was kaufen die Leute im Supermarkt?

Die Leute kaufen im Supermarkt Nahrungsmittel.

b) Welchen Vorteil und welchen Nachteil hat der Supermarkt?

m.标题   m.标题

Vorteil: Die Nahrungsmittel im Supermarkt sind billig.

Nachteil: Aber die Nahrungsmittel im Supermarkt sind nicht immer frisch.

Hören

Text F　Eine Durchsage

干通知

🎧 **1. Hören Sie bitte den Text einmal und beantworten Sie die Frage!**

Wo spielt der Hörtext?

im Supermarket

🎧 **2. Hören Sie bitte den Text noch einmal und ergänzen Sie die Tabelle!**

Produkte	Menge	Preis
Rindfleisch	100 g	0,50€
Blumenkohl aus Frankreich	ein Stück	1,09€
Wein „Süffig"	eine Flasche	1,49€
Bier „Hopfenbräu"	eine Flasche	0,59€
Kinderschokolade	eine Tafel	1,29€

Sprechen

1. Lesen Sie bitte die Angebote!

Angebote aus Ihrem Supermarkt

milchfrisch		marktfrisch		preiswert	
Goldblume Frischmilch 3,5% Fett 1-Liter-Packung	0,49 €	Deutsche Speisekartoffeln 1,5 kg-Beutel	1,49 €	Zucker 1 kg-Packung	1,79 €
Bauer Fruchtjoghurt 3,5/5% Fett versch. Sorten, jeder 250/200-g-Becher m 杯	0,49 €	Holland Cocktail-Tomaten 1 kg	5,96 €	Ritter-Sport Schokolade versch. Sorten, jede 100-g-Tafel	0,55 €
		Holländische/ Französische Gurken Stück	0,49 €	Nimm 2 Bonbons 400 g Packung	1,95 €
Butter 250 g-Packung	1,69 €	Blumenkohl Stück	1,15 €	Jacobs Kaffee Flasche	5,89 €
Oldenburger Butterkäse Scheiben, 45% Fett 干·薄片 200 g PK	1,89 €	Salat Stück	0,89 €	Milchreis 500 g	0,48 €
		Neuseeländische Zwiebeln 1,5 kg Netz n 网	1,49 €		
frisch		**Getränke**		**Fleisch**	
Orangen 2 kg-Beutel	3,79 €	Wodka Gorbatschow 0,7-Liter-Flasche	5,99 €	Rindergulasch 1 kg	4,49 €
Wassermelone Stück	5,-€	Hardthof Orangensaft 5×0,25 1 Packung	1,25 €	Frische Dicke Rippe vom Schwein 1 kg	2,79 €
Frz. Tafeläpfel „Pink Lady" 1 kg	1,59 €	Pils Bier 24×0,33/20×0,51, je Kasten m 箱	9,99 €	Schinkenwurst 75 g Packung	0,99 €
Bananen 1 kg	1,19 €				

2. Bilden Sie bitte zu zweit Dialoge mit Hilfe von „Angebote aus Ihrem Supermarkt"!

* Was kostet *ein 1,5kg-Beutel deutsche Speisekartoffeln*? / Was kosten 1,5kg *Kartoffeln*?

+ ... Euro... .

* Das ist aber teuer / billig. Und was kostet / kosten... ?

+ ... Euro... Sonderangebot.

* Das ist teuer / billig.

3. Bilden Sie bitte zu zweit Dialoge auf dem Markt!

* Ich möchte... . Was kostet / kosten... ?   + ... Euro... .

* Ist / Sind... frisch?   + Aber natürlich.

* Gut, dann nehme ich... .

* Und noch... bitte. Wie viel kostet / kosten... ?   + ... Euro. Sonst noch was?

* Augenblick/Moment bitte. Haben Sie
   hier... ?   + Nein, ...

* Na gut, das ist alles.   + Das macht... .

* ... bitte.

4. Situative Fragen

a) Sie sind im Supermarkt. Sie möchten Zwiebeln kaufen, finden sie aber nicht.

> *Entschuldigung, wo ist Zwiebeln?*

b) Sie möchten einen Taschenrechner kaufen. Sie fragen nach dem Preis.

> *Was kostet ein Taschenrechner?*

c) Sie möchten eine Party machen. Was sollen Sie kaufen? Sie fragen Ihren Freund.

Phonetische Übung I

🎧 **Hören und sprechen Sie bitte nach!**

● [i:] — [i]; [y:] — [y]

vier – vierzehn – vierzig – vierundvierzig – vierhundertvierzig

fünf – fünfzehn – fünfzig – fünfundfünfzig – vierundfünfzig

Miller – Müller   ihnen – innen   Liter – Liste   Milch – München

üben – üppig   Stück – Geflügel   müssen – Gemüse

● [ø:] — [œ];[o:] — [ø:];[ɔ] — [œ]

Öl – öffnen	hören – Hölle	möchten – mögen	schön – können
Ofen – Öfen	schon – schön	können – konnte	möchte – mochte

Phonetische Übung　Ⅱ

Hören und sprechen Sie bitte nach!

a) Sie gehen auf den Fischmarkt.

　　Wang Dali geht auf den Wochenmarkt.

　　Er geht auf den Flohmarkt.

　　Wir gehen auf den Blumenmarkt.

auf den Markt gehen

b) Kannst du etwas für mich kaufen?

　　Kannst du etwas für sie machen?

　　Kannst du etwas für uns tragen?

　　Kannst du etwas für Hans holen?

etwas für + Akk. + machen

c) Was, du gehst schon wieder einkaufen?

　　Was, du isst keinen Käse?

　　Was, du brauchst noch eine Packung Salz?

d) Ich möchte sehr gern Schokolade essen.

　　Sie möchten sehr gern Cola trinken.

　　Wir möchten sehr gern Bananen kaufen.

　　Susi möchte sehr gern einkaufen gehen.

möchten sehr gern + O. + machen

e) Möchte er ein Brot mit Butter essen?

　　Möchten Sie Cola trinken?

　　Möchtest du Bananen kaufen?

　　Möchte Susi einkaufen gehen?

f) Was möchten Sie trinken, Cola oder Fanta?

　　Wo möchtet ihr wohnen?

　　Wie viele Eier möchte Susi kaufen?

　　Warum möchte Adam mit Eva tanzen?

g) Herzlich willkommen in unserem Supermarkt „Alles Gut"!

　　Herzliche Gratulation zu deinem Geburtstag!

　　Herzliche Grüße an Maria!

　　Herzlichen Glückwunsch zu Ihrer Hochzeit!

h) Wie wär's mit dem Rotwein aus Spanien?

　　Wie wär's mit dem Käse aus Holland?

　　Wie wär's mit dem Jasmintee aus China?

　　Wie wär's mit dem Hopfenbräu aus München?

　　Wie wär's mit der Pizza aus Italien?

how about

Phonetische Übung III

🎧 **Hören und sprechen Sie bitte nach!**

a) * Du, ich mache morgen eine Prüfung.

   + Na, dann wünsche ich dir viel Erfolg!

   * Danke schön.

b) * Hallo, Wang Dali, wohin fährst du jetzt?

   + Ich fahre jetzt nach Frankfurt.

   * Dann wünsche ich dir eine schöne Reise!

   + Vielen Dank.

c) * Hi, Maria, wohin gehst du jetzt?

   + Hi, Susi, ich gehe jetzt einkaufen.

   * Na, dann wünsche ich dir einen angenehmen Einkauf.

   + Danke schön!

d) * Guten Morgen, Herr Peters. Was ist denn los mit Ihnen?

   + Ich bin erkältet und muss zu Hause bleiben.

   * Dann wünsche ich Ihnen gute Besserung!

   + Vielen Dank.

e) * Herr Li, ich fahre morgen nach Deutschland.

   + Herzliche Gratulation! Dann wünsche ich Ihnen alles Gute!

   * Danke!

f) * Morgen ist Gottseidank wieder Samstag.

   + Ja, ich wünsche dir ein schönes Wochenende!

   * Danke, ebenfalls!

   + Danke.

Zitate

Wer Geld hat, kann sich vom
Teufel bedienen lassen.

Aus Japan

Wer Geld hat, ist ein Drache,
wer keines hat, ein Wurm.

Aus China

Lektion 5
Termine

Hören und Lesen

Text A   Eine Verabredung

f (-, -en) 约定

1. Hören Sie bitte den Text und beantworten Sie die Fragen!

a) Warum hat Sabine keine Zeit?

   Sie muss zu Professor Müller gehen.

b) Wann hat Sabine Zeit?

   Morgen um drei.

2. Hören Sie bitte den Text noch einmal und fügen Sie die fehlenden Wörter ein!

Wang Dali:	Hallo Sabine!
Sabine:	Hallo Wang Dali!
Wang Dali:	Wie geht's?
Sabine:	Danke gut. Und dir?
Wang Dali:	Auch gut. Trinken dir wir eine Tasse Kaffee zusammen?
Sabine:	Entschuldige, Wang Dali, ich habe leider keine Zeit. Ich muss zu Professor
	Müller gehen. Wir müssen meine Hausarbeit besprechen.
Wang Dali:	Ach so. Weißt du, ich habe eine Frage.
Sabine:	Was gibt's denn?
Wang Dali:	Ich habe ein Problem. Wann hast du ein bisschen Zeit?

Sabine:	Heute geht es nicht. Geht es morgen um <u>drei</u> ?
Wang Dali:	Morgen um <u>drei</u> ? Ja, da kann ich <u>kommen</u> .
Sabine:	Gut, dann bis morgen, hier <u>im</u> Unicafé.

3. Lesen Sie bitte den Text mit Ihrem Nachbarn und achten Sie auf Ihre Aussprache!

Wortschatz I

A   Uhrzeiten (offiziell und inoffiziell)

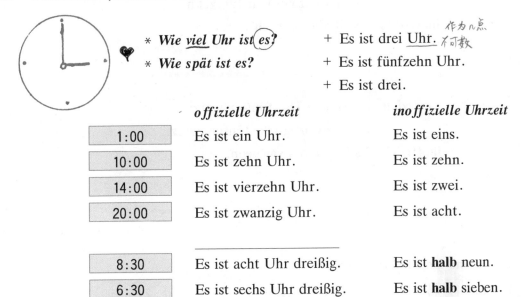

* *Wie **viel** Uhr ist es?*   + Es ist drei Uhr. 作为几点 有可数
* *Wie spät ist es?*   + Es ist fünfzehn Uhr.
                                  + Es ist drei.

	offizielle Uhrzeit	*inoffizielle Uhrzeit*
1:00	Es ist ein Uhr.	Es ist eins.
10:00	Es ist zehn Uhr.	Es ist zehn.
14:00	Es ist vierzehn Uhr.	Es ist zwei.
20:00	Es ist zwanzig Uhr.	Es ist acht.
8:30	Es ist acht Uhr dreißig.	Es ist **halb** neun.
6:30	Es ist sechs Uhr dreißig.	Es ist **halb** sieben.
18:30	Es ist achtzehn Uhr dreißig.	Es ist **halb** sieben.

Übung

Bitte üben Sie die offiziellen und inoffiziellen Uhrzeiten!

pl. 4格

a)   b)   c)   d)

  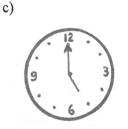 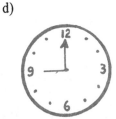

e)　　　　　　f)　　　　　　g)　　　　　　h)

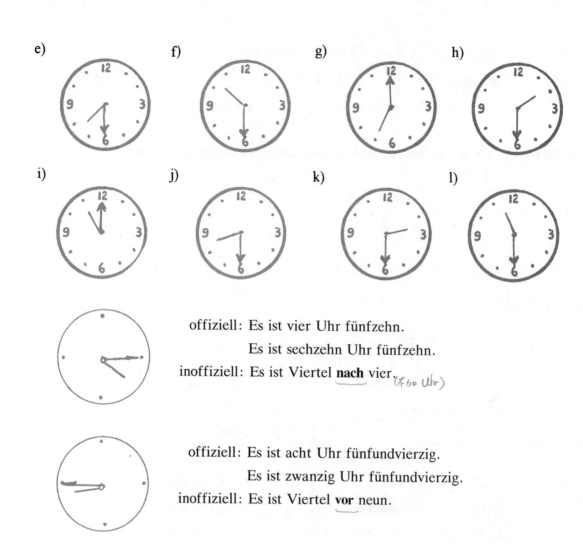

i)　　　　　　j)　　　　　　k)　　　　　　l)

offiziell: Es ist vier Uhr fünfzehn.

Es ist sechzehn Uhr fünfzehn.

inoffiziell: Es ist Viertel **nach** vier. (f 50 Uhr)

offiziell: Es ist acht Uhr fünfundvierzig.

Es ist zwanzig Uhr fünfundvierzig.

inoffiziell: Es ist Viertel **vor** neun.

Übung

Bitte üben Sie die offiziellen und inoffiziellen Uhrzeiten!

a) 11:45　b) 4:15　c) 19:45　d) 6:15　e) 17:45　f) 3:45　g) 21:15

h)　　　　　　i)　　　　　　j)　　　　　　k)

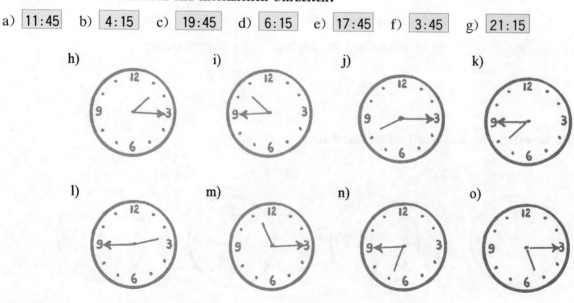

l)　　　　　　m)　　　　　　n)　　　　　　o)

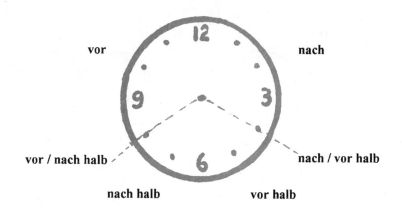

vor   nach

vor / nach halb   nach / vor halb

nach halb   vor halb

offizielle Uhrzeit		*inoffizielle Uhrzeit*
20:01	Es ist zwanzig Uhr eins.	Es ist eins nach acht.
8:08	Es ist acht Uhr acht.	Es ist acht nach acht.
5:50	Es ist fünf Uhr fünfzig.	Es ist zehn vor sechs.
10:23	Es ist zehn Uhr dreiundzwanzig.	Es ist sieben **vor halb** elf.
16:35	Es ist sechzehn Uhr fünfunddreißig.	Es ist fünf **nach halb** fünf.
17:43	Es ist siebzehn Uhr dreiundvierzig.	Es ist siebzehn vor sechs.
23:40	Es ist dreiundzwanzig Uhr vierzig.	Es ist zwanzig vor zwölf.
		oder: Es ist zehn **nach halb** zwölf.
1:20	Es ist ein Uhr zwanzig.	Es ist zwanzig nach eins.
		oder: Es ist zehn **vor halb** zwei.

:20 ~ :40 之間

Übungen

1. Üben Sie bitte die offiziellen und inoffiziellen Uhrzeiten!

a) 8:19   b) 9:25   c) 3:58   d) 6:31   e) 0:04   f) 17:35   g) 14:14

h)   i)   j)   k)

l)   m)   n)   o)

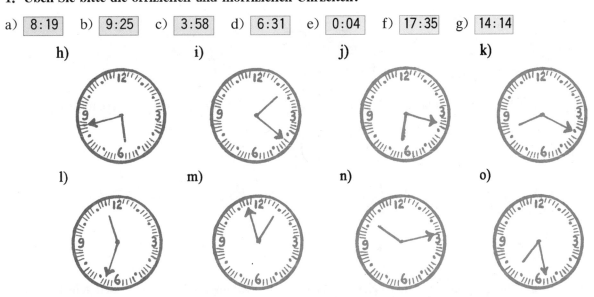

p)  q)  r)  s)

2. Lesen Sie bitte die Uhrzeiten (inoffizielle Uhrzeit)!

a) 9.17   b) 10.40   c) 3.25   d) 2.33   e) 5.53

f) 1.00   g) 0.00   h) 11.14   i) 19.06   j) 12.55

k) 23.20   l) 17.01   m) 17.38   n) 18.05

3. Hören und schreiben Sie bitte (offizielle Uhrzeit)!

a)   b)   c)   d)   e)   f)   g)

h)   i)   j)   k)   l)   m)   n)

B Uhrzeitangabe -n

* **_Wann_** geht Kai zum Unterricht?   + **_Um_** halb acht.

* **_Um wie viel Uhr_** geht Lea ins Büro?   + **_Um_** zehn nach sieben.

1. Wann macht Bernd was? Fragen und antworten Sie bitte!

frühstücken   zur Arbeit fahren   im Büro sein   zu Mittag essen   Tee trinken

eine Besprechung haben   nach Hause gehen   Zeitung lesen   ins Bett gehen

2. Sprechen Sie bitte über den Zeitplan von Zheng Hua!

Montag	
7.50	zum Unterricht gehen
8.10	Lesetext wiederholen
8.25	Hörübung machen 听力练习
8.45	Sprechübung machen
9.15	Grammatikregeln lernen
9.40	Pause machen
10.00	Dialoge machen
10.35	eine Schreibübung machen
11.00	einen Test schreiben
11.45	nach Hause gehen

Grammatik

[bə'feil]

Imperativ in Befehl, Aufforderung, Bitte und Vorschlag

m 命令   f 要求   f 请求   m 建议

A Imperativ (formell)

Herr Pöppelmann sagt zu Wang Dali: „ **Kommen Sie** bitte herein!"

Frau Maus sagt zu den Studenten: „ **Bilden Sie** bitte einen Satz!"

Aussagesatz			Imperativ		
I	II	III	I	II	III
Sie	kommen	nicht.	Kommen	Sie	!
Sie	arbeiten	nicht fleißig.	Arbeiten	Sie	fleißig!
Sie	sehen	nicht.	Sehen	Sie	mal!
Sie	fahren	zu schnell.	Fahren	Sie	bitte nicht zu schnell!
Sie	haben	keine Geduld.	Haben	Sie	doch Geduld!
Sie	werden	nicht Lehrer.	Werden	Sie	doch Lehrer!
Sie	sind	nicht ruhig.	*Seien*	Sie	bitte ruhig!

Vergleichen Sie bitte Aussage- und Imperativsatz!

v. 对比

Übung

Formulieren Sie bitte Anweisungen!

Was sagt Ihr Deutschlehrer oft im Unterricht?

a) das Buch öffnen

✻ **Beispiel:** Öffnen Sie bitte das Buch!

b) den Text laut lesen *Lesen Sie bitte laut den Text*

c) den Text hören *Hören Sie den Text*

d) Notizen machen *Machen Sie Notizen*

e) die Fragen beantworten *Beantworten Sie die Fragen*

f) einen Dialog machen *Machen Sie einen Dialog*

g) laut sprechen *Sprechen Sie laut*

h) den Fehler verbessern *Verbessern Sie den Fehler*

i) das Wort buchstabieren *Buchstabieren Sie das Wort*

j) die Übung machen *Machen Sie die Übung*

k) einen Aufsatz schreiben *Schreiben Sie einen Aufsatz*

l) die Wörter auswendig lernen *Lernen Sie auswendig die Wörter*

m) das Buch schließen *Schließen Sie das Buch*

n) die Grammatik zu Hause wiederholen *Wiederholen Sie zu Hause die Grammatik*

B Imperativ (informell)

Herr Krause sagt zu Stefan: „**Komm** bitte herein!"

Katja sagt zu Lukas und Margit: „**Kommt** bitte herein!"

Aussagesatz			Imperativ	
I	II	III	I	II...
			du-Form:	
Du	komm*st*	nicht.	Komm(*e*)	bitte!
Du	arbeite*st*	nicht fleißig.	Arbeite	fleißig!
Du	sieh*st*	nicht.	Sieh	mal!
Du	fähr*st*	zu schnell.	Fahr(*e*)	bitte nicht zu schnell!
Du	*hast*	keine Geduld.	*Hab(e)*	doch Geduld! *frostus*
Du	*wirst*	nicht Lehrer.	*Werde*	doch Lehrer!
Du	*bist*	nicht ruhig.	*Sei*	bitte ruhig!
			ihr-Form:	
Ihr	kommt	nicht.	Kommt	bitte!
Ihr	arbeitet	nicht fleißig.	Arbeitet	fleißig!
Ihr	seht	nicht.	Seht	mal!
Ihr	fahrt	zu schnell.	Fahrt	bitte nicht zu schnell!
Ihr	habt	keine Geduld.	Habt	doch Geduld!
Ihr	werdet	nicht Lehrer.	Werdet	doch Lehrer!
Ihr	seid	nicht ruhig.	Seid	bitte ruhig!

Übungen

1. Machen Sie bitte Vorschläge!

Christine und Thomas möchten schlank werden und ihr Freund macht folgende Vorschläge:

a) viel Gemüse essen   以下的

   Beispiel: Esst viel Gemüse!

b) nicht so viel Fett essen   esst

c) nicht immer Auto fahren   fahrt

d) viel Sport treiben   treibt

e) jeden Tag joggen   joggt

f) oft schwimmen   schwimmt

g) zu Fuß ins Büro gehen   geht

h) nicht zu viel schlafen   schlaft

2. Formulieren Sie höfliche Bitten!

Mein(e) Freund(in) und ich besuchen jetzt zusammen einen Deutschkurs. Er/Sie hat immer viele Bitten und sagt:

a) Ich verstehe den Satz nicht. (den Satz mal erklären)

   Beispiel: Erklär mir bitte mal den Satz!

b) Ich verstehe den Text nicht. (den Text mal übersetzen)   Übersetz mir den Text bitte.

c) Ich kann dich nicht verstehen. (laut sprechen)   Sprech laut bitte

d) Ich möchte jetzt einen Spaziergang machen. (mich mal begleiten)   Begleit mich mal bitte.

e) Es regnet. (mir deinen Regenschirm geben)   Gebe mir deinen √陪伴 Regenschirm bitte.

f) Ich liege krank im Bett. (zu mir kommen und mich ins Krankenhaus bringen)

g) Ich möchte am Wochenende meinen Geburtstag feiern. (einen Raum im Restaurant bestellen)

h) Ich möchte morgen um 6,00 Uhr aufstehen. (mich mal wecken)   √预订

i) Ich habe so viele Bitten. (freundlich sein)

3. Formuliern Sie bitte Aufforderungen!

Frau Yan hat eine Tochter. Sie ist eine strenge Mutter und sagt zu ihrer Tochter:

a) täglich ein Bild zeichnen   adj 严厉

   Beispiel: Zeichne täglich ein Bild!

b) jede Woche sieben Stunden Klavier üben

c) wöchentlich einen Roman lesen

d) jeden Monat 30 Aufsätze schreiben

e) jeden Tag 100 neue Wörter auswendig lernen

f) täglich eineinhalb Stunden Grammatik wiederholen

g) kein Taxi nehmen

h) mit dem Bus fahren

i) morgens eine Stunde <u>laufen</u>

j) täglich anderthalb Pfund Gemüse <u>essen</u>

k) das eigene Zimmer selbst sauber <u>machen</u>

4. Wie bitte?

Beispiel: zu dem Lehrer gehen

* Wang Dali, *geh* doch bitte zu dem Lehrer!

+ Wie bitte? Was soll ich machen?

* Du sollst zu dem Lehrer gehen.

+ Ja, mache ich! / Ja, OK! / Ja, gerne!

a) die Tür öffnen _öffn_   b) das Buch schließen _schließ_   c) vorsichtig sein _sei_

d) ein Taxi nehmen _nimm_   e) an die Tafel gehen _geh_   f) langsam sprechen _sprech_

5. Ergänzen Sie und benutzen Sie die angegebenen Verben bitte!

a) ___Fahr___ nicht so schnell! Du fährst schon 180 km/h. (fahren)

b) Ich kann dich nicht hören. _Sprech_ bitte lauter! (sprechen)

c) Sie sind zu müde. ___Gehen___ Sie nach Hause! (gehen)

d) Peter und Susi, ___kommt___ doch zum Essen! (kommen)

e) * Oh, schon zehn Uhr. Ich muss gehen.

   + Ach, _bleib_ doch noch ein bisschen! (bleiben)

f) * ___Sieh___ mal, das Auto! (sehen)

   + Wo?

g) * ___Sag___ mal, wie komme ich zum Flughafen? (sagen)

   + Ganz einfach! _Nimm_ ein Taxi! (nehmen)

h) * ___Sag___ mal, (wen) soll ich heiraten? (sagen) _wer的4格_

   + ___Heirat___ mich! (heiraten)

   * Gut, dann _frag_ meine Eltern! (fragen)

   + OK, dann _mach_ doch einen Termin! (machen)

6. Was sagen die Leute?

a) Der Zollbeamte möchte Ihren Koffer kontrollieren. Er sagt: „...!"

b) Klaus ist krank. Der Arzt sagt: „...!"

c) Die Kinder lesen nicht den neuen Text. Der Lehrer sagt: „...!"

d) Es regnet. Du kannst meinen Regenschirm nehmen. Ich sage: „...!"

e) Ich verstehe den Satz nicht. Ich sage <u>zum Lehrer</u>: „...!"

f) Das Kind möchte das Gemüse nicht essen. Die Mutter sagt: „...!"

g) Dein Freund kommt zu Besuch. Du sagst: „ . . . !"

h) Du kommst zu spät zum Unterricht. Du sagst zu dem Lehrer „ . . . !"

i) Du sprichst zu leise und der Lehrer kann dich nicht verstehen. Der Lehrer sagt: „ . . . !"

Hören

Text B   Im Unicafé

Hören Sie bitte den Text und beantworten Sie die Fragen!

a) Wo war Sabine eben?

    . adv 剛才
   bei Arzt

b) Was möchte Sabine im Café trinken?

   eine Tasse Café   Also, nun erzähl mal, worum es geht.

c) Was möchte Wang Dali benutzen?

   der Computer von Sabine

d) Warum möchte Wang Dali ihn benutzen?

   Er hat Hausarbeit.

e) Warum ist Sabine heute Abend nicht zu Hause?

Sie haben eine `Vorlesung um acht.

f) Um wie viel Uhr kann Wang Dali morgen zu Sabine kommen?

14:00

Hören und Lesen

— Worüber schreibst du denn eigentlich?

— Ich mache ein Seminar.

Text C   Einen Termin verschieben

√推迟√

Dr. Lehmann
Zahnarzt

Sprechstunden
Mo - Do   8.00 - 12.00 Uhr
Mo u. Do   14.00 - 17.00 Uhr
Oder nach Vereinbarung

1. Schauen Sie sich bitte das Bild an und beantworten Sie die Frage!

Was ist Dr. Lehmann von Beruf?

Er ist Zahnarzt.

2. Hören Sie bitte den Text und beantworten Sie die Fragen!

a) Mit wem telefoniert Liu Aiping? Warum?

Die Arzthelferin von Dr. Lehmann. Sie möchte einen Termin verschieben

b) Wann möchte Liu Aiping einen Termin haben? Geht das?

Freitag Vormittag . Es geht nicht.

c) Wann kann sie zum Zahnarzt kommen?

Am Montag um 15.00 Uhr.

3. **Hören Sie bitte den Text noch einmal und fügen Sie die fehlenden Wörter ein!**

Arzthelferin: Guten Tag. _Hier_ Praxis Dr. Lehmann.

Liu Aiping: Guten Tag. Mein Name ist Liu Aiping.

Arzthelferin: Was kann ich für Sie _tun_ , Frau Liu?

Liu Aiping: Ich habe einen _Termin_ bei Dr. Lehmann, am Donnerstag _um_ 15.15 Uhr.

Arzthelferin: Moment _bitte_ . Ach ja. Donnerstag, Viertel nach drei.

Liu Aiping: Ich muss den Termin _leider_ absagen. Ich habe am Donnerstag _Nachmittag_ keine Zeit.

Arzthelferin: Ach so. Gut. Wollen Sie einen neuen Termin _vereinbaren_? √商量, 讨论

Liu Aiping: Ja. Geht es vielleicht am Freitag _Vormittag_ ?

Arzthelferin: Nein. Freitag geht es überhaupt _nicht_ . Am Freitag hat Dr. Lehmann _keine_ Sprechstunde. Geht es am _Montag_ , um 10.30 Uhr?

Liu Aiping: Montag, _halb_ elf? - Nein, da habe ich Unterricht.
Aber am Nachmittag nach 14.00 Uhr habe ich Zeit.

Arzthelferin: Gut, dann kommen Sie am Montag um 15.00 Uhr.

Liu Aiping: Schön. _Also_ dann bis Montag um drei. Vielen Dank.

Arzthelferin: Nichts zu danken. Auf Wiederhören.

Liu Aiping: Auf Wiederhören.

4. **Lesen Sie bitte den Text mit Ihrem Nachbarn und achten Sie auf Ihre Aussprache!**

Wortschatz Ⅱ

A Die Tageszeiten

Die Tageszeiten sind: der **Morgen**, der **Vormittag**, der **Mittag**, der **Nachmittag**, der **Abend** und *die Nacht*.

am

Was mache ich am Montag?

am Morgen, am...

Am Morgen stehe ich um 6.00 Uhr <u>auf</u>.

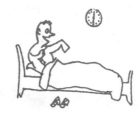

Am Vormittag habe ich Unterricht.

Am Mittag spiele ich Karten.

Am Nachmittag spiele ich Volleyball.

Am Abend besuche ich meinen Kommili-
tonen und wir üben zusammen Deutsch.

m 大学同学

静三   √ die

In der Nacht schlafe ich.

morgens（jeden Morgen）; vormittags（jeden Vormittag）; mittags（jeden Mittag）; nachmittags（jeden Nachmittag）; abends（jeden Abend）; nachts（jede Nacht）

Morgens trinke ich Milch.
Jeden Morgen trinke ich Milch.

Aber *heute Morgen* trinke ich keine Milch.

Vormittags habe ich Unterricht.
Jeden Vormittag habe ich Unterricht.

Aber *heute Vormittag* habe ich frei.

Ich trinke *mittags* eine Tasse Tee.
Ich trinke *jeden Mittag* eine Tasse Tee.

Aber *heute Mittag* trinke ich eine
Tasse Kaffee.

Nachmittags mache ich einen Spaziergang.
Jeden Nachmittag mache ich einen
Spaziergang.

Aber *heute Nachmittag* muss ich einen
Brief schreiben.

Abends lese ich Zeitung.
Jeden Abend lese ich Zeitung.

Aber *heute Abend* höre ich Musik.

Nachts schlafe ich.   Aber *heute Nacht* spiele ich Karten.

Jede Nacht schlafe ich.

Übungen

1. Bitte beantworten Sie die Fragen!

a) Was machen Sie morgens? *Morgens lerne ich Deutsch.*

b) Was machen Sie vormittags? *Vormittags habe ich Unterricht.*

c) Wie viele Unterrichts<u>stunden</u> haben Sie jeden Vormittag? *Ich habe zwei stunden.*

d) Wohin gehen Sie mittags? *Ich gehe im Unicafé.*

e) Was möchten Sie heute Mittag essen? *Heute Mittag möchte ich Spagehtti essen.*

f) Was machen Sie gern nachmittags? *Nachmittags lese ich Bücher.*

g) Wo sind Sie heute Nachmittag? *Heute Nachmittag war ich in Pasing.*

h) Was machen Sie abends? *Abends höre ich Musik.*

2. Machen Sie bitte Dialoge!

Wann ... ?

Beispiel:

* <u>Wann</u> essen Sie zu <u>Mittag</u>?   + Ich esse um 11. 30 Uhr zu Mittag. / Um 11. 30 Uhr esse ich zu Mittag.

essen

Radio hören

Freunde besuchen

eine E-mail schreiben

ins Kino gehen

Wäsche waschen

Computerspiele machen

<u>schlafen gehen</u>

Karten spielen

tanzen

Hausaufgaben machen

<u>schwimmen gehen</u>

einen Spaziergang machen   Fußball spielen   singen   **?**

B Die Wochentage

Eine Woche hat sieben Tage. Die Wochentage heißen: **Montag, Dienstag, Mittwoch, Donnerstag, Freitag, Samstag / Sonnabend** und **Sonntag.**

Wochenende ist Samstag und Sonntag.

Montag	Dienstag	Mittwoch	Donnerstag	Freitag	Samstag	Sonntag
Japanisch-kurs	Bibliothek		18.00 Uhr mit Gabi essen	Kino	Tennis	Oma und Opa besuchen
		20.00 Uhr schwimmen		19.30 Uhr		
MO	DI	MI	DO	FR	SA	SO

am

Was mache ich nächste Woche?

Am Montag gehe ich zum Japanischkurs.

Am Dienstagvormittag gehe ich in die Bibliothek.

Am Mittwochabend gehe ich schwimmen.

Am Donnerstag gehe ich um 18.00 Uhr mit Gabi essen.

Am Samstagnachmittag spiele ich Tennis.

Am Sonntag besuche ich meine Großeltern.

montags / jeden Montag; dienstags / jeden Dienstag,...

Jeden Montag gehe ich zum Japanischkurs.

Montags lerne ich Japanisch.

Manchmal gehe ich **dienstags** in die Bibliothek.

Aber nicht **jeden Dienstag.**

Gehst du **jeden Mittwoch** schwimmen?

Gehst du **mittwochs** schwimmen?

Am Donnerstagabend esse ich mit Gabi.

Jeden Donnerstagabend gehe ich chinesisch essen.

Am Freitagabend gehe ich ins Kino. Es läuft ein französischer Film.

Am Samstagnachmittag spiele ich Tennis.

Jeden Samstagnachmittag bin ich nicht zu Hause.

Sonntags habe ich keinen Unterricht.

Am Sonntag besuche ich meine Großeltern.

Übungen

1. Fragen Sie bitte Ihren Nachbarn!

a) Was machst du am Montagvormittag?

b) Was machst du heute Abend?

c) Was machst du abends?

d) Was machst du gern am Wochenende?

...

2. Schreiben Sie einen Text über Ihren Tagesablauf am nächsten Montag!

der Tagesablauf 日程

Hören

Text D   Termine

Hören Sie bitte den Text und füllen Sie das Schema aus!

〈疑问代副词〉为什么,围绕什么

	Worum geht es?	Wann?
1. Dialog	ins Kino gehen	Samstag Abend　Um 20:00
2. Dialog	einen Termin ~~abschieden~~ verschieben	Donnerstag　Um 15:00
3. Dialog	Besuche	Donnerstag　17:30

Lesen

die 告示.公报　announcement

Aushang 1

Verkaufe 3 Karten. 20 Euro pro Karte

morgen, 19.30 Uhr,

Konzert

Das Shanghaier
Symphonieorchester spielt

**J. S. Bach: „ Brandenburgische
Konzerte"** in der Konzerthalle
Schillerstraße 15.

Tel: 65669821

der 布告;启事

Aushang 2

Samstag

von 22.00 Uhr bis ?

Mitternachtsdisco
大 糠

im „Tanzschuppen"
m 棚子

Eintritt: 5,00 Euro
der 入场费

---

1. Lesen Sie bitte Aushang 1 und Aushang 2!

a) Worum geht es?

Konzert und Disco

b) Aushang 1 interessiert Sie! Was können Sie machen?

eine Karte verkaufen

c) Interessiert Sie Aushang 2? Warum (nicht)?

ein Konzert Hören

2. Machen Sie bitte Dialoge!

a) Sie möchten mit Ihrem Partner ins Konzert oder in die Disco gehen.
Fragen Sie ihn bitte!

* Sag mal, möchtest du in
ein Konzert gehen?

* ...

+ Ja. Wann ? / Wo? / Wie teuer?

+ ...?

> *Lieber Klaus,*
>
> *Gabi möchte Dich sprechen.*
> *Du sollst sie sofort anrufen!!*
>
> *Stefan*

3. Lesen Sie bitte die Information!

a) Wer informiert wen?

b) Machen Sie bitte einen Dialog mit
Ihrem Partner! Informieren Sie
ihn bitte!

4. Schreiben Sie Ihre Tagesordnung fürs nächste Wochenende und vereinbaren Sie dann mit Ihrer / Ihrem Nachbarin / Nachbarn einen Termin für einen gemeinsamen Theaterbesuch!

Wortschatz Ⅲ

Zeitangabe

Punkt — kurz vor — kurz nach — gegen

正点   大约

* Wann hast du einen Termin beim Arzt?

+ **Punkt** elf.

* Wann gehst du zum Arzt?

+ **Kurz vor** elf.

* Wann untersucht dich der Arzt?

+ **Kurz nach** elf.

* Und wann bist du fertig?

+ **Gegen** halb zwölf.

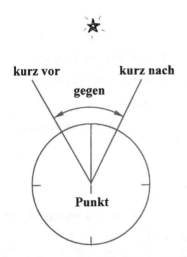

Übungen

1. Fragen und antworten Sie bitte!

| 15.28 |

* Wie spät ist es?

\+ *Kurz vor* halb vier.

a) 8.57   b) 2.34   c) 15.00   d) 23.58   e) 17.31   f) 10.33   g) 12.00

h) 15.56   i) 18.03   j) 10.29   k) 11.04   l) 21.27   m) 6.02   n) 9.03

2. Bitte beantworten Sie die Fragen!

a) Um wie viel Uhr klingelt Ihr <u>Wecker</u> morgens? 6:30

b) Wann beginnt der Unterricht?   10:00

c) Wann machen Sie eine Pause?   12:00

d) Wann frühstücken Sie?   8:30

e) Wann essen Sie <u>zu Mittag</u>?   12:30

f) Wann essen Sie Abendbrot?
                        das

g) Um wie viel Uhr öffnet die Mensa morgens?   10:00

h) Wann gehen Sie ins Bett?   10:30 pm

i) Wann beginnt ein neuer Tag?

* *Von wann bis wann... ?*   \+ *Von... bis*

* *Bis wann... ?*   \+ *Bis...*

* *Von wann bis wann* hat Dr. Lehmann Sprechstunde?

\+ *Von* Montag *bis* Donnerstag.

* *Bis wann* hat er *von* Montag *bis* Donnerstag Sprechstunde?

\+ *Bis* zwölf.

```
Dr. Lehmann
Zahnarzt

Sprechstunden
Mo — Do     8.00 — 12.00 Uhr
```

* Ach, heute ist Samstag. Sag mal, *bis wann* kann ich heute einkaufen?

\+ *Bis* vier!

* Was?! Nur *bis* sechzehn Uhr!

```
Alles billig — Supermarkt

Öffnungszeiten
MO — FR          9.00 — 18.30
SA               9.00 — 16.00
Langer Donnerstag   9.00 — 20.30
```

Übungen

1. Fragen und antworten Sie bitte!

Beispiel:

Wann hat Yingying Mathematik-Unterricht ?

Von wann bis wann hat Yingying am Dienstag Algebra-Unterricht?

Bis wann hat Yingying Mittagspause?

Stundenplan von Yingying

Zeit	Mo	Di	Mi	Do	Fr
8.00—9.30	Deutsch	Deutsch	Physik	Deutsch	Deutsch
10.00—11.30	Logistik	Chemie	Mathematik	elektrische Messtechnik 电子测绘	Mechanik
13.30—15,00	Philosophie	Lineare Algebra 代径代数	Mechatronik 机电一体化	Logistikma-nagement	Informatik
15.30—17.00	Mathematik	Englisch	Sport	Englisch	

2. Bitte lesen Sie den Text und stellen Sie Fragen zu den unterstrichenen Teilen!

Beispiel：

Wann haben wir Unterricht?

Von wann bis wann ...?

Bis wann ...?

Jeden Vormittag haben wir Unterricht. Er beginnt Punkt acht. Alle kommen kurz vor acht und der Lehrer kommt kurz nach acht. Von halb zehn bis zehn haben wir Pause. Dann haben wir bis halb zwölf Unterricht. Gegen zwölf essen wir in der Mensa. Nachmittags haben wir keinen Unterricht. Wir schlafen bis kurz nach zwei. Gegen drei machen wir unsere Hausaufgaben.

3. Fragen Sie bitte Ihren Nachbarn!

a) Wann haben Sie Unterricht?

b) Wann können Sie in die Bibliothek gehen?

c) Von wann bis wann machen Sie Hausaufgaben?

d) Bis wann können Sie abends im Klassenzimmer lernen?

e) Bis wann können Sie abends in der Mensa essen?

. . .

4. Bitte spielen Sie den Dialog mit Ihrem Nachbarn!

Ein Zahnarzttermin

a) **Heute ist Montag. Es ist 8.00 Uhr. Wang Dali hat Zahnschmerzen. Er muss zum Zahnarzt gehen. Jetzt** 开痛 **möchte er einen Termin machen.**

Terminkalender von Wang Dali

Mo	Di	Mi	Do	Fr	Sa	So
10.00 zu Frau Braun gehen Seminar 15.00	11.00 Sprechstunde Prof. Belke	Bibliothek (Bücher bestellen) v.预订	Essen mit Martin 12.00 (Mensa)	*Ausflug nach* 郊游 m. MÜNCHEN		

Sprechstunden von Dr. Sommer

> **Dr. Sommer**
> *Zahnarzt*
>
> Mo — Fr   8.00 — 12.00 *Uhr*
> Mo, Di, Do   15.00 — 17.00 *Uhr*

Arzthelferin: Guten Tag. Hier Praxis ...

Wang Dali: Guten Tag. Mein Name ist ... Ich habe .... Wann ...?

Arzthelferin: Einen Moment bitte. Können Sie ... ?

Wang Dali: Am Vormittag oder am Nachmittag?

Arzthelferin: ...

Wang Dali: Ja. Um wie viel Uhr ...? / Nein. Das geht leider nicht.

Kann ich ... kommen?

Arzthelferin: Um ... / Ja. Geht es um ...?

Wang Dali: Das geht. Also dann bis ... um ... Vielen Dank.

Arzthelferin: Bitte. Auf Wiederhören.

Wang Dali: Auf Wiederhören.

b) Wang Dali muss seinen Termin verschieben. Er hat eine Prüfung. Bitte spielen Sie mit Ihrem Partner den Dialog!

> Ich muss den Termin verschieben. Am ... habe ich eine Prüfung.   Hier Praxis Dr ....
>
> Wann können Sie denn kommen?   Auf Wiederhören.
>
> Kann ich am ... kommen?   Mein Name ist ...   Guten Tag.
>
> Können Sie am ...?   Geht es am ...?   Also dann bis...
>
> Geht es ein bisschen früher / später?
>
> Am ... haben wir leider keinen Termin mehr frei.
>
> Am Nachmittag oder am Vormittag?   Am ... haben wir noch einen Termin frei.
>
> Ja. das geht.   Um wie viel Uhr?   Ich habe einen Termin am ...

Hören

Text F   Ein Ausflug nach Marburg

1. Hören Sie den Text bitte einmal und kreuzen Sie die richtige Antwort an!

Wer spricht im Dialog?

☐ ein Wissenschaftler und ein Student

☐ zwei chinesische Studenten

☒ ein chinesischer Student und ein deutscher Student

2. Hören Sie bitte den Text noch einmal und beantworten Sie die Fragen!

a) Wohin möchten die beiden gehen?

in der Mensa
die   这两个人
          〈动四〉

b) Wie spät ist es (im Text)?

12.45

c) Wann machen die Studenten einen Ausflug nach Marburg?

Samstag, Um 7.45

d) Warum kann der eine nicht mitfahren?

eine _Party_ gehen
　　　　f.

Phonetische Übung　I

Hören und sprechen Sie bitte nach!

● [ai]

nein – dein – sein – mein – Wein – eins – heiß – weiß – weißt – Reis – Preis – preiswert – Preisliste – Ei – Eier – Arbeit – Uhrzeit – Tageszeit – Zeitung – fleißig – heiraten – vereinbaren – beide – Fleisch – Fleischer – Schwein – leider – Reihe – bleiben – Heimat – Geldschein – Anzeige – meist – Vorteil – Nachteil – Freitag – gleich – zeichnen – schreiben – Bleistift – Einwohner – vielleicht – einmal – heißen – Kleidung – Kleid – Frankreich

● [au]

auf – aus – Aushang – Ausflug – Haus – Haustür – Hausaufgaben – Hausarbeit – Hausmeister – Kaufhaus – Krankenhaus – Frau – Ehefrau – Hausfrau – überhaupt – laufen – kaufen – verkaufen – Augenblick – brauchen – brauche – brauchst – braucht – auch – Auto – Hauptstadt – Pause

● [ɔy]

heute – freundlich – freuen – Beutel – Verkäufer – teuer – neu – Europa – euer – Deutschland – Deutsch – Deutscher – Leute – Flugzeug – Betreuer

Phonetische Übung　II

Hören und sprechen Sie bitte nach!

a) Wie geht es dir?

　Wie geht es Ihnen?

b) Trinken wir eine Tasse Kaffee zusammen?

　Trinken wir eine Tasse Tee zusammen?

　Trinken wir ein Glas Bier zusammen?

c) Geht es morgen um eins?

　Geht es heute um zwei?

　Geht es übermorgen um drei?

d) Hier Praxis Dr. Heimann.

　Hier Firma Siemens.

　Hier Max Pöppelmann.

　Hier Monika.

e) Freitag geht es überhaupt nicht. （用于否定句）完全（没有），根本（不）

Montag geht es überhaupt nicht.

Vor 14.00 Uhr geht es überhaupt nicht.

f) Also dann bis Montag um 15.00 Uhr.

Also dann bis Dienstag um 8.00 Uhr.

Also dann bis Sonntag um 20.00 Uhr.

g) Ich gehe Mittag essen.

Ich gehe Fußball spielen.

Wir gehen tanzen.

Wir gehen schwimmen.

h) Sie hat am Freitag Geburtstag.

Ich habe am Montag Geburtstag.

Herr Pöppelmann hat am Mittwoch Geburtstag.

Mein Vater hat am Donnerstag Geburtstag.

Phonetische Übung Ⅲ

Hören und sprechen Sie bitte nach!

a) * Wie geht es dir?

+ Danke, gut. Und dir?

* Auch gut.

b) * Trinken wir eine Tasse Kaffee zusammen?

+ Gut. Gehen wir.

c) * Geht es morgen um zwölf?

+ Morgen geht es überhaupt nicht. Wie wäre es übermorgen um zwölf?

* OK.

d) * Guten Tag, Hier Praxis Dr. Lehmann.

+ Guten Tag. Hier spricht Ye.

e) * Was kann ich für Sie tun, Frau Ye?

+ Ich habe einen Termin bei Dr. Lehmann, am Montagabend.

* Moment bitte. Ach ja. Um Dreiviertel acht.

f) * Ich möchte den Termin auf Dienstag verschieben, Geht das?

+ Ja, das geht.

g) * Hallo, wohin gehst du denn?

+ Ich gehe zum Unterricht.

h) * Du kennst doch meinen Freund Kai?

+ Ja, und ...?

* Er hat übermorgen Geburtstag und möchte am Sonntag zu Hause eine Party geben.

Zitate

In seinem Hause ist selbst

der Arme ein Fürst.

Talmud

Am Abend schätzt man erst

das Haus.

Goethe

Wo ich lebe, ist es am schönsten.

Aus Japan

Lektion 6
Auf der Post

Hören und Lesen

1. Hören Sie bitte den Text und beantworten Sie die Fragen!

a) Ein Brief per Luftpost kostet 1,70 Euro. Bis wie viel Gramm?

20 gramm

b) Wie kann man ein Paket nach China schicken?

Luftpost . Landweg . Seeweg

c) Warum sagt Wang Dali „Waaaas"?

Ein Paket nach China per Luftpost ist sehr teuer.

 **2. Hören Sie bitte den Text noch einmal und fügen Sie die fehlenden Wörter ein!**

Gestern war ___*Freitag*___ . *Wang Dali war am* ___*Nachmittag*___ *auf der Post.*
Angestellte: Guten Tag.

Wang Dali: ___*Guten Tag*___ . Entschuldigen Sie bitte, was ___*kostet*___ ein Brief ___*nach*___
China?

Angestellte: Bis 20 g ___1,70___ Euro.

Wang Dali: So ___teuer___? Ein Brief bis ___20g___ kostet ___1,70___ Euro? Und wie lange ___dauert___ ___ ein Brief?

Angestellte: Ungefähr ___7___ Tage.

Wang Dali: Und noch eine Frage, was kostet ein Paket nach ___China___?

Angestellte: Luftpost, Landweg oder Seeweg?

Wang Dali: ___Luftpost___.

Angestellte: Bis 2 Kilo ___12,90___ Euro.

Wang Dali: Waaaas? Ich bin ___Student___ und ...

3. Lesen Sie bitte den Text mit Ihrem Nachbarn und achten Sie auf Ihre Aussprache!

Wortschatz I

Auf der Post

das Paket, -e

die Postkarte, -n

der Brief, -e

das Fax, -e

das Päckchen, -

das Briefpapier

die Telefonkarte, -n

der Briefumschlag, ⸚ e
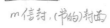
m 信封，(书的)封面

die Briefmarke, -n

Übung

Machen Sie bitte Dialoge mit Ihrem Nachbarn!

Beispiel: ∗ Kunde: Ich möchte *das Paket nach China schicken*.

         + Postangestellter: Per Luftpost, per Schiff oder per DHL?   用…方式

         ∗ Kunde: *Per Luftpost*.

         + Postangestellter: Gut. *Ihr Paket* wiegt *fünf Kilo*.   Wiegen V. 称…的重量

         + Kunde: Wie viel kostet das?

         ∗ Postangestellter: *40,00 Euro*.

         + Kunde: Hier sind 40,00 Euro. Wie lange dauert das?

         ∗ Postangestellter: Ungefähr *5 Tage*.

a) Brief   nach China   schicken

   20 Gramm

   1,70 Euro

   eine Woche

b) Paket   nach Amerika   senden

   per DHL

   7,5 Kilo

   45,00 Euro

   6 Tage

c) Brief   nach Amerika   schicken

   350 Gramm

   3,45 Euro

   8 Tage

d) Päckchen   nach Frankreich   schicken

   per Bahn

   2 Kilo

   8,60 Euro

   3 Tage

e) Brief   nach London   schicken

   1 500 Gramm

   16,90 Euro

   4 Tage

f) Paket   in die Türkei   schicken

   per DHL

   22 Kilo

   45,00 Euro

   3 Tage

Grammatik Ⅰ

Präteritum von „ haben " und „ sein "

Beispiele: Wang Dali <u>ist</u> heute zu Hause. (Präsens)

Er *war* gestern auf der Post. (Präteritum)

Ich <u>habe</u> heute frei. (Präsens)

Ich *hatte* gestern keine Zeit. (Präteritum)

	haben	**sein**
ich	**hatte**	**war**
du	hattest	warst
er sie es	**hatte**	**war**
wir	hatten	waren
ihr	hattet	wart
sie	hatten	waren
Sie	hatten	waren

Übungen

1. Ergänzen Sie die Verben *haben* und *sein* und beachten Sie bitte die Zeitformen!

(Gestern) _hatte_ ich keinen Unterricht. Das Wetter _war_ schön. Ich _war_ in Heidelberg. Gegen 13 Uhr _war_ ich da. Ich _hatte_ großen Hunger, denn es _war_ schon spät. Viele Restaurants _hatten_ keinen Platz mehr. Aber ich _hatte_ Glück. Das Bahnhofsrestaurant _hatte_ noch Plätze. Nach <u>dem</u> Essen _war_ ich am Neckar und in der Altstadt. Das _war_ wirklich ein schöner Tag. Und (jetzt) _bin_ ich wieder zurück und _habe_ Arbeit, Arbeit und Arbeit ...

2. Bilden Sie bitte Dialoge!

Beispiel:　　　　Sie　　keine Zeit haben

　　* Warum *waren* Sie gestern nicht im Unterricht?

　　+ *Ich hatte keine Zeit.*

a) Andrea　　　　　　krank sein　　　　　Sie war krank.

b) du　　　　　　　　keine Lust haben　　Ich hatte keine Lust.

c) Peter　　　　　　　kein Fahrrad ...　　Er hatte kein Fahrrad

d) Susanne　　　　　　Geburtstag ...　　　Sie hatte Geburtstag.

e) ihr　　　　　　　　eine Verabredung ...　Ihr hattet Verabredung.

f) Sie　　　　　　　　Zahnschmerzen ...　　Ich hatte Zahnschmerzen.

g) Klaus   einen Termin ...

h) Franz   kein Auto ...

i) Herr Peters   in München ...

j) Frau Schumann zu Hause ...

k) Babara   beim Arzt ...

3. **Machen Sie Sätze zu den folgenden Bildern und verwenden Sie bitte die Verben** *haben* **und** *sein* **im Präteritum oder im Präsens!**

Pablo Picasso (1881 — 1973)
4 Kinder, Spanier, Maler

Benedict XVI (1927 —   )
ledig, Deutscher, Papst

Heinrich Böll (1917 — 1985)
verheiratet, drei Söhne,
Deutscher, Schriftsteller

Song Qingling (1892 — 1981)
verheiratet mit Sun Yatsen,
zwei Schwestern, drei Brüder,
Chinesin, keine Kinder

Angela Merkel
(1954 —   ), verheiratet,
Deutsche, Politikerin

Charlie Chaplin (1889 — 1977)
Schauspieler, verheiratet,
Engländer, Kinder

Mei Lanfang (1894 — 1961)
Schauspieler / Sänger,
Chinese, Sohn: Mei Baojiu,
auch Schauspieler

Ich ...

4. Was passt zusammen?

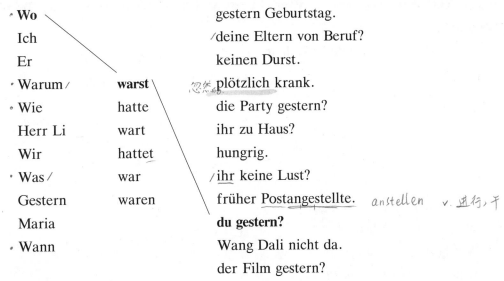

Wo — gestern Geburtstag.

Ich — deine Eltern von Beruf?

Er — keinen Durst.

Warum — warst — 忽然后 plötzlich krank.

Wie — hatte — die Party gestern?

Herr Li — wart — ihr zu Haus?

Wir — hattet — hungrig.

Was — war — ihr keine Lust?

Gestern — waren — früher Postangestellte.   anstellen   v. 进行，干

Maria — **du gestern?**

Wann — Wang Dali nicht da.

der Film gestern?

Ordnen und schreiben Sie bitte die Sätze!

a) Wo   _warst du gestern?_

b) Ich   _war hungrig_

c) Er   _hatte keinen Durst._

d) Warum   _hattet ihr keine Lust?_

e) Wie   _war der Film gestern?_

f) Herr Li   _hatte früher Postangestellte._

g) Wir   _hatten gestern Geburtstag_

h) Was   _waren deine Eltern von Beruf?_

i) Gestern   _war Wang Dali nicht da._

j) Maria   _was plötzlich krank._

k) Wann   _war die Party gestern?_

l) Wie   _warst du gestern?_

Wortschatz II

vorgestern – gestern – heute – morgen – übermorgen

Vorgestern war   _ich am Königsee._

Gestern war   _ich zu Hause._

Heute ist   _Montag_

Morgen ist   _Dienstag_

Übermorgen ist   _Mitterwoch_

Übungen

1. **Ralf Wichtig hat viele Termine. Wann ist er wo? Schauen Sie bitte auf seinen Terminkalender! Erzählen Sie bitte!**

Heute ist Mittwoch. Heute ist Ralf in ..München

MO	*Köln*	**DO**	*Wien*
DI	*Weimar*	**FR**	*Hamburg*
MI	*München*	**SA**	
		SO	

2. **Beantworten Sie bitte die Fragen!**

a) * Welcher Tag ist heute?   + Heute ist ..Montag

b) * War gestern Sonntag?   + Ja / Nein. Gestern war ..Sonntag

c) * Welcher Tag ist morgen?   + ..Morgen ist Dienstag.

d) * Ist heute Freitag?   + Nein, heute ist Montag

3. **Welcher Tag ist heute?**

Vorgestern war nicht Montag und auch nicht Mittwoch. Heute ist nicht Wochenende. Morgen ist nicht Mittwoch. Gestern war nicht Sonntag. Welcher Tag ist heute?

Heute ist ___Donnerstag___ . MO DI MI DO FR SA SO

Hören

Text B   Susanne auf der Post

1. Sehen Sie sich bitte die Bilder an!

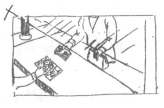

10 zu 1 Euro
5 zu 50 Cent
12,50€

eine Telefonkarte
zu 20 Euro kaufen

ein Fax schicken / aufgeben

Briefmarken kaufen

Päckchen Pake

ein Paket, 3,5 kg, schicken
per Landweg

ein Päckchen, 2,5 kg, schicken
per Luftpost   20,00€

2. Hören Sie bitte den Text und beantworten Sie die Fragen!

a) Was schickt und kauft Susanne auf der Post? Kreuzen Sie bitte an!

b) Wie viel muss sie auf der Post insgesamt bezahlen?

32,50€

Hören und Lesen

Durchschreibesatz! Beim Ausfüllen (mit) Kugelschreiber bitte fest aufdrücken.
press firmly
Zum Abziehen des Haftetiketts Trennleiste nach hinten knicken.
remove the sticker

Absender *sender*

Klaus Frankenstein

Alt - Stralau 15

10245   Berlin
(Postleitzahl)   (Ort)

R a u m   f ü r   K l e b e z e t t e l

B i t t e   n i c h t   b e s c h r i f t e n !
粘

Vermerke über Zusatzleistungen usw.

☐ Unfrei   ☐ Eigenhändig   ☐ Rückschein

☐ Sperrgut   ☐ Eingeschriebene
               Blindensendung-Schwer

☐ _____

R a u m   f ü r   I d e n t c o d e - L a b e l

B i t t e   n i c h t   b e s c h r i f t e n !
write

Vorausverfügungen

Empfänger *receiver*

Li Ming

_____

Langer Graben 60
(Straße und Hausnummer)

53175   Bonn
(Postleitzahl)   (Bestimmungsort)

1. Hören Sie bitte den Text und beantworten Sie die Frage!

Wer ist der Empfänger und wer ist der Absender?

Klaus Frankenstein   Li Ming

⭐ **2. Hören Sie bitte den Text noch einmal und fügen Sie die fehlenden Wörter ein!**

Li Ming: Wang, schau mal, ich möchte dieses _Paket_ an Klaus schicken. Ich musste diese

Paketkarte ausfüllen. Ist das so richtig?

Wang: Warte, ich lese ___sie___ mal:

Empfänger: Li Ming

Langer Graben _60_

53175 _Bonn_

Absender: Klaus Frankenstein

Alt-Stralau ___15___

10245 ___Berlin___

Li Ming: ___Wie viel___ kostet das ___Paket___ ungefähr, was glaubst du?

Wang: Keine Ahnung. Es wiegt ungefähr ___3___ kg. Vielleicht ___5___ Euro.

Li Ming: Gut. Ich gehe jetzt zur ___Post___.

Wang: ___Warte___! Zeig mir noch mal die ___Paketkarte___

Li Ming: Hier. Warum?

Wang: So ___ist___ es falsch.

Li Ming: ___Warum___?

Wang: Du ___schickst___ das Paket an ___Klaus___, d.h. Klaus bekommt das Paket. Richtig?

Li Ming: Ja.

Wang: Dann ___muss___ du die Paketkarte noch mal ___schreiben___...

3. Lesen Sie bitte den Text mit Ihrem Nachbarn und achten Sie auf Ihre Aussprache!

4. Schreiben Sie bitte jetzt eine neue Paketkarte für Li Ming!

Durchschreibesatz! Beim Ausfüllen mit Kugelschreiber bitte fest aufdrücken.
Zum Abziehen des Haftetiketts Trennleiste nach hinten knicken.

Absender

Li Ming

Langer Graben

53175   Bonn
(Postleitzahl)   (Ort)

R a u m   f ü r   I d e n t c o d e - L a b e l

B i t t e   n i c h t   b e s c h r i f t e n !

Vorausverfügungen

R a u m   f ü r   K l e b e z e t t e l

B i t t e   n i c h t   b e s c h r i f t e n !

Empfänger

Klaus Frankenstein

Vermerke über Zusatzleistungen usw.

☐ Unfrei   ☐ Eigenhändig   ☐ Rückschein

☐ Sperrgut   ☐ Eingeschriebene Blindensendung-Schwer

Alt-Stralau 15
(Straße und Hausnummer)

☐ _____

10245   Berlin
(Postleitzahl)   (Bestimmungsort)

Wortschatz Ⅲ

A   Absender – Empfänger

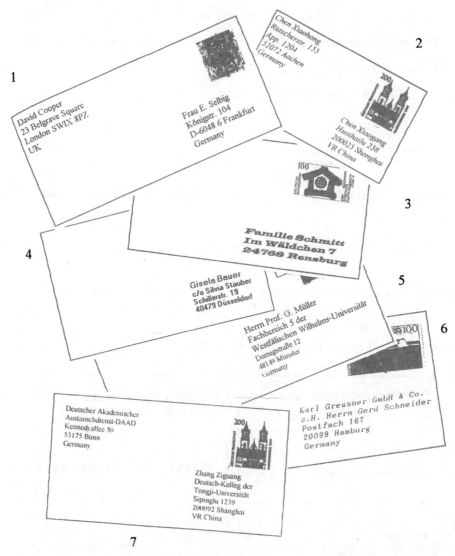

Übung

Beantworten Sie bitte die Fragen mit Hilfe der Briefe!

a) Wie heißt der Empfänger in Brief 5?

    Herrn Prof. G. Müller

b) Wer ist der Empfänger in Brief 3?

    Familie Schmitt

c) Wer ist der Absender in Brief 7?

    Deutscher Akademischer

    Austauschdienst – DAAD

B Adresse – Anschrift

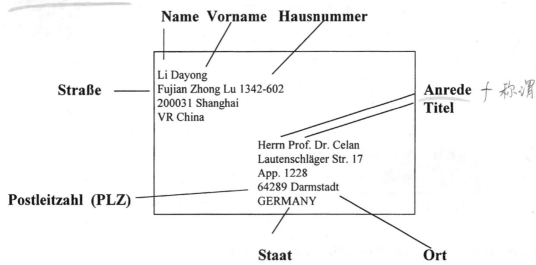

Name Vorname Hausnummer

Straße ──────

Anrede + 称谓
Titel

Li Dayong
Fujian Zhong Lu 1342-602
200031 Shanghai
VR China

Herrn Prof. Dr. Celan
Lautenschläger Str. 17
App. 1228
64289 Darmstadt
GERMANY

Postleitzahl (PLZ)

Staat   Ort

Abkürzungen:

Str.	– Straße	z.H.（z.Hd.）	– zu Händen（für）
c/o	– bei（care of）	Zi.	– Zimmer
App.	– Appartement		

Übungen

1. Beantworten Sie bitte die Fragen mit Hilfe der Briefe auf Seite 142!

a) Wie ist die Postleitzahl von Prof. Müller in Brief 5?

48149

b) Wo wohnt der Absender in Brief 2?

Rütscherstr. 155

c) Wer ist der Empfänger in Brief 4?

Gisela Bauer

d) In welcher Stadt wohnt der Empfänger in Brief 6?

Hamburg

2. Sie erhalten einen Brief von Professor Dr. Müller. Was steht auf dem Briefumschlag? Bitte beschriften Sie den Umschlag!

+ 收到

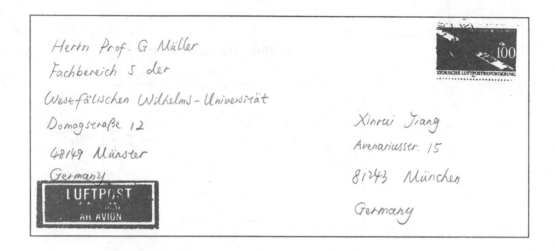

3. **Lesen Sie bitte die** Anschriften! **Hier gibt es einige** Fehler.
   Bitte suchen Sie die Fehler!

adj 若干

a) Herrn Paul Frei　　　　　　　　b) Thomas _____
   Wilhelm-Pitz-Str. ___　　　　　　　Domplatz 5
   ___ Frankfurt　　　　　　　　　　01097 Dresden
c) Anna Strauch　　　　　　　　　d) Li Dapeng
   65187 Wiesbaden　　　　　　　　　Tongji-Universität
   App. 34　　　　　　　　　　　　Vier Ebenen Straße 1239
   Friedrich-Ebert-Straße 30　　　　　Shanghai 200092
   　　　　　　　　　　　　　　　　VR China

Grammatik II

Modalverben im Präteritum

Beispiel: Er kann heute die Bücher nicht nach China schicken.（Präsens）

　　　　　Er **konnte** gestern die Bücher auch nicht nach China schicken.（Präteritum）

	wollen（möchten）	müssen	dürfen	können	sollen
ich	wollte	musste	durfte	konnte	sollte
du	wolltest	musstest	durftest	konntest	solltest
er **sie** **es**	wollte	musste	durfte	konnte	sollte
wir	wollten	mussten	durften	konnten	sollten
ihr	wolltet	musstet	durftet	konntet	solltet
sie	wollten	mussten	durften	konnten	sollten
Sie	wollten	mussten	durften	konnten	sollten

Übungen

1. Was *konnten, durften, sollten, wollten, mussten* Sie gestern (nicht) machen? Fragen und antworten Sie bitte!

Beispiel: * Was *wollten* Sie (gestern) machen?

+ *Ich wollte ...*

nach Hause fahren	tanzen
Hausaufgaben machen	im Klassenzimmer rauchen
gut essen	Wäsche waschen
Karten spielen	einen Brief schreiben
nach Deutschland fahren	einen Ausflug machen
arbeiten	schlafen

2. Ergänzen Sie bitte die passenden Modalverben im Präteritum!

a) Am Sonntag _wollten_ Hans und Christian einen Ausflug machen. Aber sie _sollten_ nicht. Das Wetter war sehr schlecht. Sie _sollen_ in Darmstadt bleiben. Was _konnten_ sie tun? Hans hatte eine Idee. Er _wollte_ ins Kino gehen, aber Christian _wollte_ nicht. Er _wollte_ tanzen gehen. Dann waren sie in der Diskothek. Dort _konnten_ sie trinken, tanzen und Musik hören. Aber rauchen _durften_ sie nicht. Um 22.00 Uhr _sollten_ Hans und Christian nach Hause, denn sie _mussten_ am Montag früh zur Uni gehen.

b) Ankunft in Frankfurt

Chen Ming _wollte_ durch die Zollkontrolle gehen. Aber er _durfte_ noch nicht, er _musste_ seinen Koffer öffnen, denn der Zollbeamte _sollte_ ihn kontrollieren. Danach _muss_ er den Koffer wieder einpacken.

Dann _konnte_ er durch die Zollkontrolle gehen. Er _wollte_ mit dem Bus zum Bahnhof fahren, aber er _konnte_ nicht, denn der Bus war weg. Er _musste_ ein Taxi nehmen.

Vom Bahnhof _sollte_ er mit dem Zug gleich weiter fahren. Aber leider _musste_ er nach der Ankunft in Darmstadt in einem Hotel schlafen, denn es war schon Mitternacht. Er _sollte_ nicht einschlafen.

Hören

die

Text D   Entschuldigungen oder Ausreden?

借口

1. Sehen Sie sich bitte die Bilder an! Was sehen Sie?

ansehen

unterwegs
adv./adj
途中，路上

wahr
adj
真实的

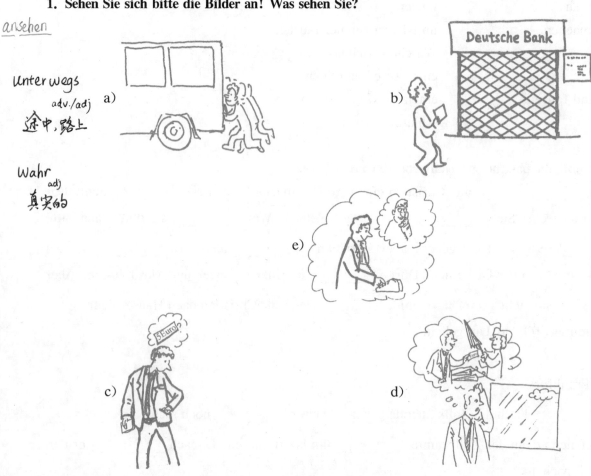

2. Hören Sie bitte den Text zweimal und lösen Sie die Aufgaben!

a) Ordnen Sie die Bilder!

e d c a b

b) Glaubt Herr Brückner die Geschichte von Herrn Maier?

+发展史

c) Beantworten Sie bitte die Überschrift! en
+标题

Einen Schlecht Tag   Meier Hatte Gestern Viel Pech !

3. Erzählen Sie bitte die Geschichte von Herrn Maier!

Schreiben

1. Lesen Sie bitte die Postkarte!

die Ferien [ˈfeːriən] machen.
(pl.)
休假

> HEIDELBERG
> Blick vom Philosophenweg
> View from the Philosophers' Path
> Vue du chemin des Philosophes
>
> *Heidelberg, 3.2.2012*
>
> Lieber Hans,
>
> schon zwei Tage bin ich hier, denn
> ich habe eine Woche Ferien. Heute
> Morgen war ich am Neckar. Da war
> es sehr schön. Es geht mir gut. Wie
> geht es dir?
> Ich möchte noch drei Tage hier bleiben.
> Besuchst du mich am Donnerstag?
>
> *Viele Grüße*
> *Dein Dali*

(vertical text) Kunstverlag Edmund von König, Heidelberg V Gesetzlich geschützt Verlag 6909 Dielheim, Postfach 1027, Tel. 06222 / 72018

Hans Müller
Schloßberg 11
46479 Dortmund

2. Beantworten Sie bitte die Fragen!

a) Wer ist der Absender?

Wang Dali

b) Wer ist der Empfänger?

Hans Müller

c) Wo und wann schreibt Wang Dali die Postkarte?

Heidelberg, 03/02/2012

3. Sie sind jetzt in _München_ **. Schreiben Sie bitte eine Postkarte an Ihren Freund!**

Lieber Xiaolong,

    ich bin in München schon zwei Wochen. Es geht mir sehr gut. Die Leute hier sind sehr nett. Jeden Tag lerne ich Deutsch und ~~muss ich~~ in der Uni gehen. Ich muss ~~lernen~~ fleißig

Ich vermisse dich ♥

Viele Grüße,
Deine Xinrui

Xiaolong Cao
Bayi Straße 299
430072 Wuhan
China

Grammatik III

Ja – Nein – Doch

∗ Kommst du heute Abend?	+ _Ja_, ich komme.
	+ _Nein_, ich komme _nicht_.
∗ Kommst du heute Abend _nicht_?	+ _Doch_, ich komme. Vielleicht ein bisschen später.
	+ _Nein_, ich komme _nicht_. Ich habe keine Zeit.
∗ Haben wir heute Unterricht?	+ _Ja_, natürlich haben wir Unterricht.
	+ _Nein_. Heute haben wir _keinen_ Unterricht. Heute ist Sonntag.
∗ Haben wir heute _keinen_ Unterricht?	+ _Doch_ , aber nur am Nachmittag.
	+ _Nein_. Heute ist Sonntag.

Übungen

1. Bitte beantworten Sie die Fragen mit einem Satz!

a) Kann ich den Brief nach China nicht per Luftpost schicken?

b) Waren Sie gestern nicht im Unterricht?

c) Haben Sie heute keine Hausaufgaben?

d) Haben Sie kein Heft?

e) Können Sie den Lehrer nicht verstehen?

f) Haben Sie heute Nachmittag Zeit?

g) Gehen Sie am Samstagabend nicht tanzen?

h) Haben Sie keinen Bruder?

i) Kommen Sie nicht aus Shanghai?

j) Kommen Sie aus Beijing?

k) Möchten Sie nicht nach Deutschland fahren?

2. Setzen Sie _ja_ , _nein, doch_ bitte ein!

Vor dem Kino

* Hallo Andreas.

+ Hallo Bettina. Warum kommst du so spät? Konntest du <u>nicht früher</u> kommen?

* _Nein_ , mein Fahrrad war kaputt. Ich musste mit dem Bus fahren. Wartest du schon lange?

+ _Ja_ , schon <u>eine halbe</u> <u>Stunde.</u>

* Tut mir Leid. Hast du schon die Karten?

+ _Nein_ .

* Warum nicht? Hast du kein Geld?

+ _Doch_ , aber ich wollte die Karten noch nicht kaufen. Ich wollte <u>auf dich warten.</u>

* Gut, dann kaufen wir jetzt die Karten.

3. Bilden Sie bitte Fragen oder Antworten!

a) * Trinken <u>die Deutschen</u> Kaffee?
   主德国人   gern
+ _Ja klar, die Deutschen trinken Kaffee._ .

b)

   * _Trinken die Chinesen nicht Kaffee ?_ ?
   + Doch, die Chinesen trinken auch Kaffee. Aber nicht so viel.

c) * Essen Sie in China Erdbeeren?

+ _Ja, ich esse in China Erdbeeren._ .

d) * Essen die Deutschen keine Kartoffeln?

+ _Doch, die Deutschen essen viele Kartoffeln_ .

e) * _Essen ihr in China Reis_ ?
   + Ja, natürlich essen wir in China Reis.

f) * Essen Sie gern Fisch?

+ _Nein, ich esse keine Fisch_ .

Lesen

Text E   Rund ums iPhone

Lesen Sie bitte den Text! Welche Frage passt zu welchem Abschnitt?

1. Wie kann man die SMS-Zentralnummer beim iPhone abfragen / ändern? (6)

2. Wo kann ich das iPhone kaufen? (   )

3. Wie bekomme ich die richtige SIM-Karte für das iPhone 4? (4)

anbietet 4. Welche iPhone-Modelle <u>bietet</u> Vodafone <u>an</u>? (3)

5. Wann und wie bekomme ich ein neues Handy? (2)

6. Welche Sprachen unterstützt das iPhone? (5)

1. _____

Nach dem Tarifbuchen mit einer Laufzeit von 24 Monaten wie zum Beispiel die Vodafone SuperFlat Internet können Sie alle 24 Monate ein neues vergünstigtes Handy bestellen.

Das genaue Datum finden Sie im Bereich "Mein Vodafone" auf der Vodafone-Homepage. Ganz einfach einloggen und unter "Mein Status" das nächste Datum zur Vertragsverlängerung finden. Besuchen Sie uns auch im Online-Shop. Dort finden Sie alle verfügbaren Handy-Modelle inklusive Preise und Beschreibungen.

2. *Wann und wie bekomme ich ein neues Handy?*

Sie können das iPhone (3GS 8GB; 4G 16/32GB) ab dem 27. 10. 2010 in allen Vodafone Shops bekommen oder im Internet unter www. vodafone. de. Eine Übersicht von Vodafone Shops in Ihrer Nähe, finden Sie unter http://www. vodafone. de/shopadressen/index. html.

3. *Welche iPhone-Modelle bietet Vodafone an?*

Vodafone hat die folgenden Modelle:

● iPhone 3 GS mit 8 GByte

● iPhone 4 G mit 16 GByte

● iPhone 4 G mit 32 GByte

Alle iPhones sind ausschließlich in schwarz erhältlich.

4. *Wie bekomme ich die richtige SIM-Karte für das iPhone 4?*

Sie können eine SIM-Karte（MicroSIM）für das iPhone 4 automatisch per Post oder im Shop bekommen.

Achtung: Aktivieren Sie die neue MicroSIM zunächst unter der Nummer 12229! Die Anleitung hierzu finden Sie in der Post zur SIM-Karte. Der Versand der SIM-Karte und des Gerätes erfolgen per Post. Es können vielleicht einige Tage dauern. Wir werden Ihnen die SIM-Karte an Ihre Adresse versenden.

5. *Welche Sprachen unterstützt das iPhone?*

Menü→Einstellungen→Allgemein→Landeseinstellungen→Sprache

Das iPhone unterstützt folgende Sprachen: Deutsch, Englisch, Französisch, Italienisch, Chinesisch, Nederlands, Italiano, Espanol, Portugues, Dansk, Suomi, Norsk, Svenska, Polski, Türkce, Hrvatski, Cestina, Romana, Slovencina, Bahasa Indonesia, Bahasa Melayu（und Sprachen die Aufgrund von Schriftzeichen nicht zugeordnet werden können, hier wendet sich der Kunde bei Fragen bitte an den Hersteller）→ Stand Juni 2009

6. *Wie kann man die SMS-Zentralnummer beim iPhone abfragen / ändern?*

Zum Abfragen der SMS-Zentrale am iPhone, geben Sie folgende Kombination über das Nummernfeld ein:

＊＃5005＊7672＃ grüne Hörertaste

Zum Ändern oder Eintragen der SMS-Zentrale nutzen Sie folgende Kombination:

＊＊5005＊7672＊＋491722270000 ＃ grüne Hörertaste oder ＊＊5005＊7672＊＋491722270333 ＃ grüne Hörertaste

Änderung nach: http://www.vodafone.de/privat/apple/iphone-faqs.html

Zusammenfassende Übungen

1. Fragen und antworten Sie bitte!

Beispiel: ＊ Wer ist das?

+ Das ist *Mao Zedong*. *Er* war *Chinese*.

＊ Was war *er*?

+ *Er* war *Politiker*.

Mao Zedong

R. F. Kennedy

Johann Sebastian Bach

Li Shizhen

Arzt

Lu Xun

Marie Curie

Konfuzius

| Chemikerin | Politiker | Komponist | Arzt | Lehrer | Schriftsteller |

2. Ergänzen Sie bitte _haben_ und _sein_ im Präteritum oder im Präsens!

a) Am Samstag ___hatte___ ich keinen Unterricht. Ich ___war___ den ganzen Tag zu Hause.

b) Sein Großvater ___ist___ Arzt. Er ___war___ viele Jahre in Frankreich.

c) Wo ___warst___ du gestern? Ich wollte mit dir ins Kino gehen, aber du ___warst___ nicht zu Hause.

d) Wir ___hatten___ früher kein Geld und ___waren___ hungrig. Aber heute ___haben___ wir viel Geld und ___sind___ satt.

e) Vorgestern ___war___ Herr Müller in Hamburg. Er ___hatte___ dort eine Besprechung. Gestern ___war___ er in Bremen. Er ___hatte___ eine Vorlesung.

3. Ergänzen Sie bitte die Modalverben im Präteritum!

a) Dino ___wollte___ Monika zum Abendessen einladen. Aber sie ___sollte___ nicht kommen, sie ___musste___ Deutsch lernen.

b) * ___Wollte___ Stefan Lehrer werden? + Nein, er ___wollte___ Arzt werden.

c) Frau Schumann ___wollte___ in Japan arbeiten. Aber sie ___konnte___ kein Japanisch sprechen. Sie ___musste___ Japanisch lernen.

d) Es war spät, das Kind ___wollte___ noch weiter spielen. Aber es ___durfte___ nicht mehr spielen. Es ___sollte___ sofort schlafen.

e) Wang Dali ___kann___ nur am Wochenende kochen. An den Wochentagen ___muss___ er viel arbeiten.

4. Bitte ergänzen Sie _ja, nein_ oder _doch_!

a) * Arbeiten Sie nicht fleißig?   + ___Nein___, ich arbeite nicht fleißig.

b) * War der Film interessant?   + ___Nein___, er war langweilig.

c) * Hat er keine Post?   + ___Doch___, er hat einen Brief.

d) * Kann Wang Dali Deutsch sprechen?

   + ___Ja___, er kann gut Deutsch sprechen.

5. Bilden Sie bitte Fragen!

a) * _Kommt er aus China_ ? + Nein, er kommt aus Korea.

b) * _Es geht nicht schnell per Luftpost_ ? + Doch, per Luftpost geht es sehr <u>schnell.</u>

c) * _Bist du Student_ ? + Ja.

Schreiben

Schreiben Sie bitte: Was wollten Sie gestern machen, konnten es aber nicht machen? Was mussten Sie dann machen?

Sprechen

Sie möchten Bücher / Briefe / Päckchen nach China schicken. Machen Sie bitte einen Dialog auf dem Postamt!

Hören

Text F

1. Hören Sie den Text einmal und beantworten Sie bitte die Frage!

Worum geht es in dem Text?

关于什么: Entschuldigung
围绕什么

2. Hören Sie den Text noch einmal und beantworten Sie bitte die Fragen!

a) Warum konnte Wang Dali gestern nicht auf die Party gehen?

Er musste nach Köln zu sein Vater fahren.

b) Wie lange bleibt Wang Dalis Vater noch in Deutschland?

nur bis heute Abend

c) Ist Wang Dalis Vater zum ersten Mal in Deutschland?

⟨Er ist schon wieder   *Nein.*

in Deutschland.?⟩

Phonetische Übung I

Hören und sprechen Sie bitte nach!

● [b] — [p]

Post – Boss	packen – backen	Brief – Priester	Lob – lobe	Bombe – Plombe
Bein – Pein	Oper – Ober	Ebbe – eben	Paar – Bar	Ballett – Palette

● [d] — [t]

Daten – Taten	Tom – Dom	runde – bunte	toll – doll	Dieb – Trieb
Leiten – leiden	Seite – Seide	Deich – Teich	Made – Matte	

● [g] — [k]

Weg – Wege   Paket – Bagger   kosten – Gotik   gelte – Kälte   Mantel – Mandel

tanken – danken   Dackel – Tage   Marke – Magen   Kranz – Gans   Steg – Stege   lecken – legen

Graben – Kragen   Tag – Tage   krank – Kranke

Phonetische Übung II

Hören und sprechen Sie bitte nach!

a) Ich möchte das Paket schicken.

Ich möchte das Paket an Klaus schicken.

Ich möchte das Paket an Klaus nach Berlin schicken.

Ich möchte das Paket an Klaus per Luftpost nach Berlin schicken.

Ich möchte heute das Paket an Klaus per Luftpost nach Berlin schicken.

Ich möchte heute Nachmittag das Paket an Klaus per Luftpost nach Berlin schicken.

b) Wie viel kostet das?

Wie viel kostet das Päckchen?

Wie viel kostet das Päckchen nach Leipzig?

Wie viel kostet das Päckchen nach Leipzig per Bahn?

Lektion **7**
Die Einladung

Hören und Lesen

1. Hören Sie bitte den Text und beantworten Sie die Fragen!

a) Worum geht es im Text?

Es geht um   ☒ eine Einladung ins Konzert.

               ☐ eine Einladung ins Kino.

               ☐ eine Einladung ins Theater.

Wang Dali   *Herr Pöppelmann und seine Frau*

b) <u>Wer lädt wen ein</u>?

c) Wann und wo <u>findet</u> das Konzert <u>statt</u>?   *um 8.00 Freitag Abend*   *in der Oper*

d) Wer <u>holt</u> wen <u>ab</u>?   *abholen*

    Herr Pöppelmann holt Wang Dali ab.

2. Hören Sie bitte den Text noch einmal und fügen Sie die fehlenden Wörter ein!

Wang Dali: Guten Tag, Herr Pöppelmann. Wie geht es <u>*Ihnen*</u>?

Pöppelmann: Ah, guten Tag, Herr Wang. <u>*Danke*</u>, gut. Und Ihnen?

Wang Dali:	Danke, auch gut. Herr Pöppelmann, ich möchte Sie gern in ein _Conzert_ einladen.
Pöppelmann:	Oh, schön! Was gibt es _denn_?
Wang Dali:	Klassische chinesische _Musik_. Die Musiker kommen alle aus _Shanghai_.
Pöppelmann:	Prima. Ich komme gern. Wann <u>findet</u> denn das _Conzert_ statt?	_stattfinden_
Wang Dali:	Am Freitag um _8.00_. In der Oper. Bitte <u>kommen</u> Sie <u>mit</u> _ihre_ Frau.	_mitkommen_
Pöppelmann:	Ah, da muss ich erst mal _fragen_. Moment, ich rufe sie an.	_anrufen_

Herr Pöppelmann geht <u>zum Telefon</u> und <u>ruft</u> seine Frau <u>an</u>. Nach ein paar Minuten kommt er wieder zurück.

Pöppelmann:	Herr Wang, meine Frau kommt sehr _gern_. Sie hat auch _Zeit_ am Freitagabend.
Wang Dali:	Gut! Dann bestelle ich gleich die _Karten_.	_verstanden_
Pöppelmann:	Danke. Um halb acht <u>holen</u> wir Sie zu Hause <u>ab</u>. _Einverstanden_	_abholen_
Wang Dali:	Ja. Also dann _bis_ Freitag. Auf <u>Wiedersehen</u>.
Pöppelmann:	Vielen Dank. Tschüss. Bis _dann_. Moment. Wann? Freitag um halb acht. Das muss ich sofort `_aufschreiben_`	_aufschreiben_ v.写下；记下

3. Lesen Sie bitte den Text mit Ihrem Nachbarn und achten Sie auf Ihre Aussprache!

Grammatik I
可分动词　　不可分动词
Trennbare und untrennbare Verben

Beispiele: ＊ Herr Wang, ich **ver**'stehe das Wort immer noch nicht.

＋ Na gut, dann schreibe ich es **auf**.

＊ Können Sie Herrn Müller '**an**rufen?

＋ Ja, ich rufe ihn **an**.

1. '**auf**schreiben ist ein trennbares Verb. Andere trennbare Verben sind: 可分 重音在前

abholen '**ab**fahren, '**an**rufen, '**ein**laden, '**frei**haben, '**mit**kommen, '**nach**fragen, '**statt**finden, '**wieder**sehen, '**zu**hören, '**zurück**kommen, ...
举行　　　听;倾听　　休假　　打听;询问

2. **ver**'stehen ist ein untrennbares Verb. Andere untrennbare Verben sind: 不可分 重音在中间

be'stellen, **ge**'hören, **emp**'fehlen, **ent**'schuldigen, **er**'klären, **unter**'schreiben, **wieder**'holen, ...
订购　　属于　　介绍;推荐

1.取回
2.重复讲;温习

Übungen

1. Suchen Sie bitte alle trennbaren und untrennbaren Verben in Text A! Tragen Sie bitte die Verben in die Tabelle ein!

trennbare Verben	untrennbare Verben
einladen	bestellen
stattfinden	
mitkommen , Wiedersehen	
anrufen , abholen	

2. Ergänzen Sie bitte die Verben in richtiger Form!

a) * Herr Wang, heute Abend gibt es ein chinesisches Konzert. Darf ich Sie _einladen_ (einladen)?

+ Prima. Wann _wird_ das Konzert _beginnen_ (beginnen)?

* Um acht. _Kommt_ Ihre Frau _mit_ (mitkommen)?

+ Keine Ahnung. Ich _muss_ mal _nachfragen_ (nachfragen). Moment, ich _rufe_ sie _an_ (anrufen).

b) * Kann ich ein Küchenmesser nach Deutschland _mitnehmen_ (mitnehmen)?

+ Moment, ich muss erst mal _nachfragen_ (nachfragen).

c) * _Haben_ Sie den Satz _verstehend_ (verstehen)?

+ Nein, _Können_ Sie ihn bitte _wiederholen_ (wiederholen).

* Gut, ich _kann_ ihn noch einmal _erklären_ (erklären).
Sie müssen diesmal gut _zuhören_ (zuhören).

+ Ich _habe_ ja schon gut _zuhörend_ (zuhören), aber ich kann Sie nicht _verstehen_ (verstehen). Können Sie den Satz _aufschreiben_ (aufschreiben)?

d) * Ich gehe heute Abend mit Anna essen. _Kommst_ du _mit_ (mitkommen)?

+ Sehr gern. Soll ich einen Tisch _bestellen_ (bestellen)?

* Nein.

+ Sag mal, soll ich Wang Dali _einladen_ (einladen)?

* OK, _ruf_ ihn doch mal _an_ (anrufen)!

+ Gut, mache ich. Bis dann.

* Bis heute Abend.

Wortschatz I

Redewendungen 习惯用语

Übungen

1. Was passt zusammen? Schreiben Sie bitte die Redewendungen in die Bilder!

1. Komm gut nach Hause!   2. Gute Besserung!

3. Herzlichen Glückwunsch!   4. Viel Erfolg!

5. Viel Spaß!

6. Gesundheit!

7. Guten Appetit!

8. Entschuldigung!

9. Ich gratuliere!

2. Was sagen Sie?

a) Ein Freund geht tanzen.

Viel Spaß!

b) Der Unterricht ist zu Ende.

Auf wiedersehen!

c) Sie besuchen einen Freund im Krankenhaus.

Gute Besserung!

d) Ihre Schwester macht eine Reise.

Gute Reise!

e) Sie kommen zu spät zu einem Termin.

Entschuldigung!

f) Ihr Nachbar hat Geburtstag.

Herzlichen Glückwunsch!

g) Sie essen mit Kollegen zusammen.

Guten Appetit!

h) Ihr Lehrer niest.   niesen v.打喷嚏

Gesundheit!

i) Morgen hat ihr Bruder Prüfung.

Viel Erfolg!

j) Ihre Freunde gehen Fußball spielen.

Viel Spaß!

k) Sie haben eine Frage und sprechen eine Person auf der Straße an.

Entschuldigung!

l) Es ist 17.00 Uhr. Alle Kollegen gehen nach Hause.

Komm gut nach Hause!

m) Ein Kommilitone ist krank.

Gute Besserung!

Grammatik II

Dativ

A   Personalpronomen im Dativ (D)

人称代词

Personalpronomen		
N	**A**	**D**
ich	mich	**mir**
du	dich	**dir**
er	ihn	**ihm**
sie	sie	**ihr**
es	<u>es</u>	**<u>ihm</u>**
wir	uns	**uns**
ihr	euch	**euch**
sie	sie	**<u>ihnen</u>**
Sie	Sie	**<u>Ihnen</u>**
wer?	wen?	**wem?**

Beispiele: Josef braucht Hilfe! Wer <u>hilft</u> *ihm*?

∗ *Wem* <u>gehört</u> das Buch?

+ Das Buch <u>gehört</u> *mir*.

Verben mit einem Dativobjekt sind z. B. :

helfen, danken, gratulieren, gefallen, antworten, gehören, schmecken, passen usw.

家

Außerdem:

∗ Wie <u>geht es</u> *Ihnen* / *dir*?   + Danke, *mir* <u>geht es</u> gut.

∗ Meine Mutter ist krank.   + Oh, das <u>tut</u> *mir* Leid.

Übung

Setzen Sie das richtige Pronomen ein!

a) ∗ ___Wem___ gehört der Koffer? Gehört er ___dir___ ?

+ Nein, ___mir___ nicht.

b) * Wie gefällt _dir_ das Kleid?

   + Es gefällt _mir_ sehr, aber passt _mir_ überhaupt nicht.

   * Das tut _mir_ Leid.

c) * Wie geht es _dir_ ?

   + _Mir_ geht es schlecht.

   * Oh, das tut _mir_ Leid.

d) Ich danke _dir_ für eure Geschenke.

e) * Entschuldigen Sie bitte, können Sie _mir_ helfen? Wir suchen das Hotel „Garten".

   + Tut _mir_ Leid, ich kann _euch_ nicht helfen.

f) Wer kann _ihm_ helfen? Er ist sehr krank.

g) * Wem gehören die 500 Euro?

   + Das kann ich _mir_ nicht sagen. _mir_ nicht.

   * Schön, dann gehören sie jetzt _mir_ .

h) * Schmecken _dir_ die Nudeln?

   + Ja, die Nudeln schmecken _mir_ gut.

B   Bestimmter und unbestimmter Artikel im Dativ (D)

定冠词   不定冠词

	unbestimmter Artikel	bestimmter Artikel
(m)	Wir helfen einem Mann. (keinem)	Wir helfen dem Mann.
(n)	Ich antworte einem Kind. (keinem)	Ich antworte dem Kind.
(f)	Sie dankt einer Frau. (keiner)	Sie dankt der Frau.
(Pl.)	Das Auto gefällt (/) Kindern. (keinen) 三格复数 词尾加n.	Das Auto gefällt den Kindern.

aber: die Autos (N)   den Autos (D)

             die Frauen (N)   den Frauen (D)

Übungen

1. Wem helfen / gratulieren / danken Sie?

Ich helfe _____

die Frau, ein Kind, ein Freund, die Großeltern, eine Studentin,

das Mädchen, der Mann

2. Ergänzen Sie bitte!

a) Morgen helfen wir _____*den Lehrern*_____ (die Lehrer).   D. *pl.*

b) * Wem gehört das Haus?

   + _____*Dem Mann*_____ (der Mann) dort.

c) Alle gratulieren _____*dem Geburtstagskind*_____ (das Geburtstagskind) recht herzlich zum Geburtstag. Es

   dankt _____*den Gästen*_____ (die Gäste).

d) Gefällt _____*den Kindern*_____ (die Kinder) das Spielzeug?

e) Der Schüler antwortet _____*der Lehrerin*_____ (die Lehrerin). Aber die Antwort ist falsch. Die

   Lehrerin hilft _____*dem Schüler*_____ (der Schüler).

C   Possessivpronomen im Dativ (D)

物主代词

m/n			f			Plural(Pl.)		
mein	– em	Sohn / Kind	mein	– er	Tochter	mein	– en	Kinder **n**/
dein	– em		dein	– er		dein	– en	Studentinnen
sein	– em		sein	– er		sein	– en	
<u>ihr</u>	– em		ihr	– er		ihr	– en	
sein	– em		sein	– er		sein	– en	
unser	– em		unser	– er		unser	– en	
eur	– em		eur	– er		eur	– en	
<u>ihr</u>	– em		ihr	– er		ihr	– en	
<u>Ihr</u>	– em		Ihr	– er		Ihr	– en	

Beispiele: * Wem gratulieren Sie?   + Ich gratuliere mein**em** Freund.

   * Wem gehört das Buch?   + Das Buch gehört mein**er** <u>Freundin</u>.

Übungen

1. Sie sind Max Pöppelmann. Wem gehören die folgenden Sachen?

Beispiel: * Wem gehört *das Geld*?

   + *Das Geld* gehört *meiner Frau*.

das Fahrrad
die Bücher
das Geld
das Hemd
der das Pass
der Koffer
das Auto

2. Ergänzen Sie bitte!

a) * Wie geht es _Ihrem Bruder_ (Ihr Bruder)?

+ Danke, _meinem Bruder_ (mein Bruder) geht es gut.

b) * Musst du oft _deinen Eltern_ (deine Eltern) helfen?
    _pl._
+ Nein.

c) * Gehört _euren Kindern_ (eure Kinder) das Spielzeug?
    _pl._
+ Ja, warum?

* Es ist kaputt.

? d) Sag nichts _meiner Frau_ (meine Frau)! Es ist ein Geschenk.

e) Antworte _deinem Vater_ (dein Vater)!
   das.

3. Ergänzen Sie bitte die Pronomen!

Frauengespräch

* Was gehört _deinem Mann_ (dein Mann)?

+ _Meinem Mann_ (Mein Mann) gehört nichts. ___Mir___ (Ich) gehören das Auto, unser Geld und die

Wohnung. ___Ihm___ (Er) gehört nur die Hausarbeit.

4. Überlegen Sie! Wem müssen Sie bald schreiben/gratulieren/danken/helfen? Schreiben Sie bitte 4 Sätze!

a) Meinem Lehrer muss ich bald schreiben.

b) Meiner Freundin muss ich bald gratulieren.

c) Meiner Lehrerin muss ich bald danken.

d) Meinem Bruder muss ich bald helfen.

Hören

Text B   Pausengespräch

1. Hören Sie bitte den Text einmal und beantworten Sie die Fragen!

a) Wo sind Herr und Frau Pöppelmann und Wang Dali?

> In der Oper   Conzert   In einem Conzert
>   n.   静三

b) Gefällt ihnen der Abend?

> Ja, sehr

2. Hören Sie bitte den Text noch einmal und beantworten Sie die Fragen!

a) Welches Instrument spielt der Vater von Wang Dali?

> die Erhu

b) Kann Wang Dali das Instrument auch spielen?

> Ja, aber nur ein bisschen

c) Wohin lädt Frau Pöppelmann Wang Dali ein?

> in die Oper.
> 四格   t.

Hören und Lesen

Text C _____

1. Hören Sie bitte den Text und beantworten Sie die Fragen!

a) <u>Worüber</u> sprechen Frau Wu und Herr Pöppelmann?   Geburtstags geschenk

b) Geben Sie mit Hilfe von Antwort a) dem Text eine Überschrift!   Vorschläge für <u>Geburtstags geschenk</u>
标题

c) Ergänzen Sie bitte die Tabelle!

Vorschläge von Frau Wu
- eine Torte · zu einfach
- Zigaretten · Das geht nicht
- das Studium zB. ein Buch
Vorschlag von Herrn Pöppelmann
- ~~Entritt~~ Eintrittskarten für das Theater oder die Oper

2. Hören Sie bitte den Text noch einmal und fügen Sie die fehlenden Wörter ein!

Herr Pöppelmann: Frau Wu, Herr Li hat bald <u>Geburtstag</u>

Frau Wu:	Oh, _woher_ wissen Sie das?	

Frau Wu: Oh, _woher_ wissen Sie das?

Herr Pöppelmann: Das _steht_ in seinen Bewerbungsunterlagen. Hat er einen _Wunsch_? Was können wir ihm ~~schicken~~? _schenken_ 赠送.

Frau Wu: _Vielleicht_ eine Torte.

Herr Pöppelmann: Eine Torte?? — Das geht nicht in _Deutschland_. Das ist zu _einfach_.

Frau Wu: Vielleicht _Zigaretten_?

Herr Pöppelmann: Nein, das geht auch nicht. Was halten Sie ~~das~~ _von_ Eintrittskarten für das Theater oder die Oper? _halten von (D) 认为_

Frau Wu: Eintrittskarten für die Oper? Das ist in China nicht _möglich_ — zu einfach.

Herr Pöppelmann: Ach so. Aber in Deutschland sind gute Eintrittskarten sehr _teuer_, ungefähr 50 Euro.

Frau Wu: Ach so. Vielleicht schenken _Sie_ ihm etwas für das _Studium_, ein Buch zum Beispiel.

Herr Pöppelmann: Ja, das ist eine gute _Idee_. Ich gehe heute in die Stadt. Vielleicht _finde_ ich ein gutes Buch für ihn.

3. Lesen Sie bitte den Text mit Ihrem Nachbarn und achten Sie auf Ihre Aussprache!

Wortschatz II

Sprechen Sie bitte nach!

Geschenke

- das Seidentuch, ∺er 丝巾
- der Wein
- die VCD, -s
- das Buch, ∺er
- das Porzellan

- das Fotoalbum, ...ben
- der Tabak 烟草
- das Spielzeug
- das Obst
- der Schmuck 饰品

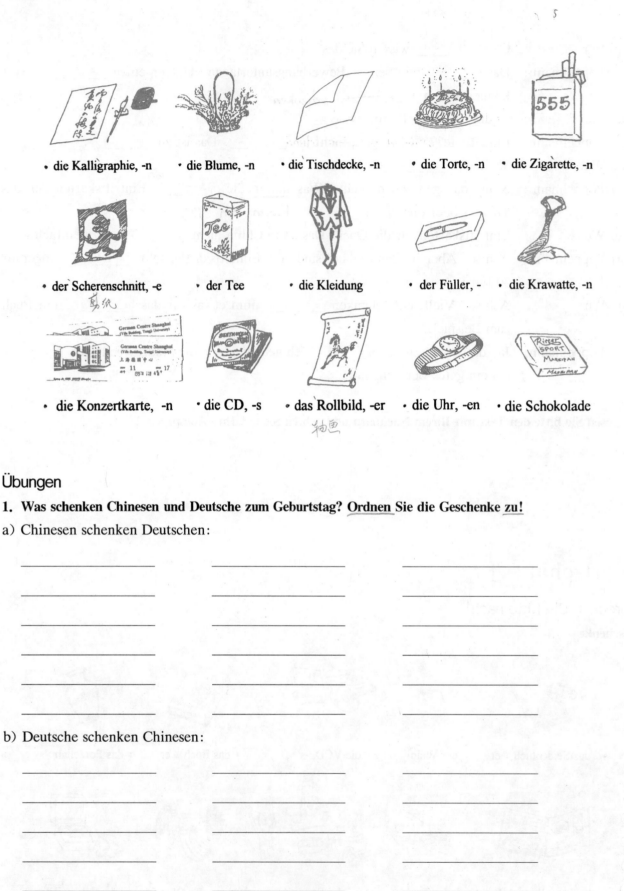

• die Kalligraphie, -n   • die Blume, -n   • die Tischdecke, -n   • die Torte, -n   • die Zigarette, -n

• der Scherenschnitt, -e   • der Tee   • die Kleidung   • der Füller, -   • die Krawatte, -n

• die Konzertkarte, -n   • die CD, -s   • das Rollbild, -er   • die Uhr, -en   • die Schokolade

Übungen

1. Was schenken Chinesen und Deutsche zum Geburtstag? Ordnen Sie die Geschenke zu!

a) Chinesen schenken Deutschen:

_____   _____   _____

_____   _____   _____

_____   _____   _____

_____   _____   _____

_____   _____   _____

b) Deutsche schenken Chinesen:

_____   _____   _____

_____   _____   _____

_____   _____   _____

_____   _____   _____

_____   _____   _____

2. Was schenken Sie? Was sagen Sie?

a) Ihr Freund ist krank. Sie besuchen ihn.

  die Blumen ; Gute Besserung !

b) Eine deutsche Freundin möchte Sie zum Essen einladen.

  der Tee ; Vielen Danke für deine Einladung !

c) Ein Freund feiert seinen 20. Geburtstag.

  das Buch ; Herzlichen Glückwunsch !

Grammatik III   三格、四格 位置

Position
Stellung von Dativ- und Akkusativobjekt (Nomen und Personalpronomen)

Ein Ehepaar

Sie: Liebst du mich?

Er: Natürlich liebe ich dich.

Zeigen Sie: Dann zeig **mir** *deine Liebe*!

Er: Wie soll ich *sie* **dir** zeigen?

Sie: Kauf **mir** *Kleider* und *Schmuck* und *ein Auto*!

Er: Ich kann **dir** aber *kein Auto, keine Kleider* und *keinen*

  Schmuck kaufen. Ich habe kein Geld.

Sie: Also liebst du mich nicht.

Er: Doch, ich liebe dich sehr, und ich schenke **dir** jeden Tag *mein Herz*, aber ich kann **dir** *kein Auto*

  schenken.

I	II	III *Dativ*	IV *Akkusativ*	
Er	zeigt	**seiner Frau**	*seine Liebe.*	名名 三四
Er	zeigt	**ihr**	*seine Liebe.*	混合 代前
Er	zeigt	*sie*	**seiner Frau.**	
Er	zeigt	*sie*	**ihr.**	代代 四三

Übungen

1. Bilden Sie bitte Sätze!

a) (er)/ ihr / ein Kleid / kaufen. _Er kauft ihr ein Kleid._

b) geben / uns / (du) / dein Fahrrad? _Gebst du uns dein Fahrrad?_

c) können / reparieren / sie / (es)/ ihm. _Es kann sie ihm reparieren._

d) (wir)/ das Paket / sollen / eurer Tochter / schicken? _Sollen wir eurer Tochter das Paket schicken?_

e) ihre Tochter / meinem Sohn / zeichnen / ein Bild. _Ihre Tochter zeichnet meinem Sohn ein Bild._
  三 四

f) (seine Frau) / schenken / ihm / ihn.   *Seine Frau schenkt ihm ihn.*

g) sie / zeigen / (mein Vater) / Ihnen.   *Mein Vater zeigt sie Ihnen.*

h) (ihr) / kochen / Tee / uns.   *Ihr kocht uns Tee.*

i) einen Brief / (seine Kinder) / ihm / schreiben?   *Seine Kinder ihm einen Brief schreiben?*

j) (du) / kaufen / deiner Frau / Blumen.   *Du kauft deiner Frau Blumen.*

2. Korrigieren Sie bitte die Sätze!

a)

Er bringt seinen Blumen die Freundin.   *Er bringt seiner Freundin die Blumen.*

b)

Die Eltern schenken einem Hund ihren Sohn.   *Die Eltern schenken ihrem Sohn einen Hund.*
                        m.

c)

Sie gibt der Krawatte einen Mann.   *Sie gibt einem Mann der Krawatte.*

d)

Er kauft seiner Wohnung eine Frau.   *Er kauft seiner Frau eine Wohnung.*
            f.

e)

Ich repariere der Uhr meinen Großvater.

Ich repariere meinem Großvater die Uhr.

3. Fragen und antworten Sie bitte mit Hilfe der Tabelle!

wer		wem	was
			Postkarte
Peter		Vater	Uhr
Hans	bringen	Sohn	DVD
Sie	leihen v.借	Mutter	Seidentuch
Die Kinder	schenken	Eltern	Blumen
Er	geben	Frau	Schmuck
Wir	kaufen	Freund	Bücher
Die Mutter	schreiben	Töchter	Spielzeug
Die Großeltern	zeigen v 指给···看	Kinder	Schuhe
Reiner	empfehlen v 介绍·推荐	Renate	Karte
Die Chinesen		Deutschen	Porzellan
Die Deutschen		Chinesen	iPad/iPhone 4
Wang Dali		Christian	Kalligraphie
		Pöppelmann	Brief
			Parfüm

Beispiel: * **Wem** schenkt Peter *ein iPad*?

+ Er schenkt **seinem Freund** *ein iPad*.

* **Was** schenkt Peter *seinem Freund*?

+ Er schenkt *seinem Freund* **ein iPad.**

4. Machen Sie Dialoge bitte!

Beispiel: Michael   DVD

* Du, *Michael* lädt mich zum Geburtstag ein. Sag mal, was soll ich *ihm* schenken?

+ Schenk *ihm* doch *eine DVD*!

a) mein Freund, Bild *ihm* *ein Bild.*

b) Hanna, Seidentuch *ihr* *ein Seidentuch.*

c) sein Onkel, Wein *ein Wein* *ihm*

d) der Lehrer, Buch *ihm* *ein Buch*

e) Herr Holz, Tabak

f) meine Zwillingssöhne, Pullover

g) meine Freundin, Tee

h) meine Mutter, Schmuck

i) mein Vater, Uhr

j) Sabine, Fotoalbum

k) Hans, Konzertkarte

l) Max, Krawatte

Hören

Text D   Eine Einladung zum ...

die Verabredung, 约会

der Geschmack (Taste)

aussuchen v. 挑选

Hören Sie bitte den Text und beantworten Sie die Fragen!

a) Wer macht wann eine Party? Warum?

 Klaus . am Samstag um 20.00 Uhr . zum Geburtstag

b) Susanne und Wang Dali kaufen ein Geschenk. Was kaufen sie?

 eine CD

Lesen

Text E   Eine Geburtstagsfeier in Deutschland

1. Lesen Sie bitte den Text!

Klaus hat am Mittwoch Geburtstag. Aber er feiert ers[...]
feiern. Sie müssen am Sonntag nicht arbeiten. Vor de[...]
Deutschland nicht üblich.

合适的

Die Gäste kommen nach 20.00 Uhr. Sie gratulieren Klaus. [...]
Gästen. Dann nehmen die Gäste im Wohnzimmer oder in [...]
auf dem Fußboden, andere stehen. In der ganzen Wohnun[...]
地板
Wein, Wasser oder Saft und Klaus mixt für alle Cocktails. [...]
Pizza, Chips usw. Ein richtiges Essen gibt es nicht. Es ist [...]
noch in eine Disco und tanzen bis morgen früh.

Übung 练习

a) Das Fahrrad gehört

b) Das Buch gefäll[...]

c) Die Kinder

d) Sie sche[...]

e) Ich [...]

f)

2. Beantworten Sie bitte die Frage!

Welche Unterschiede und Ähnlichkeiten gibt es zwischen einer chinesischen und einer deutschen Geburtstagsfeier?

	Geburtstagsfeier in Deutschland	Geburtstagsfeier in China
Unterschiede: differences	– – – –	– – – –
Ähnlichkeiten: Similarities	– –	– –

1. 所有以 -e 结尾的阳性名词
2. 所有以 -and, -ant, -ent 结尾的阳性名词
3. 阳性名词 —— 大约是职业名称 —— 来源于希腊语
4. 另外
5. 例外

Grammatik IV

n -Deklination 名词的变格（弱变化）参考语法书 P.3

Nominativ	Akkusativ	Dativ
der/ein Poliz**ist**	den/einen Polizist**en**	dem/einem Polizist**en**
der/ein Pessim**ist**	den/einen Pessimist**en**	dem/einem Pessimist**en**
der/ein Optim**ist**	den/einen Optimist**en**	dem/einem Optimist**en**
der/ein/mein Stud**ent**	den/einen/meinen Student**en**	dem/einem/meinem Student**en**
der/ein Assist**ent**	den/einen Assistent**en**	dem/einem Assistent**en**
der/ein Doz**ent**	den/einen Dozent**en**	dem/einem Dozent**en**
der/ein/mein Jung**e**	den/einen/meinen Junge**n**	dem/einem/meinem Junge**n**
der/ein/mein Kolleg**e**	den/einen/meinen Kollege**n**	dem/einem/meinem Kollege**n**
der/ein/ Chines**e**	den/einen Chinese**n**	dem/einem Chinese**n**
der/ein/mein Herr	den/einen/meinen Herr**n**	dem/einem/meinem Herr**n**
der/ein /mein Nachbar	den/einen/meinen Nachbar**n**	dem/einem/meinem Nachbar**n**
der/ein Mensch	den/einen Mensch**en**	dem/einem Mensch**en**

_____ dem Jungen _____ (der Junge).

_____ Herrn Holz und seinem Kollegen (Herr Holz und sein Kollege).

_____ zeigen _dem Herrn_ (der Herr) den Weg (zum) Bahnhof.

_____ schenkt _keinem Menschen_ (kein Mensch) etwas.

_____ öffne _meinem Nachbarn_ (mein Nachbar) die Tür.

_____ Der Lehrer hilft _seinem Studenten_ (sein Student).

g) Jiaozi schmecken _dem Nordchinesen_ (der Nordchinese) gut.

h) Frau Mayer gratuliert _ihrem Nachbarn_ (ihr Nachbar) zum Geburtstag.

i) Ein Optimist schenkt _dem Pessimisten_ (der Pessimist) eine CD.

j) Das Mädchen dankt _dem Polizisten_ (der Polizist) für die Hilfe.

Sprechen

1. **Sie wollen in eine Oper von Mozart gehen. Sie**
möchten Ihren Freund einladen. Bitte spielen Sie
den Dialog mit Ihrem Partner!

Wolfgang Amadeus Mozart
„Die Hochzeit des Figaro"

Do., Fr., Sa. und So.
19.00 Uhr
Im Opernhaus

Karten: 8 Euro und 16 Euro
Schüler/Studenten: 4 Euro und 8 Euro

Sie: Hallo, hastest du Zeit?

Freund: Warum?

Sie: Ich möchte dich zum Opernhaus ... einladen.

Freund: Oh! Was ist? die Oper

Sie: Die Hochzeit des Figaro

Freund: Sehr schön. Wann ist? die Oper zu Beginn

Sie: Am Freitag 19.00 Uhr

Freund: I habe schon eine Verabredung. Aber keine ... Zeit.

Sie: Gut. Dann gehen wir am ... Ich ... die Karten.

Freund: Wo ... ? Samstag kaufe

sollen wir uns treffen

Sie: .18 00 Uhr
Freund: Und um wie viel Uhr ... dauert die Oper ?
Sie: ...2 stunden
Freund: Dann hole ...mich ab. Einverstanden? 好吗
Sie: Gut. Also bis ..Samstag !
Freund: .Bis Samstag

2. Situative Fragen

a) Ihr Nachbar möchte Sie ins Kino einladen. Aber Sie finden ihn unsympathisch.
Lehnen Sie die Einladung höflich ab.

b) Ihre Freundin möchte mit Ihnen in die Oper gehen. Aber Sie möchten lieber ins Theater gehen.

Schreiben

Sie geben eine Party und laden Ihren Freund ein. Sie schreiben ihm eine E-Mail.

In der Einladung sollten Sie Ihren Freund über folgende Punkte informieren:

— Warum feiern Sie?

— Wann feiern Sie (Datum, Wochentag und Uhrzeit)

— Wo findet die Feier statt? (Im Restaurant, bei Ihnen zu Hause? Draußen im Garten oder im Haus?)

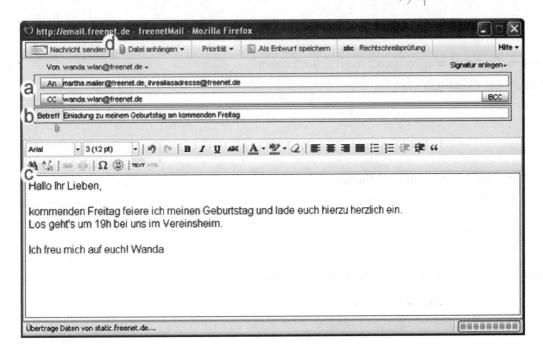

Hören

Text F   Gespräch über eine Geburtstagsfeier in China

Hören Sie den Text und beantworten Sie bitte die Fragen!

a) Wo findet das Gespräch statt?

die Geburtstagsfeier von Klaus

b) Was schenken Chinesen zum Geburtstag?

Blumen, Bücher, Torten, Fotoalbum, Obst

c) Was essen Chinesen normalerweise zum Geburtstag?

Meistens essen sie zu Hause mit der Familie.

Bei einer großen Feier, in Restaurant   Nudeln.

d) Warum fragt Sabine: „Obst" ? Kreuzen Sie bitte die richtige Antwort an!

☒ Obst ist kein Geburtstagsgeschenk in Deutschland.

☐ Sie kann schlecht hören.

Phonetische Übung I

Hören und sprechen Sie bitte nach!

● [m]

mitkommen – mitbringen – aufmachen – ankommen – mitnehmen – ausmachen – nachahmen – mitgehen – aufnehmen – mitfahren – vornehmen – vorbeikommen

● [n]

stattfinden – abnehmen – nachdenken – ansehen – anfangen – abheben – nachholen – hinausgehen – nachsprechen – wiedersehen – nachgeben

● [l]

einladen – umleiten – zusammenlaufen – einfallen – abmelden – nachschlagen – zusammenleben – vorbeilaufen – ausfallen – nachlassen – ablenken – abholen

● [r]

zurückgehen – anrufen – freihaben – umformen – eintragen – zurückkommen – umdrehen – fernsehen – nachfragen – aufräumen – aufschreiben – zuhören

Phonetische Übung II

Hören und sprechen Sie bitte nach!

a) Ich möchte meinen Freund gern in ein Konzert einladen.

   Er möchte seine Eltern in ein Restaurant einladen.

   Maria möchte ihre Freundin morgen ins Theater einladen.

   Wir möchten unseren Gast zum Kaffee einladen.

   Peter möchte seinen Lehrer ins Kino einladen.

   Martin möchte Anna auf seine Geburtstagsparty einladen.

b) Wann findet denn das Konzert statt?

   Wann hole ich dich von der Schule ab?

   Wann rufst du mich an?

   Wann sehen wir uns wieder?

   Wann hast du frei?

   Wann fährt der Zug ab?

   Wann kommt Wang Dali zurück?

c) Hol Sabine von der Schule ab!

   Ruf ihn bitte mal an!

   Komm bitte nicht zu spät zurück!

   Bring mir morgen das Buch mit!

Hör im Unterricht gut zu!

Nimm mich nach Deutschland mit!

Phonetische Übung III

Hören und sprechen Sie bitte nach!

a) * Guten Tag, Herr Pöppelmann.

   \+ Guten Tag, Wang Dali.

   * Ich möchte Sie ins Konzert einladen. Haben Sie Zeit?

   \+ Ja, wann findet denn das Konzert statt?

   * Am Freitagabend, um 19 Uhr.

   \+ Gut, vielen Dank für Ihre Einladung.

b) * Hallo, Sabine. Wohin gehst du?

   \+ Hallo, Susanne. Ich gehe einkaufen.

   * Was, du gehst schon wieder einkaufen?

   \+ Ja, Klaus hat Geburtstag. Ich möchte ihm eine CD kaufen.

   * Ich möchte ihm auch etwas zum Geburtstag
   schenken.

   \+ Wollen wir zusammengehen?

c) * Wang Dali, wie findest du die Geburtstagsfeier von Klaus?

   \+ Toll! Es ist ein wunderschöner Abend.

   * Sag mal, welche Geschenke machen die Chinesen dem Geburtstagskind?

   \+ Wir schenken ihm Fotoalben, Blumen, Bücher, Torten oder Geld.

   * Geld?

   \+ Ja, Geld. Das ist in China sehr üblich.

Lektion Essen und Trinken

8

Hören und Lesen

Text A   Im Café

der Wissenschaftler,:in
  科学家，学者

Kellner
Kellnerin   服务员

1. **Hören Sie bitte den Text und beantworten Sie die Fragen!**

a) Wen möchte Susanne treffen?

  (Klaus , Wang Dali) Kim

b) Was <u>bestellt</u> Wang Dali für seine Freunde?

  einen schwarzen Tee , eine Tasse Kaffe , zwei Erdbeer-Shake und ein Stück Apfelkuchen

c) Was erfahren Sie im Text über Kim?

— Sie ist Musikwissenschaftlerin.

— Sie kommt aus Korean.

— Sie trinke gern schwarzen Tee.

— Sie schreibt seine Doktorarbeit über Clara Schumann.

— Sie arbeitet als Musikwissenschaftlerin in seiner Universität in ~~Seul~~.
                                                               Seoul.

2. **Hören Sie bitte den Text noch einmal und fügen Sie die fehlenden Wörter ein!**

Wang Dali: Es ist schon halb fünf. Wir wollten <u>uns</u> um vier <u>mit Susanne</u> treffen.

Klaus: Sei nicht so ungeduldig! Sie kommt bestimmt gleich.

Wang Dali: Gut, gut. Wir warten noch fünf Minuten.

Klaus:	_Sieh_ mal, da kommt Susanne ja!
Susanne:	Entschuldigt, bitte! Aber ich musste noch mit Kim telefonieren. Wir _müssen_ noch etwas besprechen. Sie kommt auch gleich.
Klaus:	Wer ist Kim?
Susanne:	Das ist eine Freundin von mir. Sie ist _Koreanerin_
Wang Dali:	Nun, was möchtest du _trinken_ ?
Susanne:	Ich möchte eine Tasse Kaffee und ein Stück _Apfelkuchen_
Wang Dali:	Möchtest du noch etwas trinken, Klaus?
Klaus:	Ich _trinke_ einen Erdbeer-Shake.
Wang Dali:	Was ist denn das?
Klaus:	Das ist ein _Getränk_ (aus) Milch, _Eis_ und Erdbeeren.
Wang Dali:	Oh, ich _nehme_ auch einen.
Susanne:	Da kommt Kim. Hallo Kim. Darf ich vorstellen: Kim, das ist Klaus.
Klaus:	Hallo.
Kim:	Hallo.
Susanne:	Und Wang _kennst_ du ja schon.
Kim:	Hallo Wang.
Wang Dali:	Hallo Kim. Kim, was möchtest du trinken?
Kim:	Ich weiß nicht. Kann ich mal die _Karte_ sehen? Mhm ... ich trinke eine _Tasse_ schwarzen Tee.
服务员 Kellner:	Sie _wünschen_ ?
Wang Dali:	Wir _möchten_ einen schwarzen Tee, eine Tasse Kaffee, zwei Erdbeer-Shake und ein _Stück_ Apfelkuchen.
Klaus:	Kim, studierst du auch hier?
Kim:	Nein, ich schreibe meine _Doktorarbeit_ über Clara Schumann.
Klaus:	Über Clara Schumann! Bist du Musikerin?
Kim:	Nein, ich bin _Musikwissenschaftlerin_, aber ich kann _Klavier_ spielen.
Klaus:	Und in Korea arbeitest du als Musikwissenschaftlerin?
Kim:	Ja, in Seoul (an) meiner _Universität_
Klaus:	Und wo wohnst du?
Susanne:	Klaus, sei doch nicht so neugierig!
Klaus:	Entschuldigung!
Wang Dali:	Ah, da kommt ja unsere _Bestellung_

3. Lesen Sie bitte den Text mit Ihrem Nachbarn und achten Sie auf Ihre Aussprache!

Wortschatz

Im Café
das

Übungen

1. Ordnen Sie bitte zu!

Beispiel: *ein Glas* Rotwein;   **oder:**   *eine Flasche* Rotwein

der Wein	Rotwein	
	Weißwein	
das Bier		
der Saft	Apfelsaft	**das Glas, ̈er**
	Tomatensaft	**die Flasche, -n**
	Orangensaft	
die Cola		
das Mineralwasser		
der Kaffee		**die Tasse, -n**
	mit / ohne Zucker	
der Tee	schwarzer Tee	**das Kännchen, -**
	grüner Tee	小壶
	Jasmintee	
der Kuchen	Obstkuchen	**das Stück, -e**
	Apfelkuchen	
	Schokoladenkuchen	
	mit / ohne Sahne	
das Eis	Schokoladeneis	**der Becher, -**
	Bananeneis	(平底无柄) 杯
	Erdbeereis	

2. Sie sind mit Ihrem Freund im Café und möchten bestellen. Machen Sie bitte Dialoge!

Beispiel: * Ich nehme *eine Flasche Mineralwasser*. Und du?

        + Ich nehme *eine Tasse Kaffee* und *ein Stück Kuchen*.

        * Gut, *eine Flasche Mineralwasser* und ...

bedienen vt 服务；招待   ['stse:nə]

3. Sie sind im Café. Die <u>Kellnerin</u> bedient Sie. Spielen Sie bitte <u>die Szene</u> mit Ihrem Nachbarn!

Beispiel: Kellnerin: Sie wünschen?

        Gast: Eine Tasse Tee bitte!

        Kellnerin: Möchten Sie schwarzen Tee, grünen Tee oder Jasmintee?

        Gast: *Ich möchte Jasmintee.*

        Kellnerin: Ja. Möchten Sie <u>sonst noch etwas?</u>

        Gast: Ein Stück Kuchen, bitte.

        Kellnerin: *Apfelkuchen* ... oder *Schokoladenkuchen* ...?

        Gast: *Apfelkuchen, bitte.*

        Kellnerin: (Mit) oder [ohne] Sahne?

        Gast: *Ohne Sahne, bitte.*

        Kellnerin: Einen Moment bitte. / Kommt sofort.

Grammatische Wiederholung I 复习

Modalverben P87, 144

Setzen Sie bitte Modalverben ein!

a) Auf der Straße __dürfen__ die Kinder nicht Fußball spielen.

b) Er ist Tennisspieler von Beruf. Er __kann__ gut Tennis spielen.

c) Gestern war ich krank. Ich __musste__ zum Arzt gehen.

d) Die Eltern _möchten_ morgen nach Köln fahren. Aber ihre Tochter Ulrike _kann_ (möchte) nicht

mitfahren. Sie _möchte_ ihre Freundin besuchen.

e) Am Montag _wollte_ Klaus ins Kino gehen. Aber er _konnte_ nicht ins Kino gehen. Er hatte

kein Geld.

f) Kaffee oder Tee? Was _möchten_ Sie trinken?

g) Monika war gestern nicht in der Disco. Sie _wollte_ gerne in die Disco gehen, aber sie

konnte nicht gehen. (dürfen / können)

h) Der Arzt sagt: „Frau Braun, Sie _müssen_ nicht zum Unterricht gehen. Sie _müssen_ drei Tage

im Bett bleiben. "

Frau Braun fragt: „ _Kann / Darf_ ich lesen? _Soll / Muss_ ich viel Wasser trinken?"

i) Gabi hat Zahnschmerzen. Sie _wollte_ (möchte) für Mittwochnachmittag einen Termin machen. Der Arzt

hat keine Zeit. Sie _musste_ (kann) erst am Donnerstag zum Zahnarzt kommen.

j) * Sag mal, _kannst_ du diesen Text lesen?

  + Nein. Ist das Deutsch?

k) Er _kann_ nicht Deutsch sprechen und verstehen. Er _kann / darf_ nicht in Deutschland

studieren.

l) * Mein Vater sagt, ich _soll_ Deutsch lernen. Meine Mutter sagt, ich _soll_ Japanisch

lernen. Was _soll_ ich lernen?

  + Was _möchtest / willst_ du denn lernen?

  * Ich weiß nicht, aber ich _muss_ (möchte / will) eine Fremdsprache lernen.

外 德

Sprechen

1. Machen Sie bitte Dialoge!

Beispiel 1:

A: Herr Wang, darf ich vorstellen /

  bekannt machen: Frau Schön.

W: Guten Tag, Frau Schön.

S: Guten Tag, Herr Wang.

Beispiel 2:

A: Darf ich vorstellen / bekannt

  machen: Maria, Hans.

H: Hallo Maria.

M: Hallo Hans.

a) Sabine   –   Frank   b) Herr Peters   –   Herr Li

c) Monika   –   Wang Dali   d) Frau Schmidt   –   Herr Zhang

e) Susanne   –   Michael   f) Christian   –   Stefan

2. Stellen Sie bitte Ihrem Nachbarn eine Person auf den Bildern vor!

Beispiel: Das ist *Shakespeare*. Er war *Engländer*. Er war *Schriftsteller*.

Shakespeare

Dramatiker

R. F. Kennedy

Politiker

Albert Einstein

Physiker

Ludwig van Beethoven

Musiker

Lu Xun

Schriftsteller

Sun Yat-sen

Politiker

3. Raten Sie mal!

Stellen Sie bitte <u>einen Kommilitonen</u> vor (Herkunft, Beruf, ...), aber <u>nicht</u> Ihren Nachbarn! Nennen Sie nicht den Namen!

Beginnen Sie mit: *Meine Person ist ...*

Schreiben

Bitte <u>stellen</u> Sie <u>sich</u> und <u>Ihre Familie vor</u>!

Hören

Text B	*Eine Einladung zum Essen*

1. Hören Sie bitte den Text einmal und geben Sie dem Text eine Überschrift!

2. Hören Sie den Text noch einmal und beantworten Sie bitte die Fragen!

a) Wann hat Klaus Zeit und wann Kim?

Mitwoch gegen 19 uhr

Donnerstag
Freitag *nach sechs*

b) Was machen sie gemeinsam am Freitag?

adv. —起

Probe und Eessen

Zuerst gehen sie zur Musikprobe, danach kocht Koreanisch zu Hause und sie

essen zusammen.

Hören und Lesen

Text C   „Zum Ross"

1. Hören Sie bitte den Text und beantworten Sie die Fragen!

a) Welche Unterschiede gibt es beim Essen in China und Deutschland?

区别

        Zusammen   allein

b) Wie viel Trinkgeld bekommt der Kellner?

    30 - 27.80€ = 2.2€

2. Hören Sie bitte den Text noch einmal und fügen Sie die fehlenden Wörter ein!

Einige Kollegen machen mit Frau Wu am Sonntag einen Ausflug in die Umgebung von Darmstadt. Zu

Mittag essen sie in einem Restaurant *in einem kleinen Dorf.* das 近郊
                            村庄

Herr Freier: Frau Wu, hier ist die Speisekarte Ich nehme Rinderbraten mit Rotkohl und Kartoffeln
                                    m. 烤牛肉   红甘蓝

Frau Meisen: Ich nehme auch Rinderbraten mit Rotkohl und Kartoffeln.

Wu Aiping: Warum bestellen Sie zweimal Rinderbraten?

Frau Meisen: Ich möchte auch Rinderbraten essen.

Wu Aiping: Ja, aber Herr Freier hat schon Rinderbraten. Den Rinderbraten essen wir

               doch zusammen.

Frau Meisen: Wie bitte ?

Herr Freier: Ah, jetzt verstehe ich. In China bestellt ein ___Gast___ viele Gerichte und alle Gäste essen

alle ___Gerichte___ zusammen.   *n. -道菜*

Wu Aiping: Genau.

Frau Meisen: Ach so. In Deutschland bestellt ___jeder___ Gast ein Essen und das isst er dann ___allein___.

Wu Aiping: Ach so. Dann nehme ich ein Hähnchen ___mit___ Pommes frites.

Herr Freier: Schön. Ich nehme als ___Vorspeise___ einen grünen Salat.   *f (炸)土豆条*

Wu Aiping: Ich nehme lieber eine ___Suppe___ als Vorspeise.

Herr Freier: Gut. Was möchten Sie trinken?

Wu Aiping: Ich trinke ein Glas Bier.

Frau Meisen: Ich nehme eine Flasche ___Mineralwasser___

Herr Freier: Ich trinke auch ein Glas Bier.

Der Kellner kommt. Herr Freier ___kommt___. Nach dem Essen bezahlt er die Rechnung.   *f. 账单*

Kellner: Zwei Rinderbraten, ein Hähnchen, eine Suppe, ein Salat, zwei Glas Bier und eine

Flasche Mineralwasser. Das macht 27,80 Euro.

Herr Freier: 27,80 Euro. Hier sind 30 Euro, bitte. Stimmt so.   *Keep the change*

Kellner: Danke. Auf Wiedersehen.

3. Lesen Sie bitte den Text mit Ihrem Nachbarn und achten Sie auf Ihre Aussprache!

Wortschatzwiederholung I

Zahlen – Rechnen – Preise – Uhrzeiten

Übungen

1. Rechnen Sie bitte!

   $+$ (plus) $-$ (minus) $\cdot$ (mal) $:$ (durch)

Beispiele:

Man schreibt:	**Man spricht:**
$6 + 4 = 10$	Sechs *plus* vier ist gleich zehn.
$10 - 5 = 5$	Zehn *minus* fünf ist gleich fünf.
$3 \cdot 8 = 24$	Drei *mal* acht ist gleich vierundzwanzig.
$21 : 3 = 7$	Einundzwanzig *durch* drei ist gleich sieben.

a) 128+26=   b) 55 • 4=   c) 5 816+100 001=   d) 66 220:20=

e) 90 300 • 2=   f) 97−14=   g) 66+11+40=   h) 769−412+0=

i) 88:11=   j) 4 812:4=   k) 33 • 2 • 2 000=   l) 97+13−5 • 15=

2. Kettenrechnung

Beispiele:

1. Student: 8+5=?   2. Student: 13 • 2=?   3. Student: 26−7=?...

3. Fragen Sie bitte Ihren Nachbarn nach den Preisen!

Beispiel: * Was / Wie viel kosten *die Schuhe*?

       + *Die Schuhe* kosten 90 *Euro*.

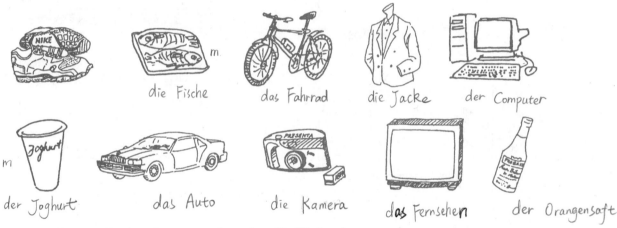

die Fische   das Fahrrad   die Jacke   der Computer

der Joghurt   das Auto   die Kamera   das Fernsehen   der Orangensaft

4. Bitte schauen Sie sich die Anzeigen an und machen Sie Dialoge!

   Beispiele: * Kann ich *am Vormittag um 10.00 Uhr* ins China-Restaurant *gehen*?

          + Nein, das geht leider nicht. Sie können nur *von 12.00 bis 15.00 Uhr und von 18.00 bis*

            24.00 Uhr essen.

          * Wann kann ich *ins China-Restaurant gehen*?

          + ...

a)

扬 州 酒 店
China Restaurant
Yangzhou
Geschäftszeiten: tägl. 12–15 u. 18–24 Uhr
Unser Chefkoch aus Yangzhou kocht
für Sie original chinesische Gerichte,
auch zum Mitnehmen.

b)

Museum am Ostwall

Ostwall 7

Öffnungszeiten
täglich 10 –20 Uhr
außer montags

ins Museum gehen

c)

Zoo

Mo – Fr   9.30 – 17.00
Sa u. So 10.00 –18.00
Eintritt:5 Euro
Kinder unter 14 Jahre: 3 Euro
Jahreskarte: 30 Euro / 15 Euro

den Zoo besuchen

d)

TRAUMLAND –
REISEBÜRO

Geschäftszeiten
mo – fr 10.00 –16.30

ins Reisebüro gehen

旅行社

e)

Der **ANDERE** Friseur

Mo	10 – 16 Uhr
Di, Mi	11 – 18 Uhr
Do	14 – 20 Uhr
Fr	geschlossen
Sa	8 – 13 Uhr

zum Friseur gehen

f)

Deutsche Bank

Geschäftszeiten:
Mo – Fr   9.00 – 16.00
Donnerstags bis 17.30
Sa   9.30 – 12.00

auf die Bank gehen

g)

Bibliothek am Markt

Mo	*14.00 – 17.30*
Di, Do	*8.00 – 17.00*
Mi, Fr	*9.00 – 21.00*
Sa	*8.30 – 13.00*

in der Bibliothek arbeiten

h)

你 好
Guten Tag!

Möchten Sie

Chinesisch lernen?

A: montags - donnerstags von 19.30 bis 21.00 Uhr
B: montags u. mittwochs von 14.30 bis 16.30 Uhr
C: samstags von 10.00 bis 14.00 Uhr

Wir bieten auch Einzelunterricht an!

一对一课程

Chinesisch lernen

Grammatische Wiederholung II

A Bestimmter Artikel, unbestimmter Artikel, Nullartikel

Bitte ergänzen Sie den bestimmten und unbestimmten Artikel oder Nullartikel!

a) Ingrid: Hallo, kommt bitte rein! Nehmt bitte __ein__ Platz!

   Was trinkt ihr?

   Karin: Ich trinke __/__ Kaffee. Und du, Maria?

   Maria: __Eine__ Dose Cola, bitte.
   f

   Andrea: Ich möchte gern __eine__ Flasche Milch.
   f

   Fritz: Für mich bitte __ein__ Glas Bier.

   Jutta: Gut, komme gleich.

b) Das ist __/__ Herr Hartmann. Er ist __/__ Chemiker und seine Frau ist __/__ Ärztin. Sie

   leben in München.

c) Das ist __/__ Gabi Müller. Sie ist __ein__ __X__ Schulkind. Sie hat __ein__ __einen__ Kugelschreiber,
   m.

   __/__ Bücher, __ein__ Fahrrad und __einen__ Ball. Gabi hat jetzt __/__ Hunger und
   m.

   __/__ Durst. Aber sie darf nicht essen und trinken, denn sie hat jetzt __/__ Unterricht.

d) Frau Beck ist __/__ Lehrerin. Sie hat __eine__ Tochter und __einen__ Sohn. __Die__ Kinder
   Ihre

   sind noch klein, sie besuchen __die__ __X__ Schule.
   f

e) __Die__ Eltern haben __ein__ Kind. __Das__ Kind hat __ein__ Buch. __Das__ Buch ist

   schön. __Die__ Mutter hat __ein__ Auto. __Das__ Auto ist aus Japan. __Die__ __Der__ Vater hat

   __einen__ Computer. __Der__ Computer ist neu.

f) __/__ Heidelberg ist __eine__ Stadt in Deutschland. __Die__ Hauptstadt von Deutschland ist
   f   f

   __/__ Berlin.

g) * Peter, was machst du hier?

   + Ich lese __/__ Zeitung.

   * Wie heißt __die__ Zeitung?

   + China Daily.

h) Wang Dali bekommt morgen __/__ Gäste. Er möchte chinesisch kochen. Heute geht er

einkaufen. Er will ___/___ Obst, ___/___ Fleisch, ___/___ Fisch und ___/___ Gemüse
_n._ _n._ _m._ _n._

kaufen. Er braucht auch ___/___ Milch, _ein_ Stück Butter, ___/___ Mineralwasser,
_f._ _f._ _n._

eine Flasche Wein und _eine_ Packung Kaffee.
_m._ _m_

B Possessivpronomen

1. Unterhalten Sie sich bitte mit Ihrem Nachbarn über Ihre Lieblingssachen und Lieblingspersonen!

Beispiel: * Was ist *dein Lieblingsgetränk?*

+ *Mein Lieblingsgetränk* ist *Tee.*

das Lieblingshobby Fotografie f.	der Lieblingssportler Yao Min
die Lieblingsspeise 酸菜鱼	die Lieblingssportlerin Li Na
der Lieblingsberuf Lehrerin	der Lieblingssänger
die Lieblingszeitung The New Yorker	die Lieblingssängerin
das Lieblingslied My Heart Will Go On	der Lieblingsschauspieler
die Lieblingsstadt Chicago	die Lieblingsschauspielerin

2. Bilden Sie bitte Sätze!

Beispiel: Mein Freund ist krank. (Freund / besuchen)

Ich will meinen Freund besuchen.

a) Sie hat eine Frage. (Lehrer / fragen)

Sie will ~der~ *ihren* Lehrer fragen.

b) Unsere Freunde sind erkältet. (Arzt / besuchen)

Sie will *ihren* Arzt besuchen.

c) Du, ich kann morgen nicht kommen.

(Termin / verschieben)

Wir müssen ..der *unseren* Termin verschieben.

d) Wir essen im Restaurant. (Essen / bezahlen)
_m_
_n._

Jeder ~will~ *bezahlt sein Essen* wollen das Essen bezahlen.

e) Heute Nachmittag kommt Tante Olga aus Wien.

(Tante / abholen)

Ihr ..wollt Ihre Tante abholen.

holt unsere/eure Tante ab.

f) Meine Kinder lernen sehr fleißig.

(Hausaufgaben / machen)

Sie ..wollen ihre Hausaufgaben machen.

g) Sein Kind liebt ihn.

Er ..liebt sein Kind.

h) Das Kind liebt seine Mutter.

Die Mutter ..liebt es.

liebt ihr Kind

C Imperativ P₁₁₁₋₁₁₂

Bitte bilden Sie Imperativsätze!

a)   **REIS KOCHEN**

	formeller Imperativ	informeller Imperativ
- Reis waschen	Waschen Sie den Reis bitte!	Wasch den Reis!
- Wasser kochen	Kochen Sie Wasser bitte!	Koch Wasser!
- Reis ins Wasser geben	Geben Sie den Reis ins Wasser!	Gebe Reis ins Wasser!
- Reis 20 Min. kochen	Kochen Sie den Reis 20 Min.	Koch den Reis 20 Min.

b)   **DEUTSCH LERNEN**

	formeller Imperativ	informeller Imperativ
- viele Texte **hören**	Hören Sie	Hör(e)
- viel **sprechen**	Sprechen Sie	~~Sprech~~ sprich
- nicht immer das **Wörterbuch benutzen**	Benutzen Sie	Benutz(e)
- viel **fragen**	Fragen Sie	frag(e)
- wenig in der **Muttersprache sprechen**	Sprechen Sie	~~Sprech~~ sprich
- jeden Tag **wiederholen**	Wiederholen Sie	wiederhol(e)

c) Ein <u>guter</u> oder <u>schlechter</u> Vater?

Herr Meier erzieht seinen Sohn. Er sagt (zu) seinem Sohn: „... !"

a) viele Hausaufgaben machen — Mach viele Hausaufgaben!

b) Mutter helfen — Hilf ~~Helf~~ Mutter!

c) immer freundlich zum Lehrer sein — <u>Sei</u> immer freundlich zum Lehrer!

d) nicht <u>weinen</u> 哭 — Wein nicht!

e) viel Sport machen — Mach viel Sport!

f) Vater nicht beim Fernsehen <u>stören</u> — Stör Vater nicht beim Fernsehen!

g) keine Süßigkeiten essen 干扰 — Iss keine Süßigkeiten!

h) immer nur leise spielen — Spiel immer nur leise!

i) die Eltern achten — Acht die Eltern!

j) wenig fragen — Frag wenig!

k) das <u>Taschengeld</u> sparen — Spar das Taschengeld!

l) nicht zu Freunden gehen — Geh nicht zu Freunden!

Sprechen

1. Sie sind mit Ihrem Partner im Restaurant. Machen Sie bitte Dialoge!

a) *Schauen Sie sich bitte die Speisekarte an! Was möchten Sie bestellen?*

Beispiel:

* Was möchtest du trinken?

+ Ich möchte ... / Ich nehme ...

* Und was isst du?

+ Ich möchte ...

den ←der

b) *Der Kellner kommt an (den) Tisch. Sie bestellen Getränke und Essen.*

Beispiel:

K: Guten Tag. Was möchten Sie bitte?

G: ...

K: Möchten Sie eine Nachspeise?

G: Ja. Ich möchte ... / Nein, danke.

Der Kellner bringt Getränke / Essen.

K: Hier ist ... , bitte. / Einmal ... , bitte.

G: Danke.

K: ...

c) *Nach dem Essen:*

Beispiel:

G: Zahlen bitte!

K: Getrennt oder zusammen?

G: ...

K: Das macht zusammen ... / ...

G: Hier sind ... (Stimmt so.)

K: Danke schön. Auf Wiedersehen.

Speisekarte

Getränke

Mineralwasser, 0,2 l	1,40 Euro
Coca-Cola, 0,2 l	1,70 Euro
Orangensaft, 0,2 l	1,80 Euro
Schwarzer Tee, Tasse	1,10 Euro
Kaffee, Tasse	1,50 Euro
Kaffee Kännchen	2,90 Euro
Bier, 0,3 l	1,70 Euro
Rotwein, Weißwein, 0,2 l	2,55 Euro

Suppen

Hühnersuppe mit Brot	2,55 Euro
Tomatensuppe mit Brot	2,55 Euro
Gemüsesuppe	3.10 Euro

Kalte Speisen

Kleiner Salatteller mit Brot	3,10 Euro
Großer Salatteller mit Brot	4,30 Euro

Warme Speisen

Gemüseteller	5,80 Euro
Nudeln mit Tomatensoße	5,20 Euro
Backfisch, Kartoffeln/Pommes frites und Salat	6,30 Euro
Schweinebraten mit Kartoffeln und Gemüse	7,30 Euro
Gulasch (vom Rind) mit Reis und Salat	8,30 Euro
Hähnchen, Pommes frites, Getränke und Salat	7,60 Euro

Nachspeisen

Eis (Schokolade, Erdbeere, Orange)	2,80 Euro
Apfelkuchen	1,80 Euro
Apfelkuchen mit Sahne	2,10 Euro
Obstsalat	2,10 Euro
Obstsalat mit Sahne	2,30 Euro

2. Gruppenarbeit (Je 3 — 5 Teilnehmer)

Eine Studentin spielt die Kellnerin, die anderen sind Gäste im Restaurant. (Jeweils zwei Gäste können auch zusammen kommen.)

['je:vails]
每次；各

Bitte machen Sie Dialoge: Auswahl, Bestellung, Bedienung, Zahlen!

服务

Was möchtest du?   Die Karte bitte!   Was möchten Sie bitte?

Was möchten Sie trinken?   Sag mal, was ist ...?

Kann ich mal die Karte sehen?   Haben Sie Fisch?   Haben Sie ...?

Ich möchte mal ... probieren.   Möchten Sie eine Nachspeise?

Mit oder ohne Sahne?   Eine Tasse oder ein Kännchen?   Ich möchte ...

Bitte.   Ich nehme ...   Guten Appetit.   Danke.

Zahlen bitte!   Getrennt oder zusammen?   Das macht zusammen ...

Stimmt so.   Danke.

Hören

1. Lesen Sie bitte die Namen der Gerichte und ihre Beschreibungen!

a) Gemischter Salat   Nudeln, Tomatensoße mit Rindfleisch und Käse

b) Spaghetti Bolognese   Suppe mit viel Gemüse, Rindfleisch oder Schweinefleisch

c) Forelle „Müllerin Art"   Kartoffeln mit Ei und Gemüse backen

d) Ungarisches Gulasch   Tomaten, grüner Salat und Gurken, Öl, Salz und Pfeffer

e) Auflauf   Fisch, in Butter braten

f) Eintopf   Rind- und Schweinefleisch mit Paprika braten

2. Hören Sie jetzt den Text und ordnen Sie bitte zu!

Lesen

三格
den ← die

6.30

An den Wochentagen muss Wang Dali schon um halb sieben aufstehen. Aber heute kann er lange
schlafen. Um zehn Uhr frühstückt er: Er isst Reissuppe, ein Ei, zwei Scheiben Brot mit Butter und
Marmelade. Wurst mag er nicht. Nach dem Frühstück liest er Zeitung und trinkt noch eine Tasse
Jasmintee. Dann geht er schnell in den Supermarkt, denn heute schließen alle Geschäfte um zwei.

conj. 因为   n 生意

Morgen will er ein richtiges chinesisches Essen für seine Freunde kochen. Er kauft 500 g Rindfleisch, 500 g Schweinefleisch, einen Chinakohl, eine Packung Eier, ein Pfund Tomaten, drei Zwiebeln, zwei Gurken und Getränke. Das kostet zusammen 21,59 Euro. Xianggu, Muer, Salz und Pfeffer, Glutamat usw. hat er zu Hause. Er braucht noch ein Stück Doufu, eine Dose Bambussprossen und 500 g Glasnudeln. Das kauft er im Chinaladen. Das macht zusammen 6,29 Euro.

Am Nachmittag schläft er noch eine Stunde. Dann geht er in die Küche. Er will das Essen vorbereiten. Er macht eine Füllung mit Chinakohl, Schweinefleisch, Muer ...

1. Lesen Sie bitte den Text in fünf Minuten und kreuzen Sie die passende Überschrift an!

☐ Wang Dali in Deutschland

☐ Das Leben von Wang Dali

☒ Ein Samstag von Wang Dali

2. Lesen Sie den Text noch einmal und beantworten Sie bitte die Fragen!

a) Welches Gemüse kauft Wang Dali?

Wang Dali kauft einen Chinakohl, ein Pfund Tomaten, drei Zwiebeln, zwei Gurken

b) Wie viel zahlt er zusammen?

_21,59 € + 6,29 € = 27,88 €_

Sprechen

Diskutieren Sie bitte:

1. Wang Dali macht eine Füllung. Was möchte er vorbereiten?

2. Was möchte Wang Dali kochen? Machen Sie bitte einen Speiseplan!

a) _jiao zi_ _____

b) _____

c) _____

...

Grammatische Wiederholung Ⅲ

A   Verben mit Dativ- und Akkusativobjekt

Ergänzen Sie bitte!

a) * Hallo. Wie geht es _dir_ ?

+ Hallo. _Mir_ geht es gut. Weißt du, meine Frau ist jetzt in Berlin.

* Wirklich? Wie gefällt es _ihr_ in Berlin?

+ _Ihr_ gefällt Berlin sehr gut.

? * Wie oft schreibt _~~euch~~_ _sie_ _~~ihr~~_ _dir_ ?

P161　+ Alle zwei Wochen schreibt _sie_ _mir_ einen Brief und schickt _~~meinen~~_ _ihren_ Eltern eine 三格

Postkarte. Aber wir antworten _~~sie~~_ _ihr_ nicht immer sofort, leider.

b)　* Kannst du _uns_ das Photo zeigen (wir)?

　+ Ja, gern. Ich zeige _es_ _euch_ . Die Leute auf dem Photo feiern den Geburtstag von

meinem Bruder. Meine Tochter schenkt _ihm_ _Blumen_ (Blumen). Alle gratulieren

dem _Geburtstagskind_ herzlich (das Geburtstagskind). 三格

c)　* Kannst du ein paar Blumen kaufen?

　+ Ja, gern. _Wem_ willst du die Blumen schenken?

　* _Meiner_ _Lehrerin_ (meine Lehrerin). Ich gebe _dir_ _das_ _Geld_ (du, Geld).

d)　* Gehört das Wörterbuch _einem_ _Student_ (ein Student)?

　+ Nein, es gehört _einer_ _Schülerin_ (eine Schülerin).

B　Trennbare und untrennbare Verben

Ergänzen Sie bitte die Verben!

Prof. Hinz _~~ladet~~_ _lädet_ Prof. Zhang zu einer Konferenz nach Deutschland _ein_ (einladen). Die

Konferenz _findet_ von Montag bis Samstag _statt_ (stattfinden). Prof. Zhang _bezahlt_ keine

Teilnahmegebühr _/_ (bezahlen), denn er ist Gast. Er _kommt_ am Sonntagabend in Frankfurt

_an_ (ankommen). Auf dem Flughafen _ruft_ er beim Auslandsamt der Universität _an_

(anrufen). Das Auslandsamt _holt_ ihn _ab_ (abholen). Diesmal _bringt_ Herr Zhang nur

wenig Kleidung _mit_ (mitbringen). Warum? Das _versteht_ wir nicht _/_ (verstehen). _verstehen_

Vielleicht _erklärt_ Sie uns das _/_ (erklären). _erklären_

C　Zusammenfassende Übung

Ergänzen Sie bitte den Text!

Ich _heiße_ Chen Wen. Ich _bin_ Chinesin. Shi Mei _ist_ mein Freund. _Er_ ist auch

Student. Er _studiert_ Chemie und ich _studiere_ Mathematik. _Wir_ wohnen in Trier. Shi Mei und

ich haben drei Tage frei, von Montag _bis_ _Mittwoch_.

Gestern _war_ Montag. Das Wetter _war_ sehr schlecht. (Wir) _wollten_ schwimmen gehen,

aber _konnten_ nicht schwimmen, denn es _war_ zu kalt. Shi Mei _hatte_ eine gute Idee. Wir

Waren _~~gingen~~_ im Kino. Der Film _war_ interessant. 三格

Heute ist _Dienstag_ . Die Sonne scheint. Am _Vormittag_ um 9 Uhr gehen wir schwimmen. Am _Mittag_ haben wir großen Hunger. Wir gehen in die Mensa. Dort wartet _unser_ Freund Xiao Li. _Er_

isst Suppe. Shi Mei _isst_ Fisch, Reis und Gemüse. Ich _esse_ _möchte_ einen Salat <u>essen</u>.

Xiao Li fragt uns: ,,Geht _ihr_ morgen zu Shen Hua? " Shi Mei und ich sagen: ,, Natürlich

wir _gehen_ zu Shen Hua. _Sie_ ist doch _unsere_ Freundin. Gehst _du_ nicht zu

Shen Hua?" Xiao Li _sagt_ _antwortet_ :,, _Doch_ , ich gehe auch. _Wann_ gehen wir zu Shen Hua?"

Ich sage: ,, Um acht. _Sei_ / _Komm_ bitte pünktlich!"

Am _Nachmittag_ besuchen wir Wang Dali. Die <u>Eltern</u> von Wang Dali _ist_ _Leben_ in Shanghai. _Sein_

Vater ist Ingenieur. _Abend_ _Seine_ Mutter _Lehrt_ _arbeitet_ in einer Grundschule. _Sie_ _Lehrt_

Chinesisch. Wang _hat_ zwei Geschwister, eine <u>Schwester</u>und _einen_ Bruder.

Um 19 Uhr gehen wir nach Hause. Ich lerne immer _eine_ oder zwei <u>Stunden</u>. Shi Mei _liest_

ein Buch und _trinkt_ Tee. _Um_ 23 Uhr gehen wir schlafen. _f._

Morgen Nachmittag _möchten_ wir in den Park gehen. Am _Vormittag_ _Abend_ gehen wir zu Shen Hua. Und

Übermorgen am _Vormittag_ haben wir leider wieder Unterricht. Schade!
adv. _Donnerstag_

Wortschatzwiederholung II

1. Sun Mei

Sun Mei hat eine Schwester. Ihr Name ist Sun Ping. Sun Ping ist verheiratet. Ihr Mann heißt Zhu

Chun. Sie haben einen Sohn. Er heißt Zhu Li. _das heißt_

Die Eltern von Sun Mei und Sun Ping, d. h. die Großeltern von Zhu Li, sind Sun Long und Cheng

Shuqing. Die Mutter von Sun Mei hat zwei Schwestern, <u>Chen Shumei und Chen Shili</u>. _Sun Long_ _Cheng Chuqing_
_♂_ _♀_

Bitte zeichnen Sie einen Stammbaum!

Sun Mei _Sun Ping_ _Zhu Chun_
_♀_ _♂_

Zhu Li

2. Wer ist das?

a) (Ihre) Großeltern sind auch meine Großeltern. (Ihre) Eltern sind auch meine Eltern.

  Wir sind Geschwister. _meine Schwester_

b) Ein Kind von meinen Großeltern und eine Schwester von meiner Mutter.

  Meine Tante

c) Seine Schwester ist auch meine Schwester.

  mein Bruder

d) Der Bruder von meinem Onkel und der Mann von meiner Mutter.

  Mein Vater

e) Das Kind von meinen Eltern

  ~~_Das ist mich._~~ _Das bin ich._

3. Welcher Tag ist morgen?

Übermorgen ist nicht Freitag. Heute ist auch nicht Freitag. *am Samstag* Vorgestern musste ich arbeiten. (Ich bin Verkäufer in einem Kaufhaus.) Aber es war nicht Freitag. Heute muss ich auch arbeiten. Aber es ist nicht Donnerstag. Auch morgen muss ich arbeiten.

Morgen ist ___*Dienstag*___ .

Heute is Montag.

Übung zum Hören und Sprechen

Im Restaurant

1. **Schauen Sie sich bitte das Bild an! Was können die Personen sagen? Bitte machen Sie Dialoge!**

2. **Hören Sie bitte zweimal die Aussagen! Bitte ordnen Sie die Aussagen den Personen zu und tragen Sie die Nummern ins Bild ein!**

Hören

Text F   Ein chinesisches Essen

gemütlich a 舒适的

essstäbchen pl 筷子
细棍

köstlich adj. 美味的

Hoffentlich schmeckt es Ihnen

Versuchen Sie es mal.
Das ist gar nicht so schwer.

ausgezeichnet adj 极好的

· umgekehrt adj 相反的
umkehren

Suanla Tang
— Sauer-scharfe Suppe

Hören Sie bitte den Text und beantworten Sie die Fragen!

a) Worum geht es im Text?

   Pöppelmanns essen bei Wang Dali.

b) Wann sollten die Gäste kommen? Und wann kommen sie?

   7.15   7.00   7.30 7.15

c) Was trinken Pöppelmanns?

   Minaralwasser und Beer

d) Was sagt man zum Trinken? *Ihr Wohl!*
auf
zum Wohl!, auf unser Wohl!

e) Was ist die Lieblingsspeise von Herrn Pöppclmann?

Frülingson   *Frühlingsrollen*

f) Was ist neu für Frau Pöppelmann?

Mapo Doufu   *In China Romme die Suppe nach ~~den~~ Hauptspeise.*
der
f.

Phonetische Übung   I

Hören und sprechen Sie bitte nach!

● [v]

was – wer – wie – wo – warum – wohin – Wasser – wieder – wir – woher – Wort – Vase – Visum – Villa – Vulkan – Vokabel – Motive – aktive – Klavier – Vokale

● [f]

erfahren – Dorf – Friseur – laufen – Familie – Lift – Federball – Löffel – Schiff – Vater – aktiv – Motiv – Vetter – Vorspeise – vorn – Photo – Physik – Alphabet

● [z]

sagen – sie – Soße – Suppe – Sahne – so – sind – Hose – Pause – Reise – sehr – suchen – sich – sieben – Seife – Sohn – Gläser – sein – leise – sicher

● [s]

Eis – Photos – Haus – das – Skizze – raus – Maske – was – Glas – essen – besser – isst – Kuss – wissen – Essstäbchen – Fuß – groß – Maß – maßlos

Phonetische Übung   II

Hören und sprechen Sie bitte nach!

a) Ich nehme eine Tasse Kaffee.

Ich nehme ein Stück Kuchen.

Ich nehme ein Glas Bier.

Ich nehme <u>lieber</u> eine Suppe <u>als</u> Vorspeise.

Ich nehme lieber ein Eis als Nachspeise.

b) Warum bestellen wir zweimal Rinderbraten?

Warum bestellen wir zweimal Lammfleisch?

c) <u>Fisch ist meine Lieblingsspeise.</u>

Fleisch ist meine Lieblingsspeise.

d) Da kommt unsere Bestellung.

Da kommt Ihre Bestellung.

Lektion 9
Lebenslauf

Einführung

Schauen Sie sich bitte die Bilder an und ordnen Sie zu!

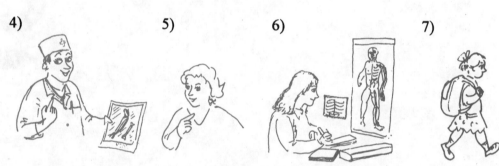

1)   2)   3)

4)   5)   6)   7)

m	a) **Name:**	5	**Sandra Bauer**
n	b) **Geburtsdatum:**	1	14. 05. 1970
f	c) **Schulbildung:**	7	**von** 1976 **bis** 1989
n	d) **Studium:**	6	**Medizin**
m	e) **Beruf:**	4	**Ärztin**
m	f) **Familienstand:**	3 und 2	**verheiratet**, 2 Kinder

Wortschatz I

A   Ordinalzahlen 复习 P43. P91

der/die/das				
erste	(1.)	zwanzig**ste**	(20.)
zweite	(2.)	einundzwanzig**ste**	(21.)
dritte	(3.)	... ...	
vierte	(4.)	neunundneunzig**ste**	(99.)
fünf**te**	(5.)		
sechs**te**	(6.)	hundert**ste**	(100.)
siebte	(7.)	tausend**ste**	(1000.)
achte	(8.)		
neun**te**	(9.)	hundert**erste**	(101.)

zehnte	(10.)	zweihundertelf**te**	(211.)
elf**te**	(11.)	dreihundert**dritte**	(303.)
zwölf**te**	(12.)	achthundertachtundachtzig**ste**	(888.)
…		tausend**erste**	(1001.)
neunzehn**te**	(19.)	tausend**dritte**	(1003.)

Übungen

1. Üben Sie bitte die Ordinalzahlen anhand der Bilder!

Beispiel: Läufer Nr. 5 ist der zweite.

Läufer Nr. 2 ist der erste.

Läufer Nr. 14 ist der, dritte.

2. Sprechen Sie bitte über die Sitzordnung der Studenten in Ihrer Klasse!

B Monate / Jahreszeiten

Die zwölf Monate sind:

der Januar / Jan.	(der erste)	der Juli	(der siebte)
der Februar / Feb.	(der zweite)	der August / Aug.	(der achte)
der März	(der dritte)	der September / Sept.	(der neunte)
der April	(der vierte)	der Oktober / Okt.	(der zehnte)
der Mai	(der fünfte)	der November / Nov.	(der elfte)
der Juni	(der sechste)	der Dezember / Dez.	(der zwölfte)

Die vier Jahreszeiten sind: der Frühling, der Sommer, der Herbst und der Winter

Übungen

die → den
pl

1. Ordnen Sie bitte die Jahreszeiten den Bildern zu: Welche Jahreszeit ist das?

十三格 ✝

Das ist der Frühling.

März, April, Mai

Das ist der Sommer.

Juni, Juli, August

Das ist der Herbst.

September, Oktobor, November

Das ist der Winter.

Dezember, Januar, Februar

2. Ordnen Sie bitte die Monate den Jahreszeiten zu!

C   Jahreszahlen

Man schreibt:	Man liest:
1632	sechzehnhundertzweiunddreißig
1743	siebzehnhundertdreiundvierzig
1854	achtzehnhundertvierundfünfzig
1976	neunzehnhundertsechsundsiebzig
1987	neunzehnhundertsiebenundachtzig
1998	neunzehnhundertachtundneunzig
2001	***zweitausendeins***
2009	zweitausendneun
2012	zweitausendzwölf
2020	zweitausendzwangzig

注意：
没有 und

Auch: im Jahr(e) 2002   im Jahr(e) zweitausendzwei

Beispiel: Mao Zedong ist *1893* geboren.

   oder: Mao Zedong ist *im Jahr(e) 1893* geboren.

aber nicht: Mao Zedong ist ~~in 1893~~ geboren.

Übungen

1. Bitte antworten Sie!   Wan ist ··· geboren?

a) Wann sind Sie geboren?   Ich bin im Jahr 1990 geboren.

b) Wann ist Ihr Vater / Ihre Mutter geboren?
            1964   1966
c) Wann ist Ihr Mann / Ihre Frau geboren?
                1989
d) Wann ist ... geboren?

2. Fragen und antworten Sie bitte!

Beispiel: * *Der wievielte* ist heute?

       + Heute ist *der erste Mai* / *der erste fünfte* (01. 05.).
                 大写   小写

a) 28. 02.   b) 31. 07.   c) 20. 03.   d) 12. 06.   e) 17. 05.   f) 11. 11.

g) 01. 08.   h) 16. 10.   i) 08. 09.   j) 25. 01.   k) 06. 12.   l) 03. 04.

3. *Am wievielten* **... ? Fragen und antworten Sie bitte!**

Beispiel: * Sag mal, **am** wievielten haben wir

          die Zwischenprüfung?
          期中考试
          + **Am** elften April. (11. 04.)

a) Das Fußball-Länderspiel Deutschland gegen
   China findet *am 6.* November statt.
   国际比赛
   Am wievielten findet das Fußball-Länderspiel statt?

b) Die Kursteilnehmer haben *am 10.* Juli Prüfung.

   Am wievielten haben die Kursteilnehmer Prüfung?

c) Die Winterferien beginnen *am 11.* Januar.
   [fe:riən]
   Am wievielten beginnen die Winterferien?

d) Der Deutschkurs endet *am 30.* Juni.

   Am wievielten endet der Deutschkurs.

e) Das Sommersemester fängt *am 18.* April an.

   Am wievielten fängt das Sommersemester an.

f) Monika hat *am 16.* Dezember Geburtstag.

   Am wievielten hat Monika Geburtstag.

g) Die Deutschen feiern *am 03.* *Oktober* den Nationalfeiertag.
   国庆日
   Am wievielten feiern die Deutschen den Nationalfeiertag.

h) ...

4. Antworten Sie bitte!

a) Wann haben Sie Geburtstag?

Ich habe am 23.03.1990 Geburstag.

b) Wann haben Ihre Eltern Geburtstag?

Mein Vater

c) Wann feiern die Chinesen den Nationalfeiertag?

am 01.10

d) Wann ist Weihnachten?

der 25.12

e) Wann ist der Lehrertag in China?

der 10.09

f) Wann ist der Kindertag?

der 01.06

g) Wann ist das Mondfest in China? (nach dem Mondkalender)

der 15.08

h) Wann fängt das Frühlingsfest im nächsten Jahr an? (nach dem Mondkalender)

der 01.01

i) Wann ...?

5. *Der wievielte oder am wievielten ... ?*

Bilden Sie bitte <u>zu</u> den <u>unterstrichenen</u> Satzteilen die Fragen!

划3线的　句子部分

a) Kai fährt **am 19. Dezember** nach China.　　*am wievielten*

b) Heute ist **der 12. Oktober.**　　*der wievielte*

c) **Am 14. Juli** feiert Peter seinen Geburtstag.　*am wievielten*

d) **Am 1. Januar** feiern wir das Neujahr.　*am wievielten*

e) **Der 1. Mai** ist der Internationale Arbeitertag.　*der wievielte*

f) Herr Bayer kommt **am 25. März** nach Berlin zurück.　*am wievielten*

g) Frau Dr. Müller kommt **am 31. August** in Shanghai an.　*am wievielten*

6. *Wann sind Sie geboren?* Spielen Sie bitte <u>im Plenum</u>!

Beispiel:　Wang :　　Herr Zhang, wann sind Sie geboren?

　　　　　　Zhang:　　Ich bin *am 11. Juni 1980* geboren.

　　　　　　Wang :　　Frau Li, wann ist Herr Zhang geboren?

　　　　　　Li :　　*Am 11. Juni 1980.*

　　　　　　Zhang:　　Frau Li, wann sind Sie geboren?

　　　　　　Li :　　Ich bin *am 30. Januar 1979* geboren.

　　　　　　Zhang:　　Herr Sun, wann ist Frau Li geboren?

　　　　　　Sun :　　*Am 30. Januar 1979.*

　　　　　　Li :　　Herr Sun, wann ...?

Grammatik

Perfekt

Die Form: haben / sein + Partizip Perfekt (P. II)

A Regelmäßige Verben

Beispiele:　Er *feiert heute seinen Geburtstag*. （Präsens）

→　Er *hat* gestern seinen Geburtstag *gefeiert*. （Perfekt）

Ich *wache auf*. （Präsens）

→　Ich *bin aufgewacht*. （Perfekt）

Das Partizip Perfekt (P.II)

	Infinitiv	*Partizip Perfekt*
1.	kaufen	*ge*-kauf-*t*
	machen	*ge*-mach-*t*
	lernen	*ge*-lern-*t*
2.	arbei*t*en	*ge*-arbei*t*-*et*
	bil*d*en	*ge*-bil*d*-*et*
	ö*ffn*en	*ge*-ö*ffn*-*et*
	zei*chn*en	*ge*-zei*chn*-*et*
3.	stud*ieren*	stud*ier*-*t*
	funktion*ieren*	funktion*ier*-*t*
	diskut*ieren*	diskut*ier*-*t*
4.	*be*ˇsuchen	*be*such-*t*
	er̀zählen	*er*zähl-*t*
5.	`zuˌmachen	zu-*ge*-mach-*t*
	`einˌkaufen	ein-*ge*-kauf-*t*
	`zusammenˌarbeiten	zusammen-*ge*-arbei*t*-*et*
	`vorˌbereiten	vor-*be*-reit-*et*

（handwritten note next to 4.: 不可分 v.）
（handwritten note next to 5.: 可分）

Übung

Ordnen Sie bitte die Verben den 5 Gruppen zu und bilden Sie das Partizip Perfekt!

arbeiten *gearbeitet*　　lernen *gelernt*　　`antworten *geantwortet*　　lehren *gelehrt*

üben *geübt*　　diktieren *diktiert*　　danken *gedankt*　　erklären *erklärt*

verbessern *verbessert*　　wiederholen *wiederholt*　　`ablehnen *abgelehnt* (拒绝)　　studieren *studiert*

kaufen *gekauft*　　beˇsuchen *besucht* (到达)　　erreichen *erreicht* (到达)　　frühstücken *gefrühstückt* gratulieren *gratuliert*   wünschen *gewünscht*   verkaufen *verkauft*   leben *gelebt*

wohnen *gewohnt*   rechnen *gerechnet*   sagen *gesagt*   entschuldigen *entschuldigt*

freuen *gefreut*   bestellen *bestellt*   hören *gehört*   einkaufen *eingekauft*

lieben *geliebt*   schenken *geschenkt*

Die Stellung

I	II	III IV...	Ende
Ich	**habe**	gestern meinen Geburtstag	**gefeiert.**
Natürlich	**habe**	ich viel Essen	**vorbereitet.**
Susi	**hat**	mir Blumen	**gekauft.**
Leider	**hat**	Maria mich nicht	**besucht.**
Gestern	**hat**	sie Überstunden	**gemacht.**
Wer	**hat**	dir noch Geschenke	**gemacht?**
Hat	Maria	dir etwas	**geschenkt?**

Übungen

1. Bilden Sie bitte die Sätze im Perfekt!

a) habe,   in China,   ich,   die Tasche,   gekauft.

b) zwei Stunden,   sie,   gearbeitet,   hat,   gestern.

c) gemacht,   was,   zu Haus,   Sie,   haben?

d) gestern,   gemacht,   er,   hat,   Hausaufgaben.

e) Wang Dali,   hat,   wen,   letzte Woche,   besucht?

f) Was,   der Lehrer,   im Unterricht, hat,   gesagt?

2. Bilden Sie bitte Sätze mit den regelmäßigen Verben auf Seite 209f. im Perfekt!

Beispiel: arbeiten - Ich habe bei Siemens gearbeitet.

a) Ich habe die Tasche in China gekauft.

b) Sie hat gestern zwei Stunden gearbeitet.

c) Was haben Sie zu Haus gemacht?

d) Er hat gestern Hausaufgaben gemacht.

e) Wen hat Wang Dali letzte Woche besucht?

f) Was hat der Lehrer in Unterricht gesagt?

3. Ergänzen Sie bitte die Sätze und benutzen Sie das Perfekt!

a) * Bestellen Sie die Karten?

+ Ich _habe_ (sie) schon _bestellt_ .

b) * Wiederholen Sie bitte Ihre Frage!

+ Ich _habe_ (sie) doch schon einmal _wiederholt_

c) * Kann er es Ihnen erklären?

+ Er _hat_ es mir gestern _erklärt_ .

d) * Wollen Sie sich nicht entschuldigen?

+ Ich _habe_ mich doch schon _entschuldigt_

e) Wie lange _haben_ Sie denn gestern _gearbeitet_?

f) * Öffnen Sie bitte das Buch!

+ Ich _habe_ es schon _geöffnet_

g) * Müssen Sie noch einkaufen?

+ Nein, ich _habe_ schon _eingekauft_

h) Jetzt repariert er mein Auto, früher _habe_ ich es selbst _repariert_

i) * Studieren Sie noch?

+ Nein, ich _habe_ schon _studiert_.

4. Bilden Sie bitte die Sätze im Perfekt!

a) Wang Dali kauft drei Konzertkarten. _gekauft_

b) Wir wiederholen Lektion 7. _wiederholt_

c) Meine Eltern leben in Shanghai. _gelebt_

d) Susanne dankt mir. _gedankt_

e) Ich hole meine Tochter von der Schule ab. _abgeholt_

f) Ich frühstücke heute um 7.00 Uhr. _gefrühstückt_

g) Herr Schmidt arbeitet in Bochum und wohnt in Essen. _gearbeitet_ _gewohnt_

h) Wang Dali gratuliert Herrn Pöppelmann zum Geburtstag und wünscht ihm alles Gute. _gratuliert_ _gewünscht_

i) Frau Pöppelmann macht die Wohnung sauber. _saube gemacht_

j) Wir schenken ihm ein Seidentuch. _geschenkt_

k) Peter verkauft sein Auto. _verkauft_

Hören

Text A

1. **Lesen Sie bitte das Formular und klären Sie die vier Punkte im Formular! Nutzen Sie bitte beim Lesen die englischen Übersetzungen!**

V 利用

翻译

---

1. Familienname
(Hauptnamen unterstreichen)
Surname (please underline main name)

Wang

Bitte Photo
einkleben,
nicht heften!

Vorname(n)
First name(s) Xu

*Attach photo
please –
do not staple!*

männlich X   weiblich   akad. Titel
Male   *Female*   *Academic title*

Geburtsdatum (Tag/Monat/Jahr)   Geburtsort
Date of birth (day/month/year) 28.06.1981   *Place of birth* Hangzhou

Geburtsland
Country of birth China

Familienstand   verheiratet X   unverheiratet   Zahl der Kinder   1
Marital status *married*   *single*   *Number of children*

Land des ständigen Wohnsitzes
Country of permanent residence China

2. **Korrespondenzanschrift**, unter der Sie bis zu einem evtl. Stipendienantritt ständig zu erreichen sind
Mailing address, where you may be contacted at any time until taking up a possible scholarship

Straße
Street Nanjing xilu 1280.

PLZ, Ort, Provinz / *Post/Zip code*   200040 Shanghai
town, county/province/state

Land
Country China   Telefon mit Vorwahl   00862162965382
                                        Telephone, area code

3. **Sekundarschule**
Secondary school education

Mittelschule

von 1994   bis 2000
from (month/year)   *to (month/year)*

Art des Abschlussexamens
Type of final examination

(bitte Originalbezeichnung)
(Original name of examination)

Erworben am (Tag/Monat/Jahr)   Ergebnis
Awarded on (day/month/year)   *Result(s)*

4. **Hochschulstudium**   von / *from* 2000 bis / *to* 2004 an / *at* Fudan Universität in / *in*
(Universität/Technische Hochschule etc.)   Shanghai
*higher education (university or other
degree-awarding institution)*

---

2. **Hören Sie bitte den Text und ergänzen Sie das Formular!**

Sprechen

1. Machen Sie bitte zu zweit einen Dialog! (In der Visaabteilung)

Beamter/Beamtin:

* Guten Tag!

* Wie ist Ihr Name bitte?

* Gut. Wann und wo sind Sie geboren?

* Wie ist Ihr Familienstand?

* Und Ihr Wohnort?

* Herr / Frau …, was haben Sie studiert?

* Was möchten Sie in Deutschland machen?

* Gut, das war's. Auf Wiedersehen!

Student(in):

+ Guten Tag

+ Jiang Xinrui

+ Ich bin am … in … geboren. *(handwritten: 23.03.1990　Xinyang)*

+ Verheiratet

+ Avenariusstr. 15 , 81243 , München

+ Amerika Studium

+ Ich möchten studiren und Deutsch Lernen.

+ Auf Wiedersehen!

2. Sprechen Sie bitte über sich selbst! (siehe Einführung) *(handwritten: introduction)*

Wortschatz II

(handwritten: das Studienfach)

Studienfächer

Was wollen Sie studieren?

1. Agrarwissenschaft f
2. Medizin f
3. Mathematik f
4. Maschinenbau m *(handwritten: 机械制造)*
5. Bauingenieurwesen *(handwritten: n. 土木工程)*
6. Chemie f

7. Biologie f
8. Geographie f
9. Architektur f
10. Elektrotechnik f
11. Informatik f
12. Wirtschaftswissenschaften f

Welches Studienfach passt zu welchem Bild? Ordnen Sie bitte die oben genannten Studienfächer zu!

a) die Chemie

b) die Biologie

c) die Physik

d) die ~~Elektronik~~ Elektrotechnik

e) ~~die Geologie~~ Geographie

f) die Medizin Medizin

g) die ~~Arkitekt~~ Architektur

h) die Mathematik

i) das Bauingenieurwesen

j) die Agrarwissenschaft

k) der Maschinenbau

l) die Wirtschaftswissenschaft Wirtschaftswissenschaften 经齐

Übungen

1. Wer hat was studiert? Üben Sie bitte mit Ihrem Partner!

Beispiel: ∗ Was hat der Arzt studiert?

          + Der Arzt hat Medizin studiert.

a) der Architekt , en   b) der Mathematiker , in   c) der Chemiker , in

d) der Biologe , n   e) der Agrarwissenschaftler , in   f) die Ärztin   der Arzt

g) die Informatikerin   h) der Wirtschaftswissenschaftler , in   i) der Geograph , en

j) der Bauingenieur , e   k) der Ingenieur für Elektrotechnik   l) der Psychologe , n

m) der Soziologe , n   n) der Politikwissenschaftler , in

2. Fragen Sie bitte Ihren Nachbarn! (Kettenübung)

Beispiel: ∗ Was haben Sie studiert?

          + Ich habe Medizin studiert.

          ∗ Wann haben Sie studiert?

          + Ich habe von 1997 bis 2002 studiert.

Grammatik

B Unregelmäßige Verben

Beispiele: a) Er *schläft* drei Stunden. (Präsens)

→ Er *hat* drei Stunden *geschlafen*. (Perfekt)

b) Er *fährt* nach Hause. (Präsens)

→ Er *ist* nach Hause *gefahren*. (Perfekt)

Partizip Perfekt von einigen unregelmäßigen Verben:

Infinitiv		*Perfekt*	*Infinitiv*		*Perfekt*
beginnen	begann	begonnen	schlafen	schlief	geschlafen
bitten	bat	gebeten	schlagen	schlug	geschlagen
bleiben	blieb	geblieben (s)	schreiben	schrieb	geschrieben
bringen	brachte	gebracht	schwimmen	schwamm	geschwommen (s)
denken	dachte	gedacht	sehen	sah	gesehen
essen	aß	gegessen	sein	war	gewesen (s)
fahren	fuhr	h. gefahren (s)	singen	sang	gesungen
fallen	fiel	s. gefallen (s)	sitzen	saß	gesessen
fangen	fing	gefangen	sprechen	sprach	gesprochen
finden	fand	gefunden	stehen	stand	gestanden
fliegen	flog	geflogen (s)	steigen	stieg	gestiegen (s)
gebären	gebar	geboren	tragen	trug	getragen
geben	gab	gegeben	treffen	traf	getroffen
gehen	ging	gegangen (s)	trinken	trank	getrunken
halten	hielt	gehalten	tun	tat	getan
heißen	hieß	geheißen	verlieren	verlor	verloren
helfen	half	geholfen	waschen	wusch	gewaschen
kennen	kannte	gekannt	werden	wurde	geworden (s)
kommen	kam	gekommen (s)	wissen	wusste	gewusst
laden	lud	geladen	*ab*fahren	fuhr ab	abgefahren (s)
laufen	lief	gelaufen (s)	*be*kommen	bekam	bekommen
leihen	lieh	geliehen	*ver*gessen	vergaß	vergessen
lesen	las	gelesen	*ge*fallen	gefiel	gefallen
liegen	lag	gelegen	*an*fangen	fing an	angefangen
mögen	mochte	gemocht	*ein*laden	lud ein	eingeladen
nehmen	nahm	genommen	*ein*schlafen	schlief ein	eingeschlafen (s)
rufen	rief	gerufen	*auf*stehen	stand auf	aufgestanden (s)
			*ver*stehen	verstand	verstanden

Einige *intransitive* Verben verlangen das Hilfsverb **sein**:

a) **Verben der Bewegung:** *gehen, fahren, fliegen, kommen, laufen, steigen,* ...

b) **Verben der Zustandsänderung:** *werden, aufstehen, einschlafen,* ...

c) **Ausnahmen:** *sein, bleiben,* ...

Übungen

1. Bilden Sie bitte das Partizip Perfekt!

be*stehen* ~~bestcht~~ *bestanden*   wissen *gewusst*   携发 mitnehmen *mitgenohmen* **mitgenommen**   *stehen gestanden* `vorlesen *vorgelesen*

auf*stehen* *aufstanden*   ver*stehen* *verstanden*   nehmen *genommen* / *genommen*   `ankommen *angekommen*   schreiben *geschrieben*   朗读

trinken *getrunken*   rufen ~~gerufer~~ *gerufen*   fallen *gefallen*   essen *gegessen*   ge*fallen* *gefallen*

投到) ▲be*kommen* *bekommen*   halten *gehalten*   gehen *gegangen*   be*halten* *behalten* `einladen ~~eingeladt~~ *eingeladen*

lesen *gelesen*   接受 `annehmen *angenommen*   `anrufen *angerufen*   vergessen *vergessen*   bringen *gebracht*

schlafen *geschlafen*   `zurück*kommen* *zurückgekommen*   empfehlen *empfohlen*   `anbieten *angeboten*

2. Ergänzen Sie bitte! „sein" oder „haben"?

Letzte Woche __hat__ Wang Dali einen Ausflug gemacht. Er __ist__ nach Heidelberg gefahren. Dort __hat__ er ein Hotelzimmer gesucht, aber die Hotels waren schon alle voll. Er __hat__ dann ein Zimmer bei einer Familie gefunden. Dort __ist__ es ihm sehr gut gefallen. Er __ist__ viel spazieren gegangen und __hat__ viel gesehen. Das Wetter war schön. Es __ist__ nicht geregnet. Am Abend __ist__ er zu Hause geblieben. Er __hat__ gelesen und __hat__ Musik gehört. Der Ausflug __hat__ ihm viel Spaß gemacht.

3. Ergänzen Sie bitte Verben im Perfekt! 注意 „sien" oder „haben"

a) * Wollen Sie die Zeitung lesen?

   + Nein danke, ich __habe__ sie schon __gelesen__.

b) * Wann bekomme ich das Visum?

   + __Haben__ Sie es noch nicht __bekommen__?

c) * Geben Sie ihm bitte das Buch!

   + Ich __habe__ es ihm doch schon __gegeben__.

d) * Wann rufen Sie ihn an? + Ich __habe__ ihn gestern schon __angerufen__

e) * Möchten Sie ihn treffen? + Ich __habe__ ihn schon ~~getrefft~~ __getroffen__

f) * Schreiben Sie den Brief? + Nein, ich __habe__ ihn schon __geschrieben__

g) * Wollen Sie den Film sehen?

   + Nein danke, ich __habe__ ihn schon __gesehen__.

h) * Darf ich noch etwas essen, Mutti?

   + Nein, du __hast__ schon genug __gegessen__.

i) Ich tue so etwas nicht! Wer __hat__ das denn ~~getuen~~ *getan*?

j) Der Pass liegt nicht mehr hier, aber gestern __hat__ er noch hier __gelegen__.

k) * Ist Herr Pöppelmann da? + Nein, er __ist__ nach Hause __gegangen__.

l) * Kommt er bald zurück? + Er ~~hat~~/ __ist__ doch schon __zurückgekommen__

m) Heute fährt er nach Darmstadt. Wohin ___ist___ er gestern _gefahren_ ?

n) ___Sind___ Sie schon einmal in Deutschland ~~gegangen~~? gewesen [sein – war – gewesen]

o) Heute bleiben wir nicht lange in der Disco, denn wir ~~haben~~ ^{sind} gestern zu lange dort _geblieben_

p) * Fahren Sie mit? + Natürlich, gestern ___bin___ ich doch auch _mitgefahren_

q) * Wann fahren sie weg? + Sie ~~haben~~ ^{sind} gestern _weggefahren_

r) * Verstehen Sie das jetzt? + Ja, aber vorher ___habe___ ich es nicht _Verstanden_

Hören

Text B

a)

Name: Claudia Schmidt
Geburtsdatum: <u>15.05.1983</u>   5.05.1983   14.05.1983
Schulzeit: 1989 ~ 2002
Studienfach: Medizin , Freiburg

b)

Name: Klaus Schulze
Geburtsjahr: 1905   1925   <u>1935</u>
Beruf: Arbeiter in einer Fabrik
Zahl der Kinder: 2
   02.04.1961
   23.11.1961

c)

Name: Sabine Meier   1961
Schulzeit: 1967 ~ 1977
Beruf: Krankenschwester   Töchter
   30.1.1988
   26.7.1990

1. Hören Sie bitte den Text einmal und beantworten Sie die Frage!

Wie heißen die Personen?

☒ Klaus Schulze   ☐ Claudia Schulze

☐ Cornelia Schmidt   ☒ Claudia Schmidt

☒ Sabine Meier   ☐ Susanne Meier

2. Hören Sie bitte den Text noch einmal und machen Sie Notizen zu den Personen!

3. Sprechen Sie jetzt mit Hilfe Ihrer Notizen über eine Person!

Sprechen

1. Machen Sie bitte mit Ihrem Nachbarn einen Dialog!

Beispiel: * Wann ist Cai Hong geboren?

+ Sie ist ... geboren.

* Wo ist sie geboren?

+ Sie ist ... geboren.

...

Name:	Cai	
Vorname:	Hong	
Geburtsdatum und -ort:	16.07.1983, Shanghai, China	
Familienstand:	verheiratet, eine Tochter	
Staatsangehörigkeit:	chinesisch	
Adresse:	Shandong Rr. 33, Building 2/802	
	200039 Shanghai	
Mobiltelefon:	15836789425	
E-Mail:	caihong@hotmail.com	
Ausbildung		
Studium:	Sept. 2005 – Juli 2008	Master-Studium an der Fudan-Universität Shanghai Abschluss: Master of science
	Sept. 2001 – Juli 2005	Studium an der Zhejiang- Universität Hangzhou Studienfach: Chemie Abschluss: Bachelor of science
	Sept. 2004 – Januar 2005	Auslandssemester an der Cambridge Universität in England

Schule	Sept. 1998 – Juli 2001	<u>obere</u> Mittelschule
	Sept. 1994 – Juli 1998	<u>untere</u> Mittelschule
	Sept. 1989 – Juli 1994	Grundschule
Praktika:	Juli 2003 – Sept. 2003	bei Squibb
	Juli 2006 – Sept. 2006	bei Bayer（China）
	Juli 2007 – Sept. 2007	bei Bayer（China）
Berufstätigkeit:		
	Sept. 2008 – Juli 2010	Assistentin an der Fudan-Universität Shanghai
	seit Aug. 2010	Dozentin an der Fudan-Universität Shanghai
Fortbildung:	April 2010 – April 2011	Polymere，TU Darmstadt
Fremdsprachenkenntnisse:		Englisch：sehr gut Deutsch：gut

2. Schreiben Sie Ihren eigenen Lebenslauf und <u>tragen</u> Sie ihn <u>vor</u>!

Lebenslauf

Name: Jiang
Vorname: Xinrui
Geburtsdatum und -ort: 23, 03, 1990
Familienstand: Verheirate
Staatsangehörigkeit: Chinesisch
Adresse: Avenarissusstr. 15 , München
Mobiltelefon: (49) 15256923938
E-Mail: Xinrui. Jiang @ campus. lmu.de

Ausbildung

Studium:	2018 ~	LMU München
	2012 ~ 2015	Wuhan Universität
Schule	2008 ~ 2012	Zhengzhou Universität
	2005 ~ 2008	Obere Mittelschule
	2001 ~ 2005	untere Mittel schule

internship **Praktika:**

occupation **Berufstätigkeit:**

training **Fortbildung:**

foreign languages **<u>Fremdsprachenkenntnisse:</u>** Englisch , Deutsch , ~~Frankreisch~~
Französisch

Lesen

Text C   Ein Wunderkind

1. Lesen Sie bitte den Text!

Wolfgang Amadeus Mozart ist am 27.01.1756 in Salzburg geboren. Früh hat ihn sein Vater, Leopold Mozart, in Klavier- und Violinenspiel sowie Komposition unterrichtet.

Bereits 1761/62 hat Mozart sein erstes Stück komponiert. Mit sechs Jahren hat Mozart mit seiner Schwester erste Konzerte gegeben. 1767 – 1769 hat er seine erste Oper „ La finta semplice" geschrieben. 1769 hat er eine Stelle als Hofkonzertmeister in Salzburg angenommen. Dort ist er bis 1781 geblieben. In dieser Zeit hat Mozart viele Musikstücke (Opern, Sinfonien und Konzerte) geschrieben.

1781 hat Mozart Salzburg verlassen und ist nach Wien gegangen. Dort hat er als freier Künstler gelebt. In Wien hat er 1782 Constanze Weber geheiratet. Sie hatten zwei Söhne. „ Die Hochzeit des Figaro" hat Mozart 1786 geschrieben, ein Jahr später die Oper „Don Giovanni". 1791 hat Mozart die Arbeit an seiner Oper „Die Zauberflöte" beendet.

Wolfgang Amadeus Mozart ist am 5.12.1792 in Wien gestorben. Sein Werk „Requiem" konnte er nicht mehr beenden. Der weltberühmte Komponist hat in seinem Leben über 400 Werke geschrieben.

2. Was bedeutet „ Ein Wunderkind"?

☐ Das Kind ist wunderschön.

☒ Das Kind zeigt sehr früh außergewöhnliche Fähigkeiten.

☐ Das Kind hat eine Wunde.

3. Versuchen Sie anhand kurzer Notizen über das Leben von Wolfgang Amadeus Mozart mündlich zu berichten!

— Geburtsdatum:

   27.01.1756

— erste Konzerte: *Mit sechs Jahren.*

— Ehe: *Constanze Weber*

— erstes Werk:

   La finta semplice

— wichtige Opern:

   „ Die Hochzeit des Figaro"   „Don Giovanni"

— Tod: *5.12.1792*

Zusammenfassende Übungen

1. **Vervollständigen Sie bitte die folgenden Sätze!**

a) * _Hast_ du die Xinmin-Abendzeitung schon _gelesen_ ?

   + Nein, ich lese sie heute Abend.

b) * Muss ich das Essen bezahlen?

   + Nein, Wang Dali _hat_ es schon _bezahlt_ .

c) * Wo _bist_ du den ganzen Nachmittag _gewesen_ ?

   + Ich war bei Herrn Pöppelmann.

d) Heute _habe_ ich meine Brieftasche nicht _gefunden_ . Hoffentlich finde ich sie morgen.

e) Zuerst _hat_ es mir in Deutschland nicht _gefallen_ , aber jetzt gefällt es mir hier sehr gut.

f) * _Haben_ Sie alles _notiert_ ?

   + Natürlich! Ich notiere immer alles.

g) * _Hast_ du den Lehrer _verstanden_?

   + Nein, ich verstehe ihn niemals.

h) Gestern _hat_ sie keinen Brief _geschrieben_. Heute muss sie zehn

   E-Mails schreiben!

i) Meine Freunde _sind_ ins Kino _gegangen_. Aber ich gehe lieber ins Theater.

j) * Peter hat heute Geburtstag. _Hast_ du ihm schon _gratuliert_?

   + Nein, ich gratuliere ihm jetzt.

k) * Wann gibst du mir meine Kamera zurück?

   + Ich _habe_ sie dir doch schon vor einer Woche _zurückgegeben_   *Spazieren gehen* 去散步

l) Früher _ist_ er oft nach dem Abendessen _spazieren gegangen_. Aber jetzt geht er nicht mehr spazieren.

m) * Willst du Frau Pöppelmann auch einladen?

   + Aber ich _habe_ sie doch gestern schon _eingeladen_

n) Das Buch _hat_ vor einem Monat nur fünf Euro _gekostet_, aber jetzt kostet es zehn Euro.

o) Früher _habe_ ich das nicht _gewusst_, aber jetzt weiß ich es genau.

p) Gestern _habe_ ich dir _geholfen_, aber heute kann ich dir leider nicht helfen.

q) * Rufen Sie bitte Herrn Wang an!

   + Aber ich _habe_ ihn doch schon _angerufen_

r) * _Hast_ du schon _telefoniert_?

   + Nein, ich kann im Café telefonieren.

s) * Entschuldigen Sie, ich _habe_ das _vergessen_.

   + Vergessen Sie es das nächste Mal aber nicht mehr!

2. Bilden Sie bitte das Perfekt!

Wang Dali erzählt:

„Heute ist Samstag. Ich <u>stehe</u> sehr spät <u>auf</u>. Um 10.00 Uhr <u>frühstücke</u> ich. Ich <u>esse</u> eine Reissuppe, ein Ei, zwei Scheiben Brot mit Butter und Marmelade. Nach dem Frühstück <u>lese</u> ich Zeitung und <u>trinke</u> noch etwas Jasmintee. Dann <u>gehe</u> ich schnell in den Supermarkt.

Am Abend <u>koche</u> ich ein richtiges chinesisches Essen. Ich <u>kaufe</u> 500 g Rindfleisch, 500 g Schweinehackfleisch, einen Chinakohl, eine Packung Eier, 500 g Tomaten, drei Zwiebeln, zwei Gurken und Getränke. Das <u>kostet</u> zusammen 25,59 Euro.

Am Nachmittag <u>schlafe</u> ich noch eine Stunde und dann <u>mache</u> ich die Füllung mit Chinakohl, Schweinehackfleisch, Muer …“

Heute ist Sonntag. Was hat Wang Dali gestern gemacht? Erzählen Sie bitte!

Gestern war Samstag. Wang Dali …

3. Lesen Sie bitte den Tagesablauf von Frau Ma!

Frau Ma kommt aus China. 2001 hat sie in Marburg Deutsch gelernt. Sie erzählt einer Freundin in China ihren Tagesablauf in Deutschland:

jeden Tag früh aufstehen → zuerst duschen → dann Brötchen kaufen und Kaffee kochen → nach dem Frühstück zur Bushaltestelle fahren → vormittags immer Unterricht haben → in der Mensa Mittag essen → nachmittags in der Bibliothek lesen → manchmal auch Vorlesungen haben → dann nach Haus fahren → danach …

4. Was hat Frau Weber am Samstag gemacht?

Am Samstag ist Frau Weber sehr spät aufgestanden. Dann hat sie Kaffee getrunken. …

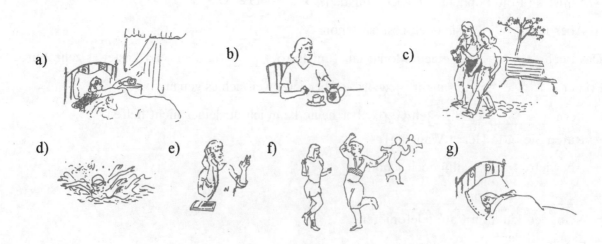

Hören

Text D

1. **Hören Sie bitte den Text einmal und ordnen Sie die Wörter / Wortgruppen!**

7 promovieren

2 die Schule besuchen

5 Chemiestudium in Berlin

8 arbeiten

3 Wehrdienst leisten

4 Studienbeginn in Bonn

9 heiraten

10 die Tochter geboren

1 1970 geboren Hamburg

6 Studium beenden

Robert Meier

2. Hören Sie bitte den Text noch einmal und ergänzen Sie die Tabelle!

Zeit	Geschehen	Ort
28.02.1970	geboren	in Hamburg
1976 – 1989	die Schule besucht	in Hamburg
11.1989 – 11.1990	Wehrdienst leisten 服兵役	Hamburg
1991 –1994	Chemie studiert	Universität Bonn
1994 – 997	Universität wechseln change	an de TU Berlin
1997	das Studium beendet mit dem Diplom	in Berlin
1997 – 2000	promoviert	an der Universität Frankfurt
1.12.2000	Arbeit bei der Hoechst AG	in Berlin
2001	geheiratet	Berlin
24.4.2002	Tochter geboren	Berlin

3. Berichten Sie über das Leben von Robert Meier!

Phonetische Übung   I

Hören und sprechen Sie bitte nach!

● [ʃt] — [st]

Studienfach – Fernsteuerung – Stück – studieren – aufstehen – Straße – zuerst – Stunden –fast – husten– Fenster – beste – bestehen – gestern – Schwester

● [ʃp] — [sp]

sprechen – Sprache – Wespe – Sportler – Prospekt – spät – spielen – Aspekt –sparen –knuspern – Spitze – Speise – Respekt – Stadtsparkasse – Obstspeise

Phonetische Übung   II

Hören und sprechen Sie bitte nach!

a) Wann sind Sie in den Kindergarten gegangen? *gehen*

   Von wann bis wann hat Peter die Grundschule besucht?

   Wie lange hast du die Mittelschule besucht?

   Wo hat sie das Gymnasium besucht?

   Wo haben Sie studiert?

b) Ich bin im Jahre 1978 geboren.

   Er ist am 15.05.1982 geboren.

Susi ist am 24.04.1995 in Hamburg geboren.

Am 30.01.1973 ist unsere erste Tochter geboren.

1981 ist ihr erster Sohn in München geboren.

Wolfgang Amadeus Mozart ist am 5.12.1792 in Wien gestorben.

c) Sabine Meier ist Krankenschwester.

Sabine Meier ist Krankenschwester von Beruf.

Sabine Meier arbeitet als Krankenschwester.

Sabine Meier arbeitet als Krankenschwester in einem Krankenhaus.

Sabine Meier arbeitet als Krankenschwester in einem Krankenhaus in Hamburg.

d) Herr Li hat einen Ausflug gemacht.

Herr Li hat letzte Woche einen Ausflug gemacht.

Herr Li hat letzte Woche einen Ausflug nach Hangzhou gemacht.

Herr Li hat letzte Woche mit seiner Freundin einen Ausflug
nach Hangzhou gemacht.

e) Er ist schon aufgestanden.

Er ist gestern zu Haus geblieben.

Sie sind viel spazieren gegangen.

Der Zug ist schon abgefahren.

Das Flugzeug ist noch nicht angekommen.

f) Ich habe ihm ein Wörterbuch geschenkt.

Gestern habe ich ihr ein Seidentuch gekauft.

Den Füller hat mir meine Tante gegeben.

Die Kollegen haben ihm herzlich zum Geburtstag gratuliert und ihm alles Gute gewünscht.

Phonetische Übung Ⅲ

Hören und sprechen Sie bitte nach!

a) * Möchten Sie das Buch lesen?

  + Nein danke, ich habe das Buch schon gelesen.

b) * Müssen Sie noch einen Brief schreiben?

  + Nein, ich habe schon zehn Briefe geschrieben.

c) * Ist Wang Dali da?

  + Nein, er ist noch nicht gekommen.

d) * Willst du Frau Jäger einladen?

  + Die habe ich gestern schon eingeladen.

e) * Bestellen Sie zwei Theaterkarten!

  + Aber ich habe sie letzte Woche schon bestellt.

f) * Rufen Sie ihn mal an!

  + Aber ich habe ihn schon vor einer halben Stunde angerufen.

g) * Verstehen Sie das jetzt?

  + Ja. Aber ehrlich gesagt, ich habe es noch nicht ganz verstanden.

h) * Arbeiten Sie schon?

   + Nein, ich habe mein Magisterstudium noch nicht absolviert.

Schwarzer Humor

Witz 1

Es sagte der Vater zu seinem Sohn:

,,Das war nun schon die dritte Frau, die einen Heiratsantrag von dir abgelehnt hat. Ich rate dir trotzdem zur Vorsicht, denn nicht immer wirst du soviel Glück haben.''

Witz 2

Egon Lehmann ist ein tüchtiger junger Mann, der eine Stellung sucht. Leider stottert er.

Einer seiner Freunde empfiehlt ihn seinem Chef. Als der die guten Zeugnisse sieht, sagt er:

,,Sie können nächste Woche bei mir anfangen. Wie war doch Ihr Name?''

,,Leh ... Leh ... Lehmann!''

,,Merkwürdiger Name. Würde es Ihnen etwas ausmachen, wenn ich Sie nur kurz Lehmann nenne?''

Lektion 10
Kleidung

Einführung

Kleidungsstücke

der Anzug, ￬e

das Sakko, -s
(男士)西服上衣，休闲装上装

der Mantel, ￬

das Kleid, -er

der Pullover, - / der Pulli, -s

die Bluse, -n

das Hemd, -en

das T-Shirt, -s

das Polo-Shirt, -s

die Jacke, -n

die Hose, -n

die Jeans

der Rock, ￬e

die Unterwäsche

die Krawatte, -n

der (Leder-)Gürtel,-

der Schuh, -e

die Socke, -n

der Strumpf, ￬e

der Handschuh, -e

der Schal, -s

der Hut, ￬e

Übungen

1. Was tragen die Leute auf den Bildern?

a)  N. Die Frau tragt
ein T-shirt
einen Rock
ein Paar Strümpfe
ein Paar Schuhe
ein Paar Handschuhe

b)  N. Der alte Mann tragt
einen Hut
einen Schal
einen Anzug
ein Hemd
ein Paar Schuhe

c)  N. Der junge Mann tragt
ein T-shirt
eine Hose
ein Paar Schuhe

d)  N. Die alte Frau tragt
einen Hut
einen Schal
eine Jacke
einen Rock
ein Paar Schuhe

2. Was tragen Sie? Fragen Sie bitte Ihren Nachbarn!

a) Zur Arbeit /zum Unterricht

b) Zur Geburtstagsfeier

c) Zum Spaziergang

d) Zur Hochzeitsfeier

e) Zum Tanzen

f) Zum Fußballspiel

g) Im Frühling

h) Im Sommer

i) Im Herbst

j) Im Winter

Wortschatz I

A Farben

Wichtige Farben sind: rot, gelb, blau, grün, braun, schwarz, weiß, grau.

Andere Farben sind: violett, lila, rosa, orange,...

Viele Farben zusammen sind: bunt

Übungen

1. Fragen und antworten Sie bitte?

Beispiel:

* Welche Farbe hat die Tomate?

+ Die Tomate ist rot.

*Was ist noch rot?

+...

die Erdbeeren, die Milch, der Apfel, der Himmel, die Banane, Die Gurke, die Coca-Cola,
der Milchreis, die Butter, das Meer, der Kaffee

2. Das ist eine Ampel. Welche Farben hat sie?

a) rot

b) gelb

c) grün

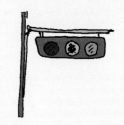

3. Alle Farben kann man mit hell und dunkel verbinden, außer schwarz, weiß .

Beispiel:

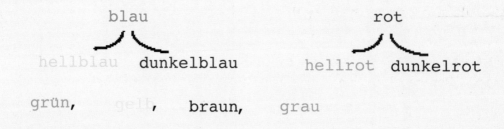

grün,   gelb ,   braun,   grau

B   Muster

Die Hose ist *gestreift*.   streifen v.条，带，条纹

Der Mantel ist *kariert*.   karieren v.画方格

Die Krawatte ist *gepunktet*.   punkten v.在上加点

Der Rock ist *geblümt*.   有花样的

Der Pullover ist *gemustert*.   mustern v.用图案装饰

Übung

Was tragen Ihr Lehrer und Ihre Kommilitonen? Beschreiben Sie bitte!

Beispiel: Unser Lehrer trägt eine Jacke. Die Jacke ist blau.

Grammatik

Adjektivdeklination

A   Bei bestimmten und unbestimmten Artikeln und Possessivpronomen

Beispiele:

    a) Ein Mann ist alt. Ein Pullover ist grau.

→   Ein alter Mann möchte einen grauen Pullover kaufen.
    N.   m   A.   m

定冠词
    b) Der Vater ist jung. Sein Kind ist klein. Die Geschichte ist lang.

→   Der junge Vater erzählt seinem kleinen Kind eine lange Geschichte.
    N.   m   D   A.   f.

Achtung! Manche Adjektive ändern ihre Form!

dunkel:	eine dun**kle** Hose	die dun**kle** Hose
teuer:	ein teu**res** Buch	das teu**re** Sakko
hoch:	ein **ho**her Preis	der **ho**he Preis

		Singular			Plural
		maskulin	**neutrum**	**feminin**	
Nom.		der neu-**e** Hut ein / kein / mein neu-**er** Hut	das neu-**e** Kleid ein / kein / mein neu-**es** Kleid	die neu-**e** Hose eine / keine / meine neu-**e** Hose	die neu-**en** Hüte keine / meine neu-**en** Hüte
Akk.		den neu-**en** Hut einen / keinen / meinen neu-**en** Hut	das neu-**e** Kleid ein / kein / mein neu-**es** Kleid	die neu-**e** Hose eine / keine / meine neu-**e** Hose	die neu-**en** Hüte keine / meine neu-**en** Hüte
Dat.		dem neu-**en** Hut einem / keinem / meinem neu-**en** Hut	dem neu-**en** Kleid einem / keinem / meinem neu-**en** Kleid	der neu-**en** Hose einer / keiner / meiner neu-**en** Hose	den neu-**en** Hüten keinen / meinen neu-**en** Hüten

Achtung! Manche Adjektive haben keine Deklinationsendung!

rosa:	ein rosa Kleid	das rosa Kleid
lila:	eine lila Bluse	die lila Bluse
prima:	eine prima Idee	die prima Idee

Übungen

1. Formen Sie bitte die Sätze um!

Der Mantel ist lang.	→ Mir gefällt der lange Mantel. (N) → Ich nehme den langen Mantel. (A)
Der Anzug ist blau.	→ Mir gefällt der blaue Anzug. (N) → Ich nehme den blauen Anzug. (A)
Das Kleid ist neu.	→ Mir gefällt das neue Kleid. (N) → Ich nehme das neue Kleid. (A)
Das Hemd ist hellgrau.	→ Mir gefällt das hellgraue Hemd. (N) → Ich nehme das hellgraue Hemd. (A)
Die Krawatte ist bunt.	→ Mir gefällt die bunte Krawatte. (N) → Ich nehme die bunte Krawatte. (A)
Der Rock ist lang.	→ Mir gefällt der lange Rock. (N) → Ich nehme den langen Rock. (A)
Die Bluse ist rosa.	→ Mir gefällt die rosa Bluse. (N) → Ich nehme die rosa Bluse. (A)
Die Schuhe sind dunkelbraun.	→ Mir gefällt die dunkelbraunen Schuhe. → Ich nehme die dunkelbraunen Schuhe.

2. Bilden Sie bitte Sätze zuerst mündlich und dann schriftlich!

Mantel m	lang	→ Das ist ein langer Mantel. (N) → Ich möchte einen langen Mantel kaufen. (A)
Rock m	kurz	→ Das ist ein kurzer Rock. (N) → Ich möchte einen kurzen Rock kaufen. (A)
Bluse f	bunt	→ Das ist eine bunte Bluse. (N) → Ich möchte eine bunte Bluse kaufen. (A)
Hemd n	weiß	→ Das ist ein weißes Hemd. (N) → Ich möchte ein weißes Hemd kaufen. (A)

续　表

Kleid *n.* *f.*	lila 特殊	→ Das ist ein lila Kleid. → Ich möchte ein lila kleid kaufen.
Hose *f*	lang	→ Das ist eine lange Hose. → Ich möchte eine lange Hose kaufen.
Jacke *f*	dunkel	→ Das ist eine dunkle Jacke. → Ich möchte eine dunkle Jacke kaufen.
Pullover *m*	blau	→ Das ist ein blauer Pullover. → Ich möchte einen blauen Pullover kaufen.
T-Shirt *n.*	klein	→ Das ist ein kleines T-Shirt. → Ich möchte ein kleines T-shirt.

3. **Bilden Sie bitte Sätze zuerst mündlich und dann schriftlich!**

der	alte	Mann	*Helfen Sie dem alten Mann.* (D)
die	alte	Frau	Helfen Sie der alten Frau. (D)
das	kleine	Kind	Helfen Sie dem kleinen Kind.
Ihr	deutscher	Freund	Helfen Sie Ihrem deutschen Freund.
die	guten	Menschen *pl.*	Helfen Sie den guten Menschen.
der	kleine	Peter	Helfen Sie dem kleinen Peter.
mein	kranker	Vater	Helfen Sie meinem kranken Vater.
seine	nette	Kollegin *f.*	Helfen Sie seiner netten Kollegin.
unsere	alten	Eltern *pl*	Helfen Sie unseren alten Eltern.
die	neue	Sekretärin *f.*	Helfen Sie der neuen Sekretärin.
das	kleine	Mädchen	Helfen Sie dem kleinen Mädchen.
der	freundliche	Herr	Helfen Sie dem freundlichen Herr.

4. **Was tragen die Personen auf den Bildern? Sprechen Sie bitte!**

5. Ergänzen Sie bitte, wenn notwendig!

a) Die Suppe ist kalt __/__ . Geben Sie mir bitte ein _e_ warm _e_ Suppe. 四格

b) * Entschuldigen Sie, d _er_ blau _e_ Mantel ist mir zu teuer __/__ .

　+ Das ist ein __/__ (teuer) _teurer_ Mantel, aber die Qualität ist sehr gut __/__ .

　* Wie ist d _er_ grün _e_ Mantel da? Der ist billig __/__ .

　+ D _er_ grün _e_ Mantel ist billig _er_ , aber zu groß __/__ für Sie.

c) Wang Dali zeigt d _er_ streng _en_ Zollbeamtin sein _e_ chinesisch _en_ Bücher.

d) D _er_ schwer _e_ Koffer gehört ein _er_ alt _en_ Dame. 三格

e) Hat Ihr _e_ klein _e_ Stadt auch ein _—_ modern _es_ Theater? 四格

f) Helfen Sie bitte d _er_ alt _en_ Frau da! Sie kann d _ie_ schwer _e_ , schwarz _e_ Tasche nicht tragen.

g) Schau mal, d _as_ (hoch) _hohe_ Haus dort!

h) Herr Schmidt ist ein __/__ gut _er_ Chef, aber ein schlecht _er_ Vater.

i) * Wie findest du d _en_ preiswert _en_ Anzug da? Ich möchte mir ein _en_ neu _en_ Anzug kaufen. Mein __/__ grau _er_ Anzug gefällt mir nicht mehr.

　+ Möchtest du schon wieder ein _en_ neu _en_ kaufen?

　* Ja, diesmal nehme ich ein _e_ ander _e_ Farbe.

j) Haben Sie auch ein _en_ (dunkel) _dunklen_ Regenmantel?

k) Maria hat heute ein _e_ rosa __/__ Bluse gekauft.

Hören

Text A   Ich brauche . . .

1. Hören Sie bitte den ersten Teil und kreuzen Sie die richtige(n) Antwort(en) an!

a) Wer möchte was kaufen?

☐ Max Pöppelmann möchte ein Hemd kaufen.

☒ Mary Pöppelmann möchte ein Kleid kaufen.

☐ Mary Pöppelmann möchte einen Rock kaufen.

b) Warum? (2 Gründe)

☒ Sein Chef hat das Ehepaar am Montag zum Essen eingeladen.

☐ Ihr Chef hat das Ehepaar am Montag zum Essen eingeladen.

☐ Er hat kein modernes Hemd mehr.

☒ Sie hat kein modernes Kleid mehr.

2. Hören Sie den zweiten Teil und beantworten Sie bitte die Frage!

Warum gefällt Max Pöppelmann schwarz?

☐ Schwarz ist modern.

☐ Schwarz passt zu seinen Haaren.

☒ Schwarz passt zu ihren Haaren.

3. Hören Sie bitte den zweiten Teil noch einmal, kreuzen Sie Ihrer Meinung nach die geeigneteste Antwort an!

Warum findet Max Pöppelmann das Kleidungsstück zu lang?

☐ Denn es ist zu billig.

☒ Denn es ist zu teuer.   450€

☐ Denn seine Frau findet es auch zu lang.

Sprechen

1. Vervollständigen Sie bitte den Dialog!

 补充 ✓.

Im Kleidungsgeschäft

Verkäuferin:

* Kann ich Ihnen helfen?

* In welcher Größe bitte?

* Hm, in welcher Farbe denn?

* ...Rot haben wir leider nicht.
   Probieren Sie mal ...grün (Farbe) hier an!
   Das ist jetzt modern.

* Vielleicht ... (Farbe)?   schwarz   标出吧!

* Ja, ...schwarz steht Ihnen <u>ausgezeichnet</u> und
   passt auch gut zu Ihren Haaren.

* Dann kommen Sie bitte nächste
   Woche noch mal vorbei.   Da
   bekommen wir <u>neue</u>... in... (Farbe)
   Sommerkleid   Rot

* Wiedersehen.

Kundin:

+ Ja, ich suche (ein leichtes Sommerkleid, einen Mantel, _n._
   eine Hose, ...)

+ ...1.60 cm

+ ...Rot hätte ich ganz gerne.

+ Aber ...grün ist doch nicht meine Farbe.

+ Oh ja. ...schwarz probiere ich mal an.

+ Aber ... ist mir zu (<u>eng</u> / lang ...)
   Es

+ Na gut. Vielen Dank. Auf Wiedersehen.

2. Was trägt Ihr Nachbar heute? (Kleidungsstücke und Farben)

Wortschatz II

A Passt *mir / ihm / ihr / dir / Ihnen ... ?*

zu groß	**zu klein**
zu eng	**zu weit**
zu kurz	**zu lang**

Beispiel:

∗ **Passt** <u>dem</u> Mann die Hose?

+ Nein, *die Hose* **passt** *ihm* nicht. (Sie) ist *ihm zu weit*.

 **B**   Wie steht *mir / ihm / ihr / dir / Ihnen ... ?*

Passt *mir / ihm / ihr / dir / Ihnen ... ?*

Beispiel:

∗ **Passen** <u>der linken</u> Frau das T-Shirt und der Minirock?

+ Ja, *sie* **passen** *ihr* genau, aber (sie) **stehen** *ihr* überhaupt nicht.

∗ **Passen** <u>der rechten</u> Frau das T-Shirt und der Minirock?

+ Ja, *sie* **passen** *ihr* genau und **stehen** *ihr* auch <u>ausgezeichnet</u>.

Übung

Fragen und antworten Sie bitte!

Beispiel: der gestreifte Anzug (zu eng)

∗ Wie steht mir *der gestreifte Anzug*?

+ *Er* steht dir gut, aber *er* passt dir nicht. *Er* ist *zu eng*.

a) der bunte Pullover? (zu klein)

b) das gelbe Hemd? (zu groß)

c) die violette Hose? (zu lang)

d) die karierte Bluse? (zu weit)

e) der weiße Rock? (zu kurz)

C   *Passt ... zu ... ?*

Passt mir / ihm / ihr / dir / Ihnen ... ?

Beispiel: ∗ **Passen** mir die rote Jacke und die grüne Hose?

+ Ja, sie **passen** dir.

* **Stehen** sie mir auch?

+ Ja, sie **stehen** dir auch. Aber die rote Jacke **passt** nicht **zu** der grünen Hose.

Übungen

1. Üben Sie bitte mit Ihrem Nachbarn!

Beispiel: *das blaue Kleid* / *die lila Strümpfe*

   * Sag mal, passt mir *das blaue Kleid?*

   + *Das Kleid* passt dir gut, aber *die lila Strümpfe* passen leider nicht zu *dem blauen Kleid.*

a) der rote Mantel / die Sportschuhe und der hellgrüne Hut

b) der schwarze Anzug / die graue Krawatte und der hellbraune Mantel

c) die violette Hose / die orangen Schuhe

d) die grünen Lederschuhe / die rosa Bluse und der dunkelgraue Rock

e) der bunte Rock / der gelbe Gürtel

f) der grüne Pullover / die violette Jeans

g) die schwarze Jacke / der dunkelblaue Hut

2. Was passt nicht zusammen? Sprechen Sie bitte frei!

Grammatik

B   Nullartikel

Beispiele:

a) * Ich möchte Tee trinken.

   + Trinken Sie schwarz**en** Tee oder grün**en** Tee?

   * Grünen Tee, bitte.

b) Sie möchte zwei moderne Kleider kaufen.

	maskulin	**neutrum**	**feminin**	**Plural**
Nominativ	(der) grün -**er** Tee	(das) warm-**es** Wasser	(die) kalt-**e** Milch	(die) hoh-**e** Preise
Akkusativ	(den) grün-**en** Tee	(das) warm-**es** Wasser	(die) kalt-**e** Milch	(die) hoh-**e** Preise
Dativ	(dem) grün -**em** Tee	(dem) warm-**em** Wasser	(der) kalt-**er** Milch	(den) hoh-**en** Preis**en**

Übung

Ergänzen Sie bitte, wenn notwendig!

a) * Fräulein, ich möchte ein Glas Wein bitte!

   + Möchten Sie deutsch _____ Wein oder chinesisch _____ Wein?

   * Chinesisch _____ Wein, bitte.

   + Rot _____ oder weiß _____?

   * Rot _____, bitte. Weiß _____ Wein schmeckt mir nicht.

b) * Geben Sie mir bitte ein Paar Handschuhe.

   + Braun _____ oder gelb _____?

   * Braun _____ bitte. Gelb _____ Handschuhe gefallen mir nicht.

c) * Susi, ich habe groß _____ Durst. Gib mir etwas Wasser!

   + Kalt _____ oder warm _____?

   * Zuerst kalt _____, dann warm _____.

   + Was?! Willst du krank werden?

   * Ich bin schon krank und habe jetzt (hoch)_____ Fieber.

   + Dann ziehe dir doch warm _____ Sachen an!

d) * Haben Sie hier T-Shirts?

   + Ja. Möchten Sie weiß _____ T-Shirts oder schwarz _____ T-Shirts?

   * Ein weiß _____ T-Shirt.

e) * Wo gibt es hier leicht _____ Sommermäntel?

   + Leicht ____ Sommermäntel haben wir hier nicht. Wir haben nur leicht ____ Sommerjacken. Möchten Sie eine kaufen?

   * Oh, entschuldigen Sie, aber leicht _____ Sommerjacken habe ich schon genug zu Hause.

f) * Mutti, ich habe groß _____ Angst!

   + Hab doch keine Angst! Ich komme.

g) * Können Sie mir ein paar Krawatten zeigen?

   + Ja, gestreift _____ oder gepunktet _____ Krawatten?

   * Gestreift _____.   + Gestreift _____?

   * Ja, ich trage gern ein _____ gestreift _____ Krawatte.

h) * Gibt es in China nur japanisch _____ Autos?

   + Nein, wir haben auch amerikanisch _____ und deutsch _____ Autos.

i) * Können Chinesen nur chinesisch _____ und japanisch _____ Fernseher kaufen?

   + Nein, wir können auch koreanisch _____ kaufen.

j) * Rauchen Chinesen gerne amerikanisch _____ Zigaretten?

   + Ja, aber wir rauchen auch gern englisch _____.

k) * Können Sie in China deutsch _____ Schuhe kaufen?

   + Ja, aber deutsch _____ Schuhe sind sehr teuer. Wir kaufen gerne italienisch _____.

l) Helfen Sie bitte klein _____ Kindern und krank _____ Leuten!

C   Fragepronomen für Adjektive:

Welch ... / Was für (ein ...)

	maskulin	neutrum	feminin	Plural
Nominativ	was für ein welch**er** (der)	was für ein welch**es** (das)	was für ein**e** welche (die)	was für welche (die)
Akkusativ	was für ein**en** welch**en** (den)	was für ein welch**es** (das)	was für ein**e** welche (die)	was für welche (die)
Dativ	was für ein**em** welch**em** (dem)	was für ein**em** welch**em** (dem)	was für ein**er** welch**er** (der)	was für welch**en** (den)

Beispiele: * **Welcher** Rock gefällt dir, **der** blaue oder **der** weiße?

+ Mir gefällt **der** blaue.

* Hier sind zwei Jacken: **die** hier ist schwarz, **die** da ist dunkelblau.

Welche möchten Sie?

+ Ich möchte gern **die** dunkelblaue.

* **Welchen** Leuten möchten Sie helfen?

+ **Den** armen Leuten.

* Möchtest du **einen** Mann heiraten?

+ Ja.

* **Was für einen** Mann willst du haben?

+ **Einen** reichen Mann.

* Haben Sie Zeitschriften?

+ Ja.

* **Was für** Zeitschriften haben Sie hier?

+ Wir haben hier deutsche Zeitschriften und englische Zeitschriften.

Übungen

1. Ergänzen Sie bitte, wenn notwendig!

a)   * Was für ein _en_ Schal möchten Sie?

   + Ich möchte ein_en_ schön _en_ Schal.

b)   * Was für ein_e_ Jacke ist denn das?

   + Das ist ein_e_ modern_e_ Jacke.

c)   * Was für ein _en_ Pulli soll ich tragen?

+ Trag doch ein _en_ lila / Pulli.

二格 d) * Welch _em_ Mädchen hast du geholfen?

+ _Dem_ krank _en_ Schwester von Peter.

可数 e) * Was für Schuhe möchten Sie?

+ Ich möchte billig _e_ Schuhe.

可数 f) * Hast du meine Tasche gesehen?

+ Was für ein ___ Tasche hast du denn?

* Ein ___ schwarz ___ Tasche.

+ Nein, leider nicht.

g) * Welch ___ Handschuhe nehmen Sie?

+ Ich nehme d ___ schwarz ___ Handschuhe.

h) * Welch ___ Krawatte gefällt Ihnen?

+ D ___ bunt ___ Krawatte gefällt mir.

i) * Was für ein ___ Wohnung suchen Sie denn?

+ Ich suche ein ___ klein ___ , aber gemütlich ___ Wohnung.

j) * Hier sind zwei Pullover. D ___ hier ist blau, d ___ da ist grau. Welch ___ nehmen Sie denn?

+ Geben Sie mir bitte d ___ blau ___ .

k) * D ___ weiß ___ Rock ist schön, aber d ___ braun ___ auch. Welch ___ soll ich nehmen?

+ Welch ___ gefällt dir?

* D ___ weiß ___ .

+ Dann nimm doch d ___ weiß ___ !

2. Antworten Sie bitte!

Beispiele: * Was für _ein Kleid_ soll ich _anziehen_?

+ (Ein) _helles_. _Das passt zu_ deinen schwarzen Haaren.

* Was für _eine Jacke_ soll ich anziehen?

+ _Eine dunkle._ _Die passt zu_ deiner Hose.

a) Was für einen Rock soll ich anziehen?

b) Was für ein Hemd soll ich anziehen?

c) Was für eine Bluse soll ich anziehen?

d) Was für einen Anzug soll ich anziehen?

e) Was für einen Pullover soll ich anziehen?

f) Was für Schuhe soll ich anziehen?

g) Was für einen Mantel soll ich anziehen?

3. „Welch..." oder „Was _für_ (_ein..._) "? Fragen Sie bitte!

a) Ich habe gestern _einen blauen Koffer_ verloren.   Welchen Koffer

b) Die alte Jacke trage ich nicht gern.

c) Ich möchte immer gute Freunde haben.

d) Er hat einem armen Mädchen geholfen.

e) Herr Schmidt möchte immer neue Sachen kaufen.

f) Wir haben eine schöne Reise gemacht.

g) Ich habe nur die letzte Übung nicht gemacht.

h) Geben Sie mir bitte die bunte Krawatte.

i) Mir gefällt der gelbe Pulli nicht.

j) Gute Hemden sind sehr teuer.

k) Susanne liest gerade ein interessantes Buch.

l) Das gestreifte Kleid gefällt mir gut.

Hören

Text B   Eine höfliche Verkäuferin?

1. Hören Sie den Text einmal und kreuzen Sie bitte die richtige Antwort an!

Um welches Problem geht es im Text?

☒ Die Frau möchte ein schwarzes Kleid umtauschen.

☐ Die Frau hat ein schwarzes Kleid zu heiß gewaschen.

☐ Die Frau ist zu dick.

2. Hören Sie bitte den Text noch einmal und beantworten Sie die Fragen!

a) Welche drei Fragen stellt die Verkäuferin? Kreuzen Sie bitte die Fragen an!

☒ Haben Sie noch die Rechnung?

☐ Gefällt Ihnen das Kleid nicht mehr? *大风长里*

☐ Warum haben Sie das Kleid gekauft?

☒ Haben Sie das Kleid bei uns gekauft?

☒ Haben Sie das Kleid richtig gewaschen? Nicht zu heiß?

☐ Sind Sie dick geworden?

b) Warum kann der Wunsch von der Frau nicht in Erfüllung gehen?

实现 f

3. Beantworten Sie bitte jetzt die Frage: Ist die Verkäuferin höflich? Begründen Sie Ihre Meinung!

Nein.   Sie sagt „Vielleicht sind Sie zu dick"

Das ist überhaupt nicht höflich!

Lesen

Text C   Ein Reklamationsbrief

1. Lesen Sie bitte den Brief und beantworten Sie die Fragen!

a) An wen schreibt Frau Pöppelmann?

Mary Pöppelmann
Hinter-der-Salpeterhütte 5
60576 Darmstadt

„Moden GmbH"
Bachstraße 13a
60432 *Darmstadt*

Darmstadt, 20.08.2011

Sehr geehrte Damen und Herren,

vor einigen Tagen, am Montag, 15.08.2011, habe ich in Ihrer Filiale in der Müllerstraße ein Kleid gekauft. Nach dem ersten Waschen ist das Kleid <u>eingelaufen.</u> Es passt mir jetzt nicht mehr. Gestern wollte ich das Kleid in der Filiale umtauschen, aber eine sehr unhöfliche Verkäuferin hat es abgelehnt.

Leider habe ich die Rechnung für das Kleid nicht mehr. Ich habe eine Bitte: Können Sie das Kleid umtauschen oder mir das Geld für das Kleid zurückgeben?

Mit freundlichen Grüßen

Mary Pöppelmann

b) Was möchte Frau Pöppelmann?

Sie möchte das Kleid umtauschen oder ihr das Geld

2. Was meinen Sie: Wie antwortet der Chef der Firma? Schreiben

ablehnen: – keine Rechnung

– nicht in seinem Geschäft gekauft

– Kleid zu heiß gewaschen

– zu dick geworden

–

zustimmen: – entschuldigen

– Fehler gemacht

– Kleid umtauschen oder Geld zurückbekommen können

–

Grammatik

D Bei „alle, einige, viele, manche…"

Beispiel: Ich habe *alle* warm**en** Kleidungsstücke mitgebracht, aber nur *einige* leich**te** Kleidungsstücke.

— **bei *alle* (wie bei dem bestimmten Artikel: die)** pl. 全部

Nominativ	alle (= die)	neu**en**	Kleider
Akkusativ	alle (= die)	neu**en**	Kleider
Dativ	all**en** (= den)	neu**en**	Kleidern

Andere Wörter wie „*alle*" sind z. B. *solche, beide, manche.*

— **bei *einige* (wie bei Nullartikel)** – 些

Nominativ	einige	neu**e**	Kleider
Akkusativ	einige	neu**e**	Kleider
Dativ	einig**en**	neu**en**	Kleidern

Andere Wörter wie „*einige*" sind z. B. *viele, wenige.*

液体不可数名词

Achtung: *viel* <u>Wasser</u>, *wenig* <u>Kaffee</u>, *viel* <u>Geld</u>, *wenig* <u>Zeit</u> usw.

Beispiel:

Er trinkt *viel* schwarzen Kaffee. Zu *viel* schwarzer Kaffee ist nicht gesund.

bitte, wenn notwendig!

Sie noch frisch _____ Äpfel ?

n, ich habe alle frisch _____ Äpfel verkauft.

Trinken Sie bitte viel _____ warm _____ Wasser!

+ Ich trinke aber kalt _____ Bier.

c) * Ich habe gestern einige neu _____ Bücher gekauft.

+ Dann leihen Sie mir bitte zwei interessant _____ Bücher.

d) * Mutti, ich habe einige schwer _____ Fragen.

+ Nein, solche dumm _____ Fragen will ich überhaupt nicht beantworten!

e) Manche deutsch _____ Freunde trinken auch gern viel _____ grün _____ Tee.

f) Viele neu _____ Studenten studieren sehr fleißig. Sie haben nur wenig _____ frei _____ Zeit.

2. Ergänzen Sie bitte Endungen, wenn notwendig!

a) Viel _____ chinesisch _____ alt _____ Frauen tragen gern dunkl _____ Kleidung. Aber viel _____ deutsch _____ alt _____ Frauen gefällt bunt _____ Kleidung.

b) Jung _____ Frauen gefallen modisch _____ Sachen.

c) Alt _____ Leute haben in ihrem Schrank viele altmodisch _____ Kleider.

d) Alle Schüler in der Grundschule müssen einheitlich _____ Schuljacken tragen.

e) Katja möchte ein leicht _____ Sommerkleid kaufen. Aber alle schön _____ Sommerkleider sind ausverkauft.

f) Die grün _____ Krawatte passt nicht zu dem rot _____ Sakko, dem gelb _____ Hemd und der blau _____ Hose.

g) Das Kaufhaus Nr. 1 ist ein (hoch) _____ weiß _____ Gebäude. Einige ausländisch _____ Gäste kaufen dort viele _____ (teuer) Sachen.

h) Frau Breuer hat ein lila _____ Kleid und eine rosa _____ Bluse gekauft. Beide neu _____ Sachen gefallen ihrem Mann nicht.

i) Wem gehört der schwarz _____ Wintermantel?

j) * Morgen besuche ich meinen alt _____ Professor. Was soll ich anziehen?

+ Zieh doch deinen dunkelblau _____ Mantel, deinen grau _____ Anzug und deine schwarz _____ Schuhe an und trag deine dunkelrot _____ Krawatte!

* Das ist eine prima _____ Idee!

k) Meine Tante hat mir einen orange _____ Pullover geschenkt, aber er ist mir zu eng.

l) Billig _____ Sachen haben keine gut _____ Qualität. Gut _____ Sachen sind leider nicht billig _____.

Hören

| Text D   Was für ein Kleid? |

1. Hören Sie den Text einmal und beantworten Sie bitte die Frage!

Wem möchte der Kunde ein Kleid kaufen?

für die Frau

2. Hören Sie den Text noch einmal und beantworten Sie bitte die Fragen!

a) Was für Kleider empfiehlt die Verkäuferin nicht? Warum?

das gestreifte Kleid , die kurze Kleid   passen nicht

b) Was für ein Kleid kauft der Mann?

ein helles Kleid

3. Sie sind der Kunde aus Text D! Ihrer Frau / Freundin / Mutter gefällt das Kleid nicht. Sie wollen das Kleid umtauschen und ein anderes Kleid nehmen. Spielen Sie bitte mit Ihrem Nachbarn die Szene!

Sprechen

1. **Lesen Sie bitte den Dialog!**

   Im Geschäft

   * Kann ich Ihnen helfen?

   + Ja, ich suche *ein modernes* Kleid.

   * Wie ist *dieses* Kleid?

   + Hm, *rot* gefällt mir nicht.

   * Was für eine Farbe möchten Sie?

   + Ich möchte gern *ein schwarzes* Kleid.

   * *Die schwarzen Kleider* sind leider ausverkauft. Möchten Sie *ein blaues Kleid*? *Es* ist auch schön.

   + Na gut, ich nehme *das blaue*. 佳整

   Machen Sie bitte einen ähnlichen Dialog! Nutzen Sie bitte die Redemittel!

   m.   设问

Was wünschen Sie bitte?

Ich möchte ... kaufen   Ich suche ...

... Farbe ...?

Gefällt Ihnen ...?   Passt Ihnen ...?

Ich nehme ...

---

2. **Ergänzen Sie bitte die Minidialoge!**

   Einkaufen   pl.

   * ...   + Ich ... ein Paar Lederschuhe für meine Frau.

   * ... diese Schuhe?   + Sehr schön. Und wie viel kosten sie?

   * ...   + Gut. Ich ... sie.

   Anprobieren ein Paar Lederschuhe   Sie passen mir

   * Ich habe ... für dich gekauft. Sieh mal!   + Ehrlich?! Das ist aber sehr nett von dir! Oh, ... nicht.

   * ... aber schön. Probier doch mal an!   + Aber nein, ... mir zu eng!

   Sie stehen dir

Umtauschen

* ...?
* Passen ... nicht?
* Welche Farbe ... ?
* Tut mir Leid. Wir haben ...
* Das tut mir Leid, dann kann ich Ihnen nicht weiter helfen.

+ Ich möchte ... umtauschen.
+ Doch, ... passen mir, aber ... gefallen mir nicht.
+ Mir gefallen ...
+ Aber ... mir nicht.

Zurückgeben

* Guten Tag! ...?
* Oh, ... haben wir nicht mehr.
* Es tut mir leid. Ich weiß es nicht. Können Sie nächste Woche noch mal kommen? Oder Sie geben ihn / es / sie jetzt zurück.

+ ... hat einen Fleck. ... ihn / es / sie ...
+ Wann bekommen Sie sie / ihn / es wieder?
+ So lange kann ich leider nicht warten. Dann gebe ich ihn / es / sie ... zurück.

3. Situative Fragen

a) Sie sind im Bekleidungsgeschäft und möchten Kleidungsstücke (ein Kleid/ein Hemd/einen Anzug/ eine Bluse, einen Pullover usw.) kaufen. Leider können Sie ... nicht finden.

b) Sie haben vor einer Woche eine Hose gekauft. Nach dem ersten Waschen ist sie eingelaufen/zu klein geworden. Sie sind jetzt im Geschäft und möchten sie umtauschen.

c) Sie möchten eine Krawatte für Ihren Vater kaufen. Eine Krawatte finden Sie besonders schön. Aber die ist leider auch sehr teuer. Sie fragen den Verkäufer, warum die Krawatte so teuer ist.

Schreiben

1. Beschreiben Sie eine Person in Ihrer Klasse. Was trägt sie heute?

— Kleidungsstücke

— Farben

— Muster

2. Sie sind nicht verheiratet:

— Was möchten Sie zu Ihrer Hochzeit tragen? Was soll Ihre Frau / Ihr Mann tragen?

   Oder Sie sind verheiratet:

— Was haben Sie und Ihre Frau / Ihr Mann zu Ihrer Hochzeit getragen?

Phonetische Übung   I

Hören und sprechen Sie bitte nach!

● [ʃ]

Unterwäsche – Handschuh – Schal – schwarz – schwer – umtauschen – Schulbildung – Zwischenprüfung – Anschrift – Wirtschaftswissenschaft – Schwester – Brieftasche – duschen – Schal – Unterschied – Geschäft – Fisch – ungarisch – Scheibe – scheinen – klassisch – Wunsch – schenken – Tisch – Chance – Chef

● [ç]

leicht – welcher – Frechheit – manche – Architektur – Technik – nächst – Kännchen – Mädchen – Hähnchen – Essstäbchen – Becher – Gericht – sich – Rechnung – sprechen – recht – möglich – Chinese – China – ähnlich – herzlich – eigentlich – höflich – köstlich – ungeduldig – neugierig – großartig – tätig – Süßigkeit

● [x]

sauber machen – Studienfach – Kuchen – kochen – Sache – Buch – Sprache – achten – Nachspeise – nachfragen – Seidentuch – auch – acht – suchen

Phonetische Übung   II

Hören und sprechen Sie bitte nach!

a) Wie gefällt dir der schwarze Rock?

   Wie gefällt dir das weiße Kleid?

   Wie gefallen dir die braunen Schuhe?

b) Probiere die dunkelbraune Jeans an!

   Probiere die grüne Jacke an!

   Probiere die gelbe Hose an!

c) Findest du das hellblaue Kleid nicht zu lang?

   Findest du das lila Hemd nicht zu dunkel?

   Findest du die orange Hose nicht zu hell?

d) Ich habe vor zwei Wochen diesen violetten Pulli gekauft.

   Er hat vor zwei Wochen dieses hellgrüne Sakko gekauft.

   Sie hat vor zwei Wochen diese braune Bluse gekauft.

e) Ich möchte den Pullover umtauschen.

   Ich möchte die Krawatte umtauschen.

   Ich möchte das Polo-Shirt umtauschen.

f) Das Kleid passt nicht mehr.

   Die Hose passt nicht mehr.

Der Rock passt nicht mehr.

Die Bluse passt nicht mehr.

g) Kann ich Ihnen helfen?

Sie wünschen?

Was kann ich für Sie tun?

Was wünschen Sie?

h) Welches Kleid können Sie mir empfehlen?

Welches Radio können Sie mir empfehlen?

Welche Kamera können Sie mir empfehlen?

Welches Buch können Sie mir empfehlen?

Phonetische Übung Ⅲ

Hören und sprechen Sie bitte nach!

a) * Max, wie gefällt dir der Rock?

  + Nicht schlecht. Er steht dir gut.

b) * Mary, probiere die Schuhe an!

  + Gut, gib mir bitte die Schuhe her, Max.

c) * Findest du die Schuhe nicht zu modern?

  + Überhaupt nicht. Sie gefallen mir sogar sehr.

d) * Sie wünschen?

  + Ja, ich habe vor zwei Wochen diese Schuhe gekauft. Der rechte Schuh hat aber einen Fleck. Ich möchte sie umtauschen.

e) * Kann ich Ihnen helfen?

  + Ich möchte einen Anzug. Welchen könnten Sie mir empfehlen?

  * Den dunkelbraunen da.

Schwarzer Humor

Witz 1

Ein Neger kommt zum Kommissar und meint:

,,Wie kommt es, dass meine Frau ein weißes Baby gekriegt hat, wo du doch der einzige Weiße hier im Dorf bist? "

,,Schau hier, die Wiese mit den Schafen. Alle sind weiß, nur das eine dahinten ist schwarz ... "

,,Schon gut, wenn du nichts weitersagst, dann tue ich es auch nicht!"

Witz 2

„Werden Sie um Hilfe bitten, wenn ich Ihnen den Reißverschluss aufziehe?"

„Wozu? Der geht doch ganz leicht auf!"

Witz 3

„Tragen Gespenster Unterwäsche?"
„Ja, durchsichtige."

Lektion **11**
Vergleich

比较

Einführung

Der Vergleich

Das Kind ist <u>groß</u>.

Die Frau ist <u>größer</u>.

Der Mann ist <u>am größten</u>.

Die Haare sind <u>kurz</u>.

Die Haare sind <u>kürzer</u>.

Die Haare sind <u>am kürzesten</u>.

Die Uhr ist <u>teuer</u>.

Die Uhr ist <u>teurer</u>.

Die Uhr ist <u>am teuersten</u>.

Der Wagen ist <u>schnell</u>.

Der Sportwagen ist <u>schneller</u>.

Der Rennwagen ist <u>am schnellsten</u>.

Wortschatz

Personenbeschreibung

A die Figur 身材

dünn/schmal   schlank   zierlich   vollschlank   dick   kräftig

瘦   苗条的   (schlank und klein)   丰满的   肥胖的   健壮的

娇小的

B die Größe 身高

sehr groß   groß   mittelgroß   klein

Beschreiben Sie bitte die Personen!

mollig
Herr Götz dick   Frau Biermer Vollschlank   Fräulein Schön Schlank

Professor Geist Sehr groß   Doktor Gu dünn/schmal   Sekretärin Grosser zierlich

C das Gesicht, -er

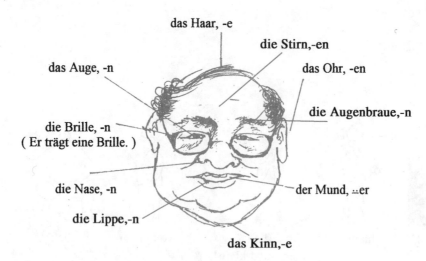

das Haar, -e

die Stirn, -en

das Auge, -n

das Ohr, -en

die Augenbraue, -n

die Brille, -n
(Er trägt eine Brille.)

die Nase, -n

der Mund, ∺er

die Lippe, -n

das Kinn, -e

1. **Welche Haar- und Augenfarbe haben Chinesen?** schwarz

2. **Welche Haar- und Augenfarben kennen Sie noch?** blond,

D die Frisur, -en 发型

lange, glatte Haare
直发

kurze, lockige Haare
卷发

mittellange, gewellte Haare
卷发 (像瓦楞一样)

Übungen

1. **Beschreiben Sie bitte die Bilder (Figur, Gesicht, Frisur)!**
描写

2. **Beschreiben Sie bitte eine Person in Ihrer Klasse! (Figur, Gesicht, Frisur, Kleidung)**

服装总称

3. Ergänzen Sie bitte den Dialog!

* Kennst du *Hans Bauer?*	Peter Groß, Anna Schmitt, Sabine Schnell . . .
+ Ja, ist das *der große*, *dicke Mann?* *Er* hat *blonde Haare*.	groß, klein, schlank, zierlich . . . schwarz, braun, rot, blond, grau, weiß, lang, kurz, mittellang, glatt, gewellt, lockig . . .
* Genau. *Sein Bruder* ist jetzt in Shanghai.	Schwester, Eltern, Vater, Mutter, Freund, Freundin . . .
+ Wie sieht *sein Bruder* aus?	. . .
* *Er* ist nicht so *groß* und *dick* wie *Hans*, aber *er* hat auch *blonde Haare*.	. . .
+ Ach, ich habe *ihn* heute auch gesehen.	

Grammatik

Komparation der Adjektive

A   Der Positiv

Beispiele:

a) Herr Fisch ist 20 Jahre alt. Ich bin auch 20 Jahre alt.

→ Er ist *so* alt *wie* ich.

b) Frau Schön hat eine schöne Figur. Frau Hübsch hat auch eine schöne Figur.

→ Frau Schön hat eine *genauso* schöne Figur *wie* Frau Hübsch.

c) Herr Huang spricht gut Deutsch. Ich spreche nicht gut Deutsch.

→ Ich spreche *nicht so* gut Deutsch *wie* er.

	Dieter	arbeitet	*so*	fleißig	*wie*	ich.
oder:	Dieter	arbeitet	*genauso*	fleißig	*wie*	ich.
			(*ebenso*)			
aber:	Hans	arbeitet	*nicht so*	fleißig	*wie*	Dieter.

Übungen

1. Ergänzen Sie bitte!

a) Isabel ist 1,60 m groß. Andrea ist auch 1,60 m groß. Isabel ist ___so___ ___groß___ ___wie___ Andrea.

b) Herr Baumann ist ein höflicher Mann. Herr Schäfer ist auch ein höflicher Mann. Herr Baumann ist ein ___genauso___ ___höflicher___ Mann ___wie___ Herr Schäfer.

c) Der Großvater hat nicht ___so___ viele Haare ___wie___ San Mao.

d) Max fährt schnell. Hans fährt langsam. Hans fährt nicht _____ _____ _____ Max.

   Max fährt nicht _____ _____ _____ Hans.

e) Ich stehe um 5.30 Uhr auf. Nora steht um 6.00 Uhr auf. Nora steht _____ _____ ___

   ___ auf _____ ich.

f) Sun Wukong isst nicht _____ viel _____ Zhu Bajie, aber Zhu Bajie ist nicht _____

   fleißig _____ Sun Wukong.

g) Männer sind gute Fahrer. Frauen sind auch gute Fahrer. Frauen sind _____ _____

   Fahrer _____ Männer.

h) Können Sie nicht _____ früh kommen _____ ich?

i) Herr Dong ist _____ stark _____ ein Löwe.

2. Bilden Sie bitte Sätze!

a) Tilmann fährt 160 km/h. Thomas fährt 180 km/h.

   Tilmann _fährt genauso schnell wie Thomas_____ .

b) Meine Schwester hat viel Obst gegessen. Mein Bruder hat auch viel Obst gegessen.

   Meine Schwester _hat so viel Obst gegessen wie mein Bruder._

c) Das Buch ist interessant. Die Zeitung ist auch interessant.

   Das Buch _ist genauso interessant wie die Zeitung_____ .

d) Meine Kamera kostet 500 Euro. Ihre Kamera kostet 650 Euro.

   Meine Kamera _kostet nicht so teuer wie ihre Kamera_ .

e) Mein Mantel ist nicht schön. Aber meine Hose ist schön.

   Mein Mantel _____ .

f) Ich lerne jeden Tag 20 Wörter. Max lernt jeden Tag nur 5 Wörter.

   Max _____ .

g) Herr Teller ist freundlich. Herr Schmidt ist auch freundlich.

   Herr Teller _____ .

h) Deutsch ist schwer. Aber Englisch ist nicht schwer.

   Englisch _____ .

i) Die Schweiz ist 41 288 km² groß. Österreich ist 83 849 km² groß.

   Die Schweiz _____ .

j) In der Schweiz leben 6,33 Millionen Menschen. In Österreich leben 7,5 Millionen Menschen.

   In der Schweiz _____ .

k) Deutschland ist 357 000 km² groß. Österreich ist 83 849 km² groß.

   Österreich _____ .

B Regelmäßige Komparation der Adjektive
   als Prädikativ oder Adverbialbestimmung

规则

Beispiele:

a) Der Hase ist *klein*.

   Der Hase ist *kleiner als* das Schwein.

   Das Schwein ist *kleiner als* das Pferd.

   Der Hase ist *am kleinsten*.

   (*als Prädikativ*)

   作表语

b) Das Schwein läuft *schnell*.

   Der Hase läuft *schneller als* das Schwein.   Laufen

   Das Pferd läuft *am schnellsten*.

   (*als Adverbialbestimmung*)

   状语

Positiv	Komparativ	Superlativ
1. billig	billig-**er**	**am** billig-**sten**
schnell	schnell-**er**	**am** schnell-**sten**
fleißig	fleißig-**er**	**am** fleißig-**sten**
voll	voll-**er**	**am** voll-**sten**
2. lang	läng-**er**	**am** läng-**sten**
jung	jüng-**er**	**am** jüng-**sten**

续　表

Positiv	Komparativ	Superlativ
3. alt	**ält-er**	**am** ält-e-sten 发音方便
heiß	heiß-er	**am** heiß-e-sten
kurz	kürz-er	**am** kürz-e-sten
hübsch 漂亮的	hübsch-er	**am** hübsch-e-sten
4. dunk**el**	dunkl-er	**am** dunkel-sten
teuer	teur-er	**am** teuer-sten

Aber: groß → größer → **am** größten

Übungen

1. Ergänzen Sie bitte die passenden Adjektive!

a) * Ist der Opel _schneller_ als der VW? (schnell)

　　+ Ja, aber ___am___ _schnellsten_ ist natürlich der Mercedes Benz.

b) * Ist das Restaurant hier _billiger_ als das bei der Post? (billig)

　　+ Ja, aber die Pizzeria ist ___am___ _billigsten_ .

c) * Ist Ihr Koffer _schwerer_ als mein Koffer? (schwer)

　　+ Ja, aber der Koffer von Max ist ___am___ _schwersten_

d) * Ist der rote Pullover _____ als der blaue? (schön)

　　+ Ja, aber _____ _____ ist der grüne da.

e) * Läuft Peter _____ als Max? (schnell)

　　+ Ja, aber Thomas läuft _____ _____ in unserer Klasse.

f) * Ist deine Schwester _____ als dein Bruder? (groß)

　　+ Ja, aber ich bin _____ _____ .

g) * War die Reise nach Berlin _____? (interessant)

　　+ Ja. Aber die Reise nach München war _____ _____ .

h) * Ist dein Zimmer _____ als mein Zimmer? (warm)

　　+ Ja, aber das Zimmer von Peter ist _____ _____ .

i) * Ist das weiße Hemd _____ als das blaue? (billig)

　　+ Ja, aber das rote ist noch _____ . _____ _____ ist das graue da, aber die Qualität ist gar nicht gut.

j) * Mensch, es ist _____ hier! (kalt)

　　+ Ja, es wird immer _____ . _____ _____ ist es im Januar.

k) Christine ist am 18. Februar 1978 geboren. Monika ist am 18. Februar 1979 geboren. Erika ist am 24. Mai 1959 geboren. Das heißt, Monika ist ein Jahr _____ als Christine. Erika ist viel _____

_____ als Christine und Monika.

Sie ist _____ _____ . Und Monika ist _____ _____ .

2. Bilden Sie bitte Sätze!

Beispiel:　fleißig lernen; ich, Maria, Martin

→ Ich lerne *fleißig*. Maria lernt noch *fleißiger*.

Am fleißigsten lernt aber Martin.

a) teuer:　　　　　　　　das Hemd, die Hose, der Anzug

b) jung:　　　　　　　　ich, mein Bruder, meine Schwester

c) billig:　　　　　　　　der Wein, der Kaffee, das Wasser

d) schnell fahren:　　　　der Santana, der Audi, der Mercedes Benz

e) eng:　　　　　　　　der Pullover, der Rock, die Hose

f) lang:　　　　　　　　der Mantel, der Rock, das Kleid

g) schlecht kochen:　　　die Großmutter, die Mutter, die Tochter

h) weit:　　　　　　　　der Weg zum Supermarkt, der Weg zur Universität, der Weg zum Bahnhof

i) interessant:　　　　　die Zeitung, die Zeitschrift, das Buch

j) laut sprechen:　　　　Max, Hans, unser Lehrer

3. Vergleichen Sie bitte!

a)

der Großvater

der Vater

der Sohn

b)

der VW

der Opel

der Mercedes Benz

c)

Shanghai

Beijing

Hangzhou

als Attribut

Beispiele:

a) Tianjin ist eine große Stadt.

Beijing ist eine größere Stadt als Tianjin.

词尾

Shanghai ist **die** größte Stadt.

b) China hat eine große Fläche.

Kanada hat eine größere Fläche als China.

Russland hat **die** größte Fläche.

Übungen

1. Bilden Sie bitte Sätze!

Beispiel: fleißig / Student: Heinz, Karl, Ralf

→ *Heinz* ist ein *fleißiger* Student. *Karl* ist ein *fleißigerer* Student als *Heinz*. *Ralf* ist *der fleißigste* Student.

a) schnell / Auto:ⁿ   ein schnelles A   ein schnelleres   der schnellstes
   der Opel, der Audi, der Mercedes

b) teuer / Uhr:f   eine teuere U   eine teurere   die teuerste
   Citizen, Omiga, Rolex

c) kurz / Pause:f   die Mittagspause, die Frühstückspause, die Zigarettenpause

d) interessant / Buch: „Die Drei Reiche" (San Guo),
          n.
   „Die Reise nach Westen" (Xi You Ji),

   „Traum der Roten Kammer" (Hong Lou Meng)

e) schwer / Tier: n.   das Schaf, der Panda, der Elefant

f) schön / Stadt:f   Shanghai, Beijing, Suzhou und Hangzhou

g) klein / Land:n   Holland, Belgien, Luxemburg

h) lang / Fluss: m   河流   der Li-Fluss, der Gelbe Fluss, der Yangtsekiang

i) alt / Universität: f   die Universität Zhejiang, die Fudan-Universität, die
   Universität Beijing

j) freundlich / Student(in)   Herr ... , Frau ... , Herr ...

2. Ergänzen Sie bitte die passenden Endungen!

a) Das Fahrrad ist ein _____ (schnell) Fahrzeug. Der Bus ist ein noch _____ (schnell) Fahrzeug, aber der Zug ist das _____ (schnell) Fahrzeug.

b) „Duschen" (Xizao) ist ein _____ (interessant) Film, „007" ist ein noch _____ (interessant) Film, aber „Moderne Zeiten" ist der _____ (interessant) Film.

c) Frau Klein hat einen _____ (teuer) Hut. Ihre Schwester hat einen _____ (teuer) Hut als sie. Aber ihre Mutter hat den _____ (teuer) Hut.

d) * Ist das Ihr _____ (alt) Bruder?

   + Nein, das ist mein _____ (jung) Bruder. Und Hans ist mein _____ (jung) Bruder.

e)   * Haben Sie noch _____ (billig) Wein?

 + Nein, das ist unser _____ (billig) Wein.

f)   * Ist das Haus sehr alt? + Ja, es ist das _____ Haus in Shanghai.

g) Das Hemd ist mir zu teuer. Haben Sie kein _____ ?

h)   * Ich verstehe das nicht.

 + Was denn?

 * Herr Klug ist der _____ (fleißig) Student in der Klasse, aber er bekommt immer die ____
_____ (schlecht) Noten.

 + Vielleicht hat er die _____ (schlecht) Lernmethode.

i) Wir haben in diesem Jahr einen _____ (heiß) Sommer. Im letzten Jahr hatten wir einen noch
_____ Sommer. Den _____ Sommer hatten wir aber im Jahre 1998.

j) Ich habe ein _____ (dunkel) Zimmer, Martin hat ein noch _____ (dunkel) Zimmer,
aber Peter hat das _____ (dunkel) Zimmer.

Königin: „*Spieglein, Spieglein an der Wand, wer ist die schönste Frau im ganzen Land?*"

Spieglein: „*Frau Königin, Sie sind die schönste Frau, aber Schneewittchen, hinter den 7 Bergen, bei den
7 Zwergen ist tausendmal schöner als Sie.* "

Hören

Text A   Wer ist wer?

1. Hören Sie den Text einmal und ergänzen Sie bitte die Namen!

erraten   v. 猜

umgekehrt   相反地   umkehren   v. 调头；回头；悔过

überlegen   v. 考虑，思考

    überleg mal! 再想一下

glaub mir   相信我

Name	Beschreibung	
	Personen（Alter，Figur）	andere Informationen
Peter	Kleiner als Wang	Haar länger ungefähr 10 Jahre älter hat mehr Geld ; spricht viel schlechter chinesisch
Karin	etwas Schlanker jünger als Susanne schöner	aber Susanne ist klüger und interessanter
Wangs Vater	große → größer kräftig → kräftiger als Wang reich → reicher klug → klüger	nicht größer

2. Hören Sie den Text noch einmal und ergänzen Sie bitte die Beschreibungen zu den Namen!

3. Vergleichen Sie bitte die Personen aus dem Text mit Wang Dali oder Susanne!

Sprechen

1. Im Spiegelkabinett   *aussehen*

Wie sieht Herr Eitel im Spiegel aus? Beschreiben Sie bitte!

Beispiel:

Herr Eitel ist *im Spiegel* **a)** *größer* als in Wirklichkeit.

    a)   b)   c)   d)

größer   ?   kleiner   gleich

2. Rätsel „Wer ist wer?"

Beschreiben Sie eine Person aus Ihrer Klasse. Vergleichen Sie sie bitte mit anderen Personen in der Klasse!

Die Person ist größer / jünger / ... als Herr ... / Frau ...

Grammatik

C   Unregelmäßige Komparation der Adjektive und einiger Adverbien

365 m
Berliner Fernsehturm

468 m
Shanghaier Fernsehturm

553,34 m
Fernsehturm in Toronto

Beispiele: Der Berliner Fernsehturm ist **hoch**.

Der Shanghaier Fernsehturm ist **höher** als der Berliner Fernsehturm.

Der **höchste** Fernsehturm ist aber in Toronto.

Positiv	Komparativ	Superlativ
gut	besser	am besten / der, die, das beste
hoch	höher	am höchsten / der, die, das höchste
nah(e) 附近的	näher	am nächsten / der, die, das nächste
viel	mehr	am meisten / der, die, das meiste
gern	lieber	am liebsten / der, die, das liebste
oft / häufig	öfter / häufiger	am häufigsten / der, die, das häufigste

读音

经常的；频繁的

Achtung!

不可数

1. Hans hat *viel* Geld, aber Maria hat *mehr* Geld.

   Susanne hat *wenig* Geld, aber ich habe noch *weniger* Geld.

可数

2. Hans hat *viele* Bücher gelesen, aber Maria hat *mehr* Bücher gelesen.

   Susanne hat *wenige* Bücher gelesen, aber ich habe noch *weniger* Bücher gelesen.

Übungen

1. Bilden Sie bitte Sätze!

Beispiele: viel / Erfolg haben: ich / Zhou Xun / Zhang Manyu

Ich habe *viel* Erfolg. m.

Zhou Xun hat *mehr* Erfolg.

Zhang Manyu hat *den meisten* Erfolg.

a) gut kochen: ich, Kang Shifu, Lao Cai

b) viel verdienen: ein Sänger, ein Filmstar, ein Fußballspieler

挣得；赚得   verdient

c) viel Freizeit haben: Kinder, Schüler, Studenten

d) Mei Lanfang / gut: spielen, singen, tanzen

e) hoch / Berg: der Lushan (1 500 m), der Taishan (1 524 m),

                                 der Dabieshan (1 860 m)

f) ich / gern trinken: Milch, Tee, Kaffee

g) in Shanghai / oft regnen: im November, im April, im Juni

h) Wen kennen Sie gut / besser / am besten?

i) Was machen Sie gern / lieber / am liebsten?

j) Was können Sie gut / besser / am besten tun?

2. Ergänzen Sie bitte!

a) Franz ist ein gut*er* Schüler. Karl ist ein *besserer* Schüler als Franz.

   Max ist der *bestener* Schüler.

b) Peter verdient *viel* Geld. Seine Frau verdient *mehr* Geld als er.

   am meisten aber verdient sein Sohn!

c) Ich möchte zum Postamt gehen. Können Sie mir (das) *nächstene* (nah) Postamt zeigen?
   n.

d) Wie heißt (das) *höchstene* (hoch) Gebirge in China?
   山脉

e) Deutsche trinken *viel* Wein, aber *trinken* *mehr* Bier.

f) Leider kann ich Ihnen auch nicht helfen. *Am besten* (gut) fragen Sie mal Herrn

   Schmidt.

g) Das Bild hängt zu niedrig. Hängen Sie es bitte etwas *höher* (hoch)!

h) Das Buch hat früher nur 2 Euro gekostet. Aber jetzt kostet es viel *teuer* . ?

i) Peter arbeitet nicht so gern. Er liegt *lieber* im Bett und schläft.

   Am liebsten ist er aber bei seiner hübschen Freundin.

j) * Wie komme ich zur Jiaotong-Universität?

   + Zur Jiaotong-Universität? (gut) *Am besten* nimmst du ein Taxi.

k) * Der Mantel ist mir zu klein. Haben Sie keinen *größer* ?

   + Nein, das ist der *größßten*

l) Ich esse oft im Restaurant, *öfter* esse ich in der Mensa. Aber *am häufigsten* esse ich

   zu Haus.

m) Herr Liu ist ein gut*er* Lehrer. Er ist *besser* als Herr Schmidt.

   Aber *der beste* Lehrer ist natürlich Herr Pöppelmann.

n) Fisch esse ich nicht so gern. *Am liebsten* esse ich Fleisch.

Hören

Text B   Der Autokauf

1. **Hören Sie bitte den Text einmal und beantworten Sie die Frage!**

   Möchte Herr Maier ein neues oder ein gebrauchtes Auto kaufen?

2. **Hören Sie den Text noch einmal und ergänzen Sie bitte!** (Audi, VW Golf, Ford, Mazda)

Automarke	Farbe	Kilometer	Alter	Preis
Ford	blau	50,000	4	5,199 €
VW Golf	rot	35,000	2	8,500 €
Audi	weiß	40,000	3	6,789 €
Mazda	grau	38,000	2	6,489 €

3. **Hören Sie bitte den Text ein drittes Mal und überprüfen Sie Ihre Notizen!**

 检查

4. **Vergleichen Sie bitte mit Ihrem Nachbarn die Autos!**

5. **Welches Auto möchten Sie kaufen? Warum?**

Sprechen

Bilden Sie bitte einen Dialog (wie) Text B!

* Guten Tag.

* Ich ... *möchte* ein Auto kaufen.

* Ein gebrauchtes.

  Es soll aber nicht zu ... *alt* sein.

* *Was* ... kostet *er* ?

* Das ist aber ... *zu teuer* für mich. *Noch* ... kein
  billigeres?

* Oh ja, *er* ... gefällt mir. ... nehme ich.

Guten Tag.

+ ... Was kann ich für Sie tun?

+ ...? *ein neues oder ein gebrauchtes*

+ Da *ich ihnen* ... diesen Polo empfehlen.

+ Er ... *ist 3* Jahre alt, aber nur ... *30,000* km *gefahren*.

+ ... *5,999* Euro.

+ Doch, hier der dunkelgrüne VW Golf, ...*4* Jahre alt,
  weniger Kilometer gefahren, nur ... *5,000* Euro.

Lesen

Text C   Fakten über Deutschland

1. Lesen Sie bitte den Text zweimal! Benutzen Sie beim Lesen die Landkarte! *Quadrat*

Deutschland liegt in Mitteleuropa. Es ist rund 357,000 km^2 groß und hat rund 82 Mio. Einwohner. Die Hauptstadt ist Berlin.

Berlin ist mit 3,5 Mio. Einwohnern die größte Stadt. Die zweitgrößte Stadt ist Hamburg mit 1,7 Mio. Einwohnern. München ist mit 1,25 Mio. Einwohnern die drittgrößte Stadt.

Bayern ist das größte Bundesland in Deutschland. Es hat eine Fläche von 70 554 km^2. Bremen ist mit 404 km^2 das kleinste Bundesland.

Wirtschaftlich ist Baden-Württemberg am stärksten *stark* und Mecklenburg-Vorpommern am schwächsten. *schwach 弱的*

Der längste Fluss in Deutschland ist der Rhein (865 km in Deutschland). Rügen ist die größte Insel mit einer Fläche (von) 930 km^2.

Das höchste Gebirge sind die Alpen, der höchste Berg ist die Zugspitze (2 962 m).

Das Klima ist in Deutschland mild. Die wärmsten Monate sind Juli und August. Der Januar und der Februar sind die kältesten Monate.

2. Machen Sie sich bitte Notizen und halten Sie an der Landkarte einen kleinen Vortrag über Deutschland!

— Mitteleuropa.   *保持 v.*   *m.演讲;报告*

— Berlin: Hauptstadt, 3,5 Mio. Einwohner

— Bayern

— Wirtschaft

— der Rhein: 865 km

3. Vergleichen Sie jetzt einige Fakten zwischen Deutschland und China!

	Deutschland	China
Fläche	357,000 km²	9,600,000 km²
Einwohnerzahl	83 Mio (Million)	1.4 Billiarde
Hauptstadt	Berlin	Beijing
die größten Städte	Berlin	
wichtige Flüsse	Rhein	Yangtze Rive
Gebirge	die Alpen	der Himalaya
Berge	die Zugspitze	der Qomolangma
Inseln	Rügen	Hainan Insel

Zusammenfassende Übungen
概括的

1. Ergänzen Sie bitte!

a) * Möchten Sie ein Glas Bier?

   + Nein, nicht so gern, ich nehme *lieber* eine Tasse Tee.

b) China ist *größer* als Deutschland. Aber Kanada ist noch *größer* als China.

c) * Ist der neue Lehrer auch ___so___ freundlich *wie* der alte?

   + Ja, er ist sogar noch freundlich *er* ___ als der alte.

d) * Ist das Hotel gut? + Ja, es ist *das* *beste* Hotel in Shanghai.

e) Ich habe zwei Brüder. Ich bin 30 Jahre alt. Mein *größster* Bruder ist schon 40 Jahre alt. Mein *größerer* ____ Bruder ist erst 22 Jahre alt.

f) Das grüne Kleid steht Ihnen *besser* als das rote. *Am* *besten* steht Ihnen aber das weiße Kleid.

g) Die Hose finde ich zu kurz. Haben Sie keine *längeren*?

h) Ich gehe zwar gern zu Fuß, aber jetzt fahre ich *lieber* mit dem Bus.

i) Jetzt werden die Röcke immer kürzer, früher waren sie viel *länger* .

j) * Spricht er gut Deutsch?

   + Ja, er spricht *am* *besten* in der Klasse.

k) Es geht ihm noch nicht sehr gut, aber bald geht es ihm bestimmt _besser_ .

l) * Ist <u>das</u> Gebirge hoch?

   + Ja, es ist ___das___ ___höchste___ Gebirge in China.

m) Petra ist (am) 21. Mai 1983 geboren. Peter ist <u>auch</u> am 21. Mai 1983 geboren. Petra ist _genauso_ alt ___wie___ Peter.

n) * Ist Wang Dali ein fleißiger Student?

   + Ja, er ist ___der___ ___fleißigste___ Student in der Klasse.

o) Der Weg <u>zu</u> Maria ist nicht ___so___ weit ___wie___ der Weg <u>zu</u> Monika.

p) Frankfurt ist schön. Berlin ist _schöner_ als Frankfurt. ___Am___ _schönsten_ finde ich aber München.

q) Gao Ming ist sehr klug. Zehn Professoren zusammen sind nicht ___so___ klug ___wie___ er.

r) Monika hat gestern <u>viel</u> geschrieben, ___mehr___ als ich. ___Am___ ___meisten___ hat aber Maria geschrieben.

s) * Verdienst du <u>viel</u>?

   + Nein, ich verdiene immer ___am___ ___wenigsten___ in der Firma. Aber ich arbeite ___am___ ___meisten___ .

t) Deutsch ist nicht ___so___ schwer ___als___ Japanisch.

u) * Ist die deutsche Sprache schwer?

   + Ja, sie ist ___schwerer___ <u>als</u> andere Sprachen. ___Am___ ___schwersten___ ist aber Russisch.

2. Bilden Sie bitte Sätze!

a) Der Mantel ist zu <u>t</u>euer.

   Haben Sie _noch_ ~~kein~~ _billigerer_ _____?

b) Hans spricht <u>leise</u>. Aber Maria spricht noch ___leiser___ .

c) Heute ist es sehr kalt. Wie war es denn gestern?

   War es _gestern kälter als heute._ _____?

d) * Trinken Sie gern Kaffee?

   + Nein, _ich trike lieber_ _____ Tee.

e) Die Hausaufgaben von heute sind nicht so leicht.

   Waren die von gestern _leichter als heute_ _____?

f) Sie sprechen zu schnell.

   Können Sie etwas _langsamer_ _____ sprechen?

g) Die Kamera ist nicht gut. Haben Sie keine _bessere_ _____?

h) Das Zimmer ist mir zu teuer. Haben Sie kein _billigeres_ _____?

i) Peter und ich sind 1,80 m groß.

   Peter _is so groß wie ich._ _____ .

j) Ich esse <u>zum Frühstück</u> wenig, <u>zu Abend</u> mehr, aber <u>zu Mittag</u> am meisten. Und Sie?

   Ich esse zum Frühstück wenig, zu Mittag mehr, aber zu Abend am meisten

Hören

Text D   Informationen über einige Städte in China

Hören Sie bitte das Gespräch zwischen Wang Dali und seiner Kollegin Stefanie zweimal und beantworten Sie die folgenden Fragen.

a) Welche Städte empfiehlt Wang Dali Stefanie?

Beijing und Xian

b) Welche Städte sind kulturell am interessantesten?

Beijing : die Verbotene Stadt , der Sommerpalast , der Große Mauer

c) Wo ist es am schönsten? Was ist dort bekannt?

Suzhou   die ~~Gartenen~~ Gärten ; die Nudeln

Hangzhou   der Westsee ; der Longjing Tee

d) Welche Stadt ist auch interessant? Was ist dort am schönsten?

Chengdu   Teehause

e) Wo ist die Landschaft mit den vielen kleinen und komischen Bergen?
   Wer findet die Landschaft dort am schönsten?

Guilin und Yangshuo

die Ausländer

f) Wie viel Zeit braucht Stefanie für so eine Reise?

mindestens vier Wochen

Sprechen

1. Diskutieren Sie bitte über Ihre Reisepläne! Bitte sprechen Sie über die Vor- und Nachteile!

Beispiel:

优 / 缺点

* Ich möchte am liebsten *im Frühling* reisen.

+ Warum?

* *Im Frühling* ist es schöner als *im Winter*. Und du?

+ Ich möchte lieber *im Sommer* reisen.

* Warum?

+ *Ich möchte an der See gehen.*

Jahreszeit

Verkehrsmittel

Reiseziel

begleiten v.
陪同;伴奏

Reisebegleitung
f. 随行

Verpflegung
f. 就餐

Unterkunft
f. 住处

Schreiben

Vergleichen Sie sich mit der Person auf dem Bild! __Gehen Sie dabei auf folgende Punkte ein:__

— Alter   n年龄

— Figur

— Größe

— Aussehen usw.

Phonetische Übung Ⅰ

Hören und sprechen Sie bitte nach!

● [h]

hoch – höher – am höchsten   hübsch – hübscher – am hübschesten – hinten – Himmel – halb – hören –

hier – häufig – häufiger – heute – Hochhaus

● [tsch]

Deutsch – Deutsche – Deutschland – tschüss – klatschen – Quatsch – quatschen

Phonetische Übung Ⅱ

Hören und sprechen Sie bitte nach!

a) Der VW ist teuer.

   Der Ford ist teurer.

   Der Audi ist am teuersten.

b) Der rote VW ist ein schnelles Auto.

   Der blaue Passat ist ein noch schnelleres Auto.

   Der weiße Ferrari ist das schnellste Auto.

c) Die Frau mit langen Haaren ist modern.

   Die Frau mit kurzen Haaren ist noch moderner.

   Die Frau mit kürzeren Haaren ist am modernsten.

d) Ich möchte ein Auto kaufen.

   Ich möchte ein nicht zu teures Auto kaufen.

   Ich möchte ein nicht zu teures, nicht zu billiges Auto kaufen.

   Ich möchte ein nicht zu teures, nicht zu billiges Auto für meine Familie kaufen.

   Ich möchte ein nicht zu teures, nicht zu billiges Auto für eine Familie mit zwei Kindern kaufen.

Phonetische Übung Ⅲ

Hören und sprechen Sie bitte nach!

a) * Sag mal, wer ist der Mann am Fenster?

   + Der große mit den längeren Haaren?

   * Nein, der große mit den kürzeren Haaren.

   + Ach, das ist Martin, mein neuer Nachbar. Weißt du, er hat ein gutes Auto. Seine Frau hat ein

     noch besseres Auto. Aber das Auto von seinem Sohn ist am besten.

b) * Karin, sag mal, wer ist am besten in deiner Klasse?

   + Ich finde, ich bin die beste. Aber unser Lehrer sagt immer, Hans ist der beste Schüler, Nora ist

     die beste Schülerin, Katja ist am fleißigsten und ich bin am <u>faulsten</u>.   faul . adj 懒的；腐烂的；腐朽的

c) * Du Anna, wie findest du meinen Rock?

   + Schön, aber er ist ein bisschen kurz. Ein längerer Rock passt dir noch besser.

* Und meinen Pullover?

\+ Der ist zu klein. Er muss noch größer sein.

* Gut, gut, ich ziehe mich mal um. Dann gehen wir <u>zum Essen.</u>

　　　　　　　　　　　　　　　　　　　　　　umziehen　v. 搬家；换衣服

d)　* Hallo, Dali, reist du gern?

　　\+ Ja, natürlich. Ich reise gern im Sommer. Und du?

　　* Ich reise lieber im Herbst. Da ist <u>die ganze Welt</u> bunt. Übrigens fahre ich gern mit dem Schiff.
　　　Es ist sehr gemütlich.　adj 舒适的，惬意的　　　　　另外；此外（Partikel 小品词）

　　\+ Was, mit dem Schiff?! Nein, ich nehme lieber das Flugzeug, das geht <u>viel schneller.</u>
　　　　　　　　　n　　　　　　　　　　　　　　　　　　　n

Lektion 12
Die Wohnung

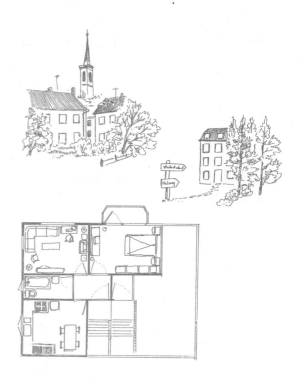

Einführung

1. Schauen Sie sich bitte das Bild an!

Das ist eine 4-Zimmer-Wohnung. Ordnen Sie bitte die Zimmer zu!

_____ a _____ die Küche   _____ h _____ das Schlafzimmer

_____ b _____ das Wohnzimmer   _____ f _____ das Kinderzimmer

_____ g _____ das Bad   _____ e _____ das Arbeitszimmer

_____ d _____ die Diele   _____ c _____ das Klo

f·门厅·过道

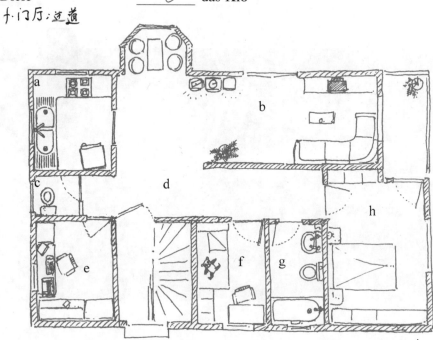

2. Peter, Inge, Kathrin und Stefan wohnen in einer Wohngemeinschaft.

a) Vergleichen Sie bitte die Zimmer!

b) Welche Zimmer benutzen sie gemeinsam?

一起·共同

das Bad

das Klo

die Küche

das Wohnzimmer

三格

Welches Zimmer

3. Das ist ein Studentenwohnheim. In den Räumen rechts stehen keine Betten. Was für Zimmer sind das?

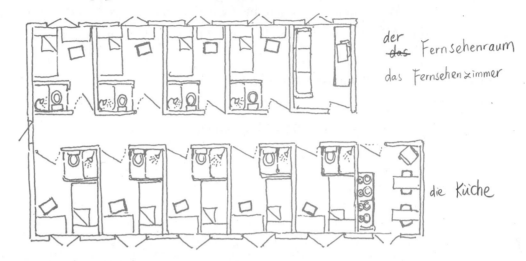

der ~~das~~ Fernsehenraum

das Fernsehenzimmer

die Küche

Wortschatz I

Haus / Wohnung / Zimmer

A   Suche und Angebot

Suche

Chinesischer Student sucht Zimmer.

12 – 16 m², warm

Miete: **bis 250 Euro**

Belohnung: 150 Euro
于酬谢金

Tel.: 566 10 35 / Duan bei Müller

Suche Nachmieter!

Ein Zimmer in der WG wird frei!

Ab 15. April

Allenz-Straße 65

Tel.: 782 34 21 / Frank Schiebel

Angebot

Ferienzimmer im Studentenwohnheim
假期   n.

von 1. 7. bis 30. 10. frei!

Nur an Studentin!
对;向

Miete: **230** Euro monatlich,

Tel.: 5 42 56 37 / Petra Mayer
Nach 20.00 Uhr zu erreichen

Vermiete   Vermieten vt. 出租

3-Zimmer-Wohnung, 80 m²

Miete: **550** Euro + NK

Kaution: 3 Monatsmieten

Tel.: 26 80 33 1 / Brigitte Klein

Sie suchen ein Zimmer in Deutschland. Welche Anzeige interessiert Sie besonders?

四格

B Ihre Wohnung

Das ist Ihre neue Wohnung. Sie ist 90 m² (Quadratmeter) groß und hat ein Schlafzimmer, ein Kinderzimmer, ein Arbeitszimmer, eine Küche, ein Bad und einen Balkon.

M.

Zeichnen Sie bitte Ihre Wohnung und geben Sie dabei

S= Schlafzimmer, W = Wohnzimmer, A = Arbeitszimmer, Kd = Kinderzimmer,

K = Küche, B = Bad, BK = Balkon und die Zimmergröße an!

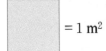 = 1 m²

Grammatik

Lokale Präpositionen

A aus, von, nach, zu, bei, gegenüber (D)

1. aus / von

Beispiele:

	a) Hans kommt jetzt **aus** dem Klassenzimmer. 立体 地点 b) Er trinkt Bier **aus** einer Flasche. 空间 c) Wang Dali kommt **aus** China. (Er ist Chinese.) 国家 d) Die Tasche ist **aus** Italien.
	a) Er kommt **von** seinem Freund. 人 b) Mein Vater kommt sehr spät **von** der Arbeit. 工作 c) Sie isst Salat **vom** Teller. 平面 物体 d) Das Bild fällt **von** der Wand.

Achtung: *vom* = von dem

a) * Woher kommt die Tasche? + ___aus___ Italien.

b) Meine Tochter kommt <u>um</u> 16 Uhr ___vom___ Unterricht.
$m.$

c) Bier trinken wir ___aus___ einem Glas. Aber Fleisch essen wir ___von___ einem Teller.

d) * Woher kommen Sie jetzt? + Ich komme ___von___ meinem Professor.

e) Der Mann ___aus___ Frankfurt fährt jetzt nach Berlin.

?f) Schau mal ___aus___ dem Fenster. Herr Li kommt.
$n.$

g) Susanne geht um 8 Uhr ___aus___ dem Haus und kommt um 16 Uhr ___von___ der Arbeit zurück.

h) Der Zug kommt ___aus___ Stuttgart.

i) Hans nimmt den Brief ___aus___ der Tasche.

j) Ein Student ___aus___ Nanjing möchte in Shanghai Deutsch lernen.

k) Der Patient kommt gerade ___von___ Arzt.

l) Die Tasse ist ___von___ Meißen.

2. nach / zu

Beispiele:

	a) Wang Dali fliegt **nach** Deutschland. 朝: b) Gehen Sie <u>an</u> der nächsten Kreuzung **nach** rechts. 向 $f.$

续 表

	a) Klaus geht **zu** Hans. *zu der* 去某人那 b) Herr Zhang geht **zur** Universität. 大学 c) Herr Pöppelmann geht jeden Tag sehr früh **zur** Arbeit. 工作
	Vor einer Stunde ist Hans **von zu Haus** ins Büro gekommen. Jetzt ist er wieder **nach Haus** gefahren. Er will den ganzen Tag **zu Haus** bleiben.

Achtung: *zum* = zu dem; *zur* = zu der

a) Wang Dali ist ___nach___ Heidelberg gefahren.

b) * Wohin gehst du jetzt? + Ich gehe jetzt ___zur___ Universität.

c) Herr Schmidt? Er ist ___nach___ Haus gefahren. Gehen Sie bitte morgen ___zu___ ihm. Er ist bestimmt ___zu___ Haus.

d) Ich gehe jetzt ___zu___ Maria. Sie ist krank.

e) ___Nach___ Kunshan? Nein, ich fahre lieber ___nach___ Hangzhou oder bleibe ___zu___ Haus.

f) Am Sonntag fahre ich ___zu___ meinem Freund ___in___ Nanjing.
       mit   *nach*

g) Ich fahre morgen ___nach___ Shanghai **zurück**. Komm doch nächsten Monat ___zu___ mir!

h) Komm bitte nicht zu spät ___zum___ Unterricht.

3. bei / gegenüber
Beispiele:

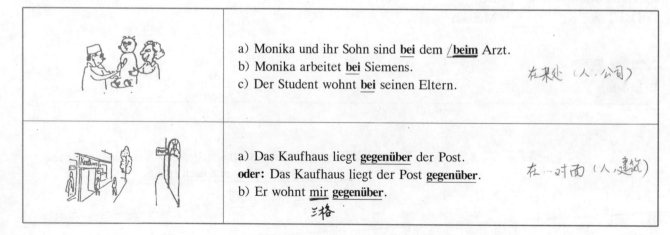

	a) Monika und ihr Sohn sind **bei** dem /**beim** Arzt. b) Monika arbeitet **bei** Siemens. c) Der Student wohnt **bei** seinen Eltern. 在某处（人、公司）
	a) Das Kaufhaus liegt **gegenüber** der Post. **oder:** Das Kaufhaus liegt der Post **gegenüber**. 在…对面（人、建筑） b) Er wohnt **mir gegenüber**. 三格

Achtung: *beim* = bei dem;

a) Viele deutsche Studenten wohnen nicht gern ___bei___ ihren Eltern.

b) Im Deutschunterricht sitzt Wang Dali mir _gegenüber_

c) ___Bei___ der Chemiefabrik wohnen die Arbeiter.

d) Er lernt einen Beruf ___bei___ einer Bank.

e) Der Shanghaier Fernsehturm steht _gegenüber_ dem Peace-Hotel.

B durch /gegen/um(A)

	a) Er geht **durch** den Wald. 穿过 b) Er reist **durch** China, z. B. von Shanghai nach Guangzhou, von Guangzhou nach Beijing. 穿越
	Er läuft **gegen** die Wand. 朝 *Er lehnte sich gegen die Wand.* 过去时
	a) Das Auto fährt **um** die Ecke. 拐弯 b) Wir sitzen **um** den Tisch. 优 围 around

Achtung: *durchs* = durch das

a) Das Auto fährt ___um___ einen Baum.

b) Die Kinder laufen ___um___ das Haus.

c) * Wie komme ich in Ihren Garten?

 + Sie können ___um___ das Haus

 oder ___durch___ das Haus gehen.

 durchs

Übung

Ergänzen Sie bitte die passenden Präpositionen, wenn nötig, auch die Artikel!

a) Inge ist gestern ___aus___ Frankfurt ___nach___ Shanghai geflogen. Sie möchte zwei Wochen in Shanghai bleiben. Dann kommt sie am 16. ___zu___ mir ___nach___ Hangzhou.

b) Wang Dali fliegt ___aus___ China ___nach___ Deutschland. Dann macht er eine Reise ___in___

Deutschland.

c) * Wer ist der Mann da?   + Wo?

   * Da, dir _gegenüber_   + Das ist Hans _aus_ Bochum.

d) * Hans, geh doch mal _zu_ Herrn Geldmann!

   + Warum? Ich komme gerade _von_ ihm.

e) Ich gehe jetzt _zur_ Post. Ich will ein Paket abholen.

   Vielleicht ist das Paket _aus_ Shanghai.

f) Herr Pöppelmann ist im Garten. Gehen Sie mal _zu_ ihm. Er will Sie sprechen.

g) Das Auto fuhr schnell _um_ die Ecke und _zu_ ein anderes Auto. ?

h) Ich möchte ein Zimmer _an_ dem Park.

i) Herr Ma schwimmt _nach_ Pudong. Aber seine Frau fährt mit dem Auto _durch_ den Tunnel.

j) _In_ dem Bund steht der Fernsehturm.

k) Herr Hartmann ist Chef _bei_ Siemens.

l) Ich gehe heute Abend _zu_ meiner Schwester. Sie ist erst gestern _von_ _dem_ Krankenhaus gekommen.

m) Hans fährt jetzt _zu_ Monika und holt sie ab. Dann fahren sie zusammen _nach_ Hangzhou.

n) * Wo waren Sie denn? + Oh, entschuldigen Sie, ich bin gerade _von_ _zu_ Haus gekommen.

o) Dem Hotel _gegenüber_ ist ein Supermarkt. Dort gibt es Käse _aus_ Holland, Reis _aus_ China und Wein _aus_ Frankreich.

Hören

Text A   Li Jianguo auf Zimmersuche

Hören Sie den Text und beantworten Sie die Fragen!

a) Was für eine Wohnmöglichkeit bietet Frau Schubert an?   *anbieten v. 提供*

  ein Zimmer

b) Wie viel kostet die Miete?

  180 Euro

c) Wo kann Li Jianguo dann <u>baden</u> und <u>kochen</u>?

  in Frau Schuberts Bad und Küche

d) Herr Maier vermietet eine Wohnung. Wie viele Zimmer hat sie?

  eine Küche, ein Bad und zwei Zimmer

e) Wie groß ist sie?

  55 m²

f) Was heißt Kaltmiete?

  ohne Heizungskosten   / Die Kosten für die Heizung sind nicht in der Miete.

g) Wie findet Wang Dali die Wohnung?

  Sehr schön aber zu teuer

Sprechen

1. Machen Sie bitte Dialoge und bringen Sie die Sätze in die richtige <u>Reihenfolge</u> !

f. 顺序

a) Bei einer Zimmervermieterin

5 * Danke, hat das Zimmer ein Bad?

    7 * Schön, das Zimmer gefällt mir.
       Wann kann ich einziehen?

  8 + Am ersten. 号   *搬入*

6 + Nein, das Zimmer hat kein Bad. Sie können mein Bad mitbenutzen.

    3 * Ich habe Ihre Anzeige in <u>der</u> Zeitung gelesen.

      2 + Ja, bitte, Sie wünschen?

1 * Entschuldigen Sie! Sind Sie Frau Diel?

      4 + Ach, Sie möchten das Zimmer mieten. Kommen Sie herein!

b) In der Wohngemeinschaft

4 + 22 m² .

                          2 + Ja! Suchst du ein Zimmer?

  6 + 260 Euro + Nebenkosten.

    1 * Ich habe gehört, ihr habt ein Zimmer frei.

3 * Ja. Wie groß ist das Zimmer?

              5 * Wie hoch ist die Miete?

2. Ein Zimmer in der Wohngemeinschaft ist frei. Machen Sie bitte einen Dialog <u>zwischen</u> einem Bewohner der WG in München und einem Interessenten!

* Guten Tag. Ich habe gehört, <u>Sie haben ein Zimmer frei</u>.

\+ Bitte! Komm herein!

* Danke! Ich heiße <u>Xinrui</u>. Ich möchte <u>ein Zimmer suchen</u>
Kann ich das Zimmer sehen?

\+ Natürlich kannst du das Zimmer sehen.

* <u>Wie viele Zimmer in der Wohnung</u> ?

\+ Die Wohnung hat <u>insgesamt</u> 3 Zimmer, eine Küche und ein Bad.

* <u>Wie viele Personen wohnen hier</u> ?

\+ Jetzt wohnen hier nur zwei Personen.

* <u>Wo ist das Zimmer frei</u> ?

\+ Die Küche ist da <u>vorne.</u> Sie hat einen Balkon und geht nach Süden.

* <u>Ah, gut. Wie hoch ist die Miete</u> ?

\+ Insgesamt 810 Euro monatlich. Jeder bezahlt 270 Euro.

* <u>Wann kann ich einziehen</u> ?

\+ Ab nächstem Monat.

* Gut, ich nehme das Zimmer.

3. Üben Sie bitte!

Sie suchen ein Zimmer. Führen Sie bitte ein Gespräch mit der Zimmervermieterin!

* Guten Tag. Mein Name ist <u>Xinrui</u>. Ich habe <u>ihre Anzeige im Internet gesehen</u> .

\+ Ja, kommen Sie herein! Hier ist das Zimmer.

* <u>Wie groß ist es</u> ?

\+ Es ist 16 m² groß.

* <u>Wie hoch ist die Miete</u> ?

\+ Es kostet <u>200 Euro</u> im Monat.

* <u>Kann ich hier kochen</u> ?

\+ Nein, Sie dürfen nicht kochen.

* <u>Ach so. Dann das möchte ich nicht</u> .

\+ ...

Wortschatz II

A Zimmereinrichtung

1. Ordnen Sie bitte zu!

der Tisch, -e

das Bett, -en

der Fernseher, -

das Telefon, -e

der Stuhl, ¨ e

der Sessel, -

der Bonsai, -s

die Mikrowelle, -n

der Kühlschrank, ¨ e

der Staubsauger, -

der Schreibtisch, -e

der Videorecorder, -

die Waschmaschine, -n

die Lampe, -n

der Herd, -e

das Sofa, -s

der Teppich, -e

die Pflanze, -n

die Kaffeemaschine, -n

der Kleiderschrank, ¨ e

der Computer, -

das Bücherregal, -e
书架

die Stereoanlage, -n
n. 立体声 音设备

Möbel	Haushalts-geräte n 风具	Anderes
der Tisch, -e	der Fernseher, -	der Bonsai, -s
das Bett, en	das Telefon, -e	die Pflanze, -n
der Stuhl, ¨ e	die Mikrowelle, -n	
der Sessel, -	der Kühlschrank, ¨ e	
der Schreibtisch, -e	der Staubsauger, -	
das Sofa, -s	der Videorecorder	
der Teppich, -e	die Waschmaschine, -n	
der Kleiderschrank, ¨ e	die Lampe, -n	
das Bücherregal	der Herd, -e	
	die Kaffeemaschine, -n	
	der Computer	
	die Stereoanlage, -n	

2. Wohin gehören die Möbel und Haushaltsgeräte?

Schlafzimmer
- das Bett
- der Kleiderschrank
- die Lampe
- der Sessel
- der Tisch
-

Wohnzimmer
- das Sofa
- der Fernseher
- die Pflanze
- die Stereoanlage
-

Arbeitszimmer
- der Schreibtisch
- das Telefon
- der Stuhl
- die Bücherregal
- der Computer
- die Lampe

Küche
- der Herd
- der Kühlschrank
- die Kaffeemaschine
- der Tisch
- die Lampe
- die Mikrowelle

Bad
- das Waschbecken
- die Dusche
- die Badwanne
- die Lampe
- der Spiegel
- das Badetuch 浴巾

3. Sie haben eine 1-Zimmer-Wohnung（unmöbliert）gemietet. Welche Möbel und Haushaltsgeräte brauchen Sie für die <u>Zimmereinrichtung?</u>

布置 f.

B   Lokalisation 本土化

a)

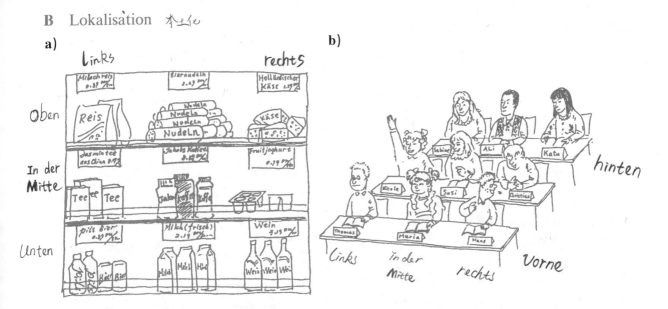

b)

Beispiele zu Bild a):

Oben links ist Reis. **Unten rechts** stehen drei Flaschen Wein. **In der Mitte links/Links in der Mitte** ist Tee. Wo sind Nudeln, Käse, …?

Beispiele zu Bild b):

Vorne links sitzt Thomas. **Hinten rechts** sitzt Katu. **In der Mitte** sitzt Susi. Wo sitzen Maria, Hans, …?

Übung

Sprechen Sie bitte zu zweit!

Beispiel: * Entschuldigen Sie, wo sind die *Kleiderschränke*?

   + Da, *hinten rechts*.

Grammatik

C   an, auf, in, vor, hinter, über, unter, neben, zwischen

Wohin? (Akkusativ) 动四	
setzen	Der Mann setzt das kleine Mädchen **an** den Tisch.
legen	Er legt das Buch **auf** den Tisch.
	Er legt das Buch **in** die Schublade. = 于抽屉 das Schubfach
	Er legt das Buch **vor** den Fernseher.
Stellen	Er stellt den Staubsauger **hinter** die Tür.
hängen	Er hängt die Lampe **über** den Tisch.
	Er stellt die Tasche **unter** den Tisch.
	Er stellt den Stuhl **neben** einen anderen Stuhl.
	Er stellt den Stuhl **zwischen** einen Tisch und einen Schrank.

Wo? (Dativ) 静三	
	Der Mann sitzt **an** dem Tisch. Sitzen
	Das Buch liegt **auf** dem Tisch. Liegen
	Das Buch liegt **in** der Schublade.
	Das Buch liegt **vor** dem Fernseher.
	Der Staubsauger steht **hinter** der Tür. Stehen
	Die Lampe hängt **über** dem Tisch. hängen
	Die Tasche steht **unter** dem Tisch.
	Der Stuhl steht **neben** einem anderen Stuhl.
	Der Stuhl steht **zwischen** einem Tisch und einem Schrank.

Achtung:

am = an dem   *ans* = an das ⎫   *aufs* = auf das
im = in dem   *ins* = in das ⎬   *vors* = vor das
hinters = hinter das   *nebens* = neben das ⎭   *unters* = unter das
übers = über das

Übungen

1. Ergänzen Sie bitte die passenden Präpositionen und Artikel!

	Wohin				**Wo?**	
a)	*In*	die	Stadt, f		*In*	der	Stadt,
	Ins		Büro, n		*Im*		Büro,
	In	die	Nanjing-Straße, f		*In*	der	Nanjing-Straße,
	In	den	Park, m		*Im*		Park,
	Ins		Kaufhaus, n		*Im*		Kaufhaus,
	Ins		Wohnzimmer, n		*Im*		Wohnzimmer,
	Ins		Hotel, n		*Im*		Hotel,
	Ins		Restaurant, n		*Im*		Restaurant,
	In	die	Mensa, f		*In*	der	Mensa,
	In	die	Berge, pl.		*In*	den	Bergen,
	In	die	Fabrik, f		*In*	der	Fabrik,
	In	die	Schweiz, f		*In*	der	Schweiz,
	Ins		Bett, n		*Im*		Bett,
	In	die	Ecke. f		*In*	der	Ecke.
b)	*An*	die	Ecke,		*An*	der	Ecke,
	An	die	Tür, f		*An*	der	Tür,
	An	die	Tafel, f		*An*	der	Tafel,
	Ans		Fenster, n		*Am*		Fenster, n
	An	den	Rhein. m		*Am*		Rhein.
c)	*Auf*	die	Bank, f		*Auf*	der	Bank,
	Auf	die	Post, f		*Auf*	der	Post,
	Auf	den	Balkon, m		*Auf*	dem	Balkon,
	Aufs		Land, n		*Auf*	dem	Land,
	Auf	den	Platz, m		*Auf*	dem	Platz,
	Auf	den	Berg, m		*Auf*	dem	Berg,
	Auf	die	Straße.		*Auf*	der	Straße.

2. Vergleichen und ergänzen Sie bitte, wenn nötig, auch die Artikel!

in <——> aus

a) Er wohnt _____in_____ Deutschland. Er kommt _____aus_____ Deutschland.

b) Vor zehn Tagen machte er eine Reise _____in_____ _____den_____ Berge. pl.

Morgen kommt er _____aus_____ _____den_____ Bergen zurück.

c) Der Kaffee ist _____in_____ _____der_____ Tasse. Er trinkt Kaffee _____aus_____

_____der_____ Tasse.

d) Ich lege das Buch _____in_____ _____das_____ Regal. Ich nehme das Buch

_____aus_____ _____dem_____ Regal.

e) Die Studenten haben _____ins_____ Klassenzimmer Unterricht. Nach dem

Unterricht kommen sie _____aus_____ _____dem_____ Klassenzimmer.

an, auf, bei, zu <——> von

a) Das Bild hat _____an_____ _____der_____ Wand gehangen. Plötzlich ist es _____von_____ _____der_____

Wand gefallen. f.

b) Er kommt _____von_____ zu Haus. Vor einer Stunde war er noch _____zu_____ Haus.

c) Herr Schmidt macht Urlaub _____am_____ See. m. 湖　See f. 海

d) Gestern hat die Vase noch _____auf_____ _____dem_____ Tisch gestanden. Dann ist sie _____von_____

_____dem_____ Tisch gefallen.

e) Ich war gestern Nachmittag _____bei_____ Arzt. Dann bin ich _____von_____ Arzt direkt nach Haus

gegangen.

3. Ergänzen Sie bitte die passenden Präpositionen, wenn nötig, auch die Artikel!

a) Ich wohne _____in_____ _____der_____ Nanjing-Straße. Jeden Tag sehe ich viele Menschen _____auf_____

_____der_____ Nanjing-Straße.

b) Herr Li? Er ist _____im_____ Wohnzimmer. Gehen Sie doch zu ihm _____ins_____ Wohnzimmer.

c) * Wo ist denn das Wörterbuch?　+ Da _____auf_____ _____dem_____ Schreibtisch.

d) Ich gehe oft _____in_____ _____der_____ Supermarkt _____an_____ _____der_____ Ecke einkaufen, denn

_____im_____ Supermarkt kann man fast alles kaufen. m

e) * Wo ist die Zeitung von heute?　+ Da _____vor_____ _____dem_____ Fernseher. m

* Nein, da ist die Zeitung von gestern. + Vielleicht _____im_____ Schlafzimmer?

* Ich war eben _____im_____ Schlafzimmer, aber ich habe sie nicht gefunden.

f) Schau mal hier das Foto, das ist meine Familie. Hier sitzt mein Großvater.

_____Neben_____ ihm ist meine Großmutter. Ich sitze _____zwischen_____ meinem Großvater und meinem

Bruder. _Hinter_ uns stehen mein Vater und meine Mutter.

g) Die Zimmernummer steht _an_ _der_ Tür. ?

h) * (Schreiben) Sie bitte den Satz _aufs_ Buch!

   + Aber _aufs_ Buch ist kein Platz mehr.

   * Na gut, dann schreiben Sie den Satz _auf_ _dem_ Zettel. m

i) Kommen Sie bitte zu mir _auf_ _den_ Balkon.

j) Du willst _in_ _die_ Post gehen? Die liegt _neben_ _dem_ Supermarkt. m

k) Noch 5 Minuten! Steigen Sie bitte jetzt _in_ _den_ Zug ein!

l) * Haben Sie vielleicht noch einen Tisch _in_ _der_ Ecke?

   + Nein, _in_ _der_ Ecke ist kein Platz mehr frei. Aber _an_ _der_ Tür ist noch ein Tisch frei.

   * Nein, ich möchte nicht _an_ _der_ Tür sitzen.

4. Schauen Sie sich bitte das Bild an und sagen Sie: Wo stehen / sitzen ... die Kinder?

im Kleiderschrank
auf dem Tisch
hinter dem Computer
zwischen der Lampe und dem Kleiderschrank
vor dem Kleiderschrank
hunter dem Tisch

5. Ergänzen Sie bitte Präpositionen (wenn nötig, auch die Artikel) und die passenden Verben: *liegen / legen; sitzen / setzen; stehen / stellen; hängen; stecken* 插入

a) * Wohin soll ich den Brief _legen_?

   + _Setzen_ (Sie) ihn _an_ _den_ Tisch!

b) * Wohin kommt die Vase?   + _Stellen_ (Sie) sie _ans_ Fenster! n.

c) * Wo _ist_ meine Brille? _Leg_ sie nicht _auf_ _den_ Tisch?

   + Nein, sie _liegt_ jetzt _auf_ _dem_ Stuhl.

* Wie kommt sie denn ___auf___ ___dem___ Stuhl?

\+ Sie ist ___von___ ___dem___ Tisch gefallen.

d) * Wohin kann ich das Kind denn ___setzen___ ?

   \+ ___Setz___ es bitte ___an___ ___den___ Esstisch!

e) * Wohin soll ich das Bild ___hängen___ ?

   \+ ___Häng___ es doch ___an___ ___die___ Wand!

f) * Wohin kommt die Stehlampe?

   \+ ___Stellen___ (Sie) sie bitte ___zwischen___ ___das___ Sofa und ___den___ Schreibtisch!

g) * Wohin soll ich die Blumen ___stecken___ ?

   \+ ___Stecken___ Sie sie ___in___ ___die___ blaue Vase!

h) * Wohin soll ich das Foto ___legen___ ?

   \+ ___Leg___ es doch ___auf___ ___das___ Bett!

i) * Wohin kommt die Zeitung?

   \+ ___Legen___ Sie sie bitte ___aufs___ Regal.

j) * Wo ___sitzt___ das Kind jetzt?

   \+ Da ___in___ ___der___ Ecke.

k) * Wohin kommt das Bücherregal?

   \+ ___Stellen___ Sie es ___an___ ___die___ Wand!

l) * Wohin soll ich den Kalender ___legen___ ?

   \+ ___Legen___ Sie ihn bitte ___auf___ ___den___ Schreibtisch!

m) * Wo ___liegt___ die Briefmarken?

   \+ Da ___auf___ ___dem___ Schreibtisch ___liegt___ sie.

n) * Wohin soll ich den Stuhl ___stellen___ ?

   \+ ___Stellen___ Sie ihn ___unter___ ___den___ Tisch! Da ___steht___ er sehr gut.

o) * ___Hängen___ Sie die Jacke ___in___ ___den___ Schrank!

   \+ Aber die Jacke ist schon schmutzig. adj 脏的

   * Dann ___legen___ Sie sie bitte ___auf___ ___den___ Stuhl!

p) * Wohin soll ich die Uhr ___stellen___ ?

   \+ ___Stellen___ Sie sie ___auf___ ___den___ Schreibtisch!

q) * Komm, wir ___setzen___ uns ___ans___ Fenster.

   \+ Nein, da ___sitzt___ schon jemand.

   * Dann ___setzen___ wir uns ___in___ ___die___ Ecke.

   \+ Ja, OK.

r) Eben habe ich mein Geld ___in___ ___die___ Tasche _gesteckt_. Aber jetzt ist es nicht mehr da.

s) Peter geht nicht gern ___in___ ___die___ Schule. Er _liegt_ lieber _ins_ Bett und sieht fern.

t) * Wo _liegt_ Suzhou?

 + Suzhou _liegt_ in der Nähe (von) Shanghai.

6. Sie bringen Ihre Wohnung in Ordnung. Ihre Freunde helfen Ihnen und fragen:

Wohin soll ich ... stellen / legen/ hängen / stecken?

Beispiel: Radio / Tisch, Ecke

 * *Wohin soll ich das Radio stellen?* + *Stell es auf den Tisch!*

 * *Auf welchen Tisch?* + *Auf den Tisch in der Ecke.*

a) Schrank / Wand, Fenster   b) Sofa / Ecke, Tür

c) Jacke / Stuhl, Schreibtisch   d) Bücher / Regal, Wand

e) Lampe / Sessel, Schrank   f) Stühle / Tisch, Küche

g) Blumen / Vase, Tisch   h) Kleid / Schrank, Bett

i) Stehlampe / Tisch, Fenster   j) Zeitung / Tisch, Sofa

7. Bilden Sie bitte zu zweit Dialoge!

Beispiel: Tisch / Ecke   四格

 * *Wohin stellen* (Sie) *den Tisch?*

 + *Ich stelle* (ihn) *in die Ecke.*

 * *Wo steht der Tisch jetzt?*

 + *Er steht jetzt in der Ecke.*

a) Buch / Tisch   b) Bild / Wand

c) Schrank / linke Wand   d) Fernseher / Wohnzimmer

e) Mantel / Bett   f) Sofa / Ecke

g) Lampe / rechte Wand   h) Tisch / Fenster

i) Hose / Schrank   j) Computer / Schreibtisch

k) Zeitung / Sofa   l) Flaschen / Kühlschrank

m) Autoschlüssel / Wagen   n) Tassen / Esstisch

o) Stuhl / Schrank und Schreibtisch   p) Blumen / Vase

Hören

Text B   Li Jianguo hat ein Appartement im Studentenwohnheim

1. **Hören Sie bitte den Text zum ersten Mal und tragen Sie bitte die Zahlen in die Zeichnung ein! Wo sind die Zimmer?**

   1 = Zimmer, 2 = Diele, 3 = Bad

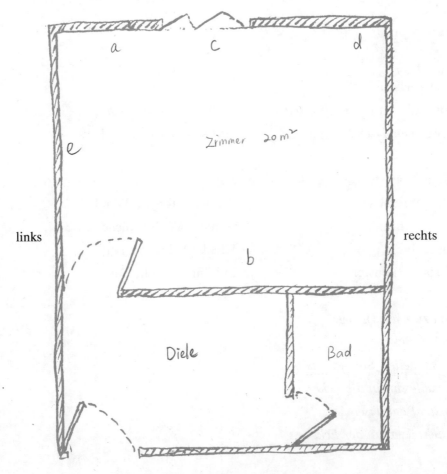

2. **Hören Sie bitte den Text noch einmal! Wo stehen die Möbel? Tragen Sie sie in die Zeichnung ein!**

   a = das Regal,   b = das Bett,   c = der Schreibtisch,

   d = der Tisch und zwei Stühle,   e = der Schrank

3. **Berichten Sie mit Hilfe der Zeichnung über das Zimmer von Li Jianguo!**

   v.报告

Lesen

Text C　Wie wohnen Studenten in Deutschland?

Viele Studenten in Deutschland haben ein großes Problem: die Wohnung. Es gibt zu wenige billige Wohnungen.

Einige Studenten studieren in ihrer Heimatstadt. Sie können bei ihren Eltern wohnen. Das ist billig und bequem. Aber viele Studenten wollen nicht in ihrer Heimatstadt studieren. Sie möchten nicht mehr bei ihren Eltern wohnen. Für diese Studenten gibt es vier Möglichkeiten:

a) ein Zimmer im Studentenwohnheim

b) ein Zimmer in einer Wohngemeinschaft（WG）

c) ein Zimmer zur Untermiete

d) eine Wohnung

Ein Zimmer im Studentenwohnheim ist die billigste Wohnform. Neuere Wohnheime haben ein Bad und oft auch eine kleine Küche im Zimmer. In alten Wohnheimen gibt es nur eine Küche und ein Bad für die Etage. Es ist aber sehr schwer, ein Zimmer im Wohnheim zu bekommen. Viele Universitäten haben zu wenige Studentenwohnheime und viele Studenten müssen sehr lange warten.

Ein Zimmer in einer WG heißt: Mehrere Studenten mieten eine große Wohnung（z. B. mieten vier Studenten eine 4-Zimmer-Wohnung）. Jeder Student bekommt ein Zimmer. Küche und Bad benutzen alle. Die Studenten teilen die Miete. Besonders für Ausländer ist eine WG sehr günstig. Sie haben Kontakt zu ihren Mitbewohnern und bei Fragen oder Problemen können die Mitbewohner helfen. Natürlich muss jeder Mitbewohner auf die anderen Rücksicht nehmen.

Ein Zimmer zur Untermiete bedeutet: Ein Student mietet ein Zimmer in einer Wohnung. In dieser Wohnung wohnt auch der Vermieter. Der Student kann Küche und Bad benutzen. Diese Zimmer sind oft teurer als Zimmer im Studentenwohnheim. Manchmal kann es auch Probleme mit dem Vermieter geben. Einige Vermieter vermieten auch nicht an Ausländer.

Eine Wohnung können nur Studenten mit viel Geld mieten. Auch kleine Wohnungen sind sehr teuer. Die meisten Studenten können das nicht bezahlen.

1. Lesen Sie den Text in drei Minuten! Welche Wohnformen nennt der Text?

bei Eltern

im Studentenwohnheim

in einer WG

in ein Zimmer zur Untermiete

in eine Wohnung

2. Lesen Sie jetzt den Text genau und beantworten Sie bitte die Fragen!

a) Welchen Unterschied gibt es zwischen neuen und alten Studentenwohnheimen?

b) Ist eine WG für ausländische Studenten vorteilhaft? Warum (nicht)?

          Ja   *有利的*

c) Welche Nachteile hat ein Zimmer zur Untermiete?

        Probleme mit dem Vermieter

d) Warum können die meisten Studenten keine Wohnung mieten?

        zu teuer.

Sprechen

Wo möchten Sie wohnen: in einer Wohngemeinschaft, zur Untermiete, oder im Studentenwohnheim? Warum?

Hören

Text D   Ein Gespräch auf der Straße

zufrieden adj 满足的

genug 足够地

ständig 持续的

Hören Sie das Gespräch und beantworten Sie bitte die Fragen!

a) Wo wohnt Li Jianguo?

        im Studentenwohnheim

b) Wer wohnt neben ihm?   Medizinstudent

    ein Deutscher Medizin Student

c) Was gefällt ihm da nicht?

    Die Küche ist oft voll, besonders am Wochenende.

d) Warum ist Susanne mit ihrer Wohnung nicht zufrieden?

    Das Zimmer ist klein und teuer. Außerdem kontrolliert der Mann ständig, was sie macht.
    Freunde darft sie auch nicht mitbringen.

e) Wie wohnt Klaus?

    WG

f) Mit wie vielen Studenten wohnt er im Moment unter einem Dach?

    Vier Studenten

g) Wie hoch ist die Miete?

    180 Euro

h) Welches Problem sieht Li Jianguo bei dieser Wohnform?

                  f.

    nur ein Bad für fünf Leute

Nicht alle fünf müssen zur gleichen Zeit zur Uni.

Sprechen

1. Sehen Sie sich das Bild an! Wer ist wo?

einrichten v建立；布置；安排

2. a) Richten Sie mit Ihrem Nachbarn Ihre Wohnung ein und führen Sie bitte zu zweit Dialoge!

Beispiel: Bett

      *   Wohin willst du *das Bett stellen*?

      +   *Das Bett stelle* ich *ins Schlafzimmer, ans Fenster*.

      *   Das gefällt mir nicht. *Stell es* doch *an die Wand*!

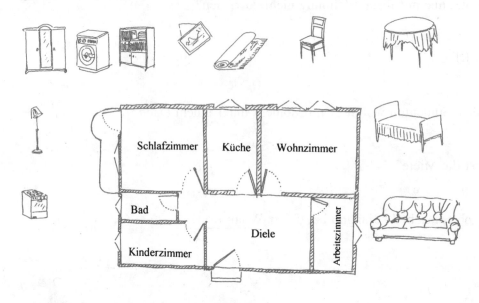

b) Diskutieren Sie bitte im Plenum über die Einrichtung!

n.全会

Beispiel: *   Wo steht bei Ihnen das Bett?

      +   Bei uns / mir steht das Bett im Schlafzimmer rechts an der Wand.

3. a) Die Möbel und die anderen Sachen sollen in Ihr Zimmer im Studentenwohnheim kommen. Wohin? Das

     sollen Sie entscheiden.

v.判断；决定

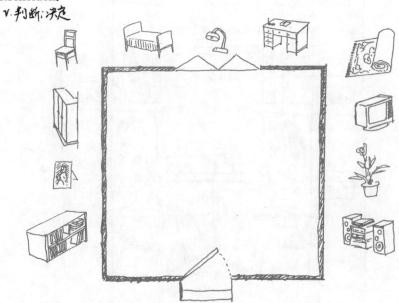

b) Beschreiben Sie bitte: Wie sieht das Zimmer jetzt aus?

_____

_____

_____

_____

_____

_____

_____

4. Lesen Sie bitte die folgende Anzeige und machen Sie zu zweit einen Dialog!

> ## Zimmer zu vermieten
>
> 20 m²
> Miete: 300 Euro + NK
> Kaution: 3 Monatsmieten
> Tel.: 56 28 73 / Hans Müller

5. Situative Fragen

a) Sie sind gerade in Deutschland angekommen und haben noch keine feste Unterkunft. Sie gehen zum Studentenwerk und möchten ein Zimmer im Studentenwohnheim beantragen. Was sagen Sie?

b) Sie haben in der Zeitung eine Wohnungsanzeige gelesen und telefonieren mit der Vermieterin. Fragen Sie bitte nach Miete, Größe der Wohnung und Kochmöglichkeit?

Schreiben

Beschreiben Sie bitte Ihre Wohnung mit folgenden Punkten!

a) Wie groß ist Ihre Wohnung?

b) Wie viele Zimmer hat Ihre Wohnung?

c) Welche Haushaltsgeräte haben Sie in Ihrer Wohnung?

d) Wo stehen die Möbel?

Phonetische Übung I

Hören und sprechen Sie bitte nach!

● [ts]

Wohnzimmer – Schlafzimmer – Zimmersuche – Holz – kurz – Zug – Ziel

sitzen – setzen – Wortschatz – Wohnsitz – Parkplatz – Pflanze – Sitzung

abends – nirgends – Landsmann – Landsleute – Landsmannschaft

Haushaltsgeräte – Rätsel – Arbeitsplatz – Arbeitszimmer – Aufenthaltsraum

circa – Mercedes – Celsius – CD – Spieler – Videorecorder – Cicero – Cis

● [j]

Januar – jeder – Jacke – Jugend – jung – jährlich – Jahreszeit – Jahrhundert

Yacht – Yeti – Yard – Yangtze – Yak – Yen – Yoga – Yogi – Yuppie – Yankee

Phonetische Übung II

Hören und sprechen Sie bitte nach!

a) Das Bett steht am Fenster.

  Der Schrank steht rechts neben dem Fenster.

  Das Bücherregal steht links neben dem Fenster.

  Der Schreibtisch steht an der rechten Wand.

  Zwei Stühle stehen gegenüber dem Schreibtisch.

  Der Tisch steht zwischen den Stühlen.

b) Jetzt möchte ich den Schreibtisch ans Fenster stellen.

  Jetzt möchte ich das Bücherregal links neben das Fenster stellen.

  Jetzt möchte ich den Schrank an die linke Wand stellen.

  Jetzt möchte ich das Bett an die Wand gegenüber dem Fenster stellen.

  Jetzt möchte ich zwei Stühle an die rechte Wand stellen.

  Jetzt möchte ich den Tisch zwischen zwei Stühle stellen.

c) Er hat den Teppich auf den Boden gelegt.

  Der Teppich liegt auf dem Boden.

  Sie hat die Tasche an die Wand gehängt.

  Die Tasche hängt an der Wand.

  Die Mutter hat das Kind auf den Stuhl gesetzt.

  Das Kind sitzt auf dem Stuhl.

  Der Vermieter hat den Schlüssel ins Schloss gesteckt.

  Der Schlüssel steckt im Schloss.

d) Wohin soll ich das Telefon stellen?

  Wohin soll ich die Pflanze stellen?

  Wohin soll ich den Fernseher stellen?

Wohin soll ich den Videorecorder stellen?

Wohin soll ich den Bonsai stellen?

Wohin soll ich den Staubsauger stellen?

e) Wohin kommt der Sessel?

Wohin kommt das Sofa?

Wohin kommt das Bett?

Wohin kommt die Stehlampe?

Wohin kommt die Stereoanlage?

Wohin kommt der Kühlschrank?

Wohin kommt die Mikrowelle?

Wohin kommt die Waschmaschine?

Phonetische Übung　Ⅲ

Hören und sprechen Sie bitte nach!

a) ＊ Hallo Dali, wie gefällt dir dein neues Zimmer im Studentenwohnheim?

+ Gut, es gefällt mir sehr.

＊ Wie groß ist dein Zimmer?

+ Es ist 12qm groß. Aber für mich reicht es.   reichen

＊ Hast du schon Kontakte zu den anderen Studenten auf der Etage?

+ Ja, wir kochen oft am Abend in der Küche und essen manchmal am Wochenende zusammen.

＊ Dann bist du damit schon zufrieden.

b) ＊ Tag Claudia.

+ Tag Inge. Du wohnst bei einem Rentner zur Untermiete.

Sag mal, bist du zufrieden mit deinem Zimmer?

＊ Oh nein. Das Zimmer ist 14qm groß. Für eine Person

ist es groß genug. Aber die Miete ist ziemlich hoch.

+ Wie hoch ist die Miete?

＊ 210 Euro. Außerdem kontrolliert der Mann mich ständig.

+ Das ist sehr unangenehm. Möchtest du nicht ausziehen?

＊ Doch. Aber im Moment ist kein passendes Zimmer frei.

+ Willst du mit uns zusammenwohnen?

＊ In einer Wohngemeinschaft?! Gern!

c) ＊ Du, Claudia, das Zimmer gefällt mir. Es ist zwar nicht groß aber billig.

+ Es ist hier auch ruhig. Niemand kontrolliert dich.

＊ Ja, ich bin damit zufrieden.

+ Außerdem ist es hier nicht weit bis zur Uni.

＊ Das ist doch sehr günstig für mich. Wann kann ich denn einziehen?

+ Ein französischer Student wird in dieser Woche ausziehen. Dann sage ich dir Bescheid.

* Vielen Dank für deine Hilfe.

d) * Inge, endlich hast du das Zimmer gemietet.

+ Ja, ich bin froh und dir sehr dankbar.

* Wann möchtest du einziehen?

+ Morgen. Kannst du mir beim Einrichten helfen?

* Ja, gern.

`Sch(m)erzfragen 谜：难题

a) Welcher Abend fängt schon morgens an?

b) Ein Auto fährt von A bis B.

Wie schreibt man *das* mit drei Buchstaben ?

c) Welches Bein kann nicht laufen?

d) Welcher Bauch hat keinen Nabel?

e) Man kocht ein Ei 8 Minuten.

Wie viele Minuten braucht man für drei Eier?

f) Was hat das Flugzeug vorn und das Schiff hinten?

g) Welcher Hahn ruft nicht „kikeriki"?

h) Was kannst du nicht in die linke Hand nehmen?

Lektion 13

Reisen

Einführung

Gao Tai, 1987 in München

Kaifeng im Jahre 987: Gao Tai hat ein schönes Haus, einen großen Garten und eine schöne Frau.

Gao Tai benutzt eine Zeitmaschine. Er möchte Kaifeng im Jahre 1987 besuchen. Aber er kommt nach München 1987.

München im Jahre 1987: In München fahren viele Autos, leben viele Menschen. Dort ist es schmutzig und laut.

Gao Tai spricht auf der Straße mit einem Deutschen. Aber der Deutsche versteht ihn nicht.

Die jungen Leute tragen moderne Kleidung und haben moderne Frisuren. Das alles gefällt ihm nicht.

Er geht einkaufen und möchte mit einem Silberschiffchen bezahlen. Die Verkäuferin kennt das nicht.

Schauen Sie sich bitte die Bilder an und erzählen Sie die Geschichte von Gao Tai im Perfekt bzw. im Präteritum (bei Modalverben)!

Grammatik Ⅰ

Präteritum

A　Regelmäßige Verben

Beispiel: Gao Tai *lebt* in Kaifeng und *reist* nach München.（Präsens）

Gao Tai *lebte* in Kaifeng. 987 *reiste* er nach München.（Präteritum）

	reisen	arbeiten
ich	reis-te	arbeit-ete
du	reis-test	arbeit-etest
er sie es	reis-te	arbeit-ete
wir	reis-ten	arbeit-eten
ihr	reis-tet	arbeit-etet
sie	reis-ten	arbeit-eten
Sie	reis-ten	arbeit-eten

Andere Verben wie *arbeiten* sind z. B. *heiraten,　mieten,　übernachten,*

baden,　bilden,　reden,

schaden,　öffnen,　rechnen

v 损害

Übungen

1. Bilden Sie bitte das Präteritum und machen Sie Beispielsätze!

antworten *antworteten*	lernen *lernten*	üben *übten*	studieren *studierten*
ablehnen *ablehnten*	danken *dankten*	zeichnen *zeichneten*	bestellen *bestellten*
hören *hörten*	einkaufen *einkauften*	lieben *liebten*	schenken *schenkten*
wiederholen *wiederholten*	diktieren *diktierten*	legen *legten*	glauben *glaubten*
fragen *fragten*	mieten *mieteten*	warten *warteten*	freuen *freuten*
leben *lebeten*	bauen *bauten*	machen *machten*	schmecken *schmeckten*
erklären *erklärten*	frühstücken *frühstückten*	entschuldigen	wünschen
kochen	wohnen	kennnen lernen	

2. Bilden Sie bitte Sätze im Präteritum!

a) Gao Tai lebt in Kaifeng.

lebtet

baute
bauten b) Er baut eine Zeitmaschine.

schmeckte
c) Das Essen in München schmeckt Gao Tai nicht.

lernte
d) Am ersten Tag lernt er Herrn Schmidt kennen.

glaubte
e) Das glaube ich nicht.

kaufte
f) Ich kaufe ein Wörterbuch.

suchte
g) Er sucht eine Ferienarbeit.

lehnte
h) Frau Schmidt lehnt die Zigarette ab.   ablehnen   v. 拒绝

i) Wir studieren in München.   *studierten*

vermietete   *kostete*
j) Frau Mayer vermietet das Zimmer. Es kostet 200 Euro.

zahlte   *holte*
k) Ich zahle die Miete und hole dann meine Koffer vom Bahnhof.

telefonierte
l) Frau Mayer telefoniert den ganzen Tag.

übernachtete
m) Hans übernachtet in einem kleinen Hotel.

regnete   *kaufte*
n) Es regnet sehr stark und er kauft einen Regenschirm.

zeigte
o) Ihr zeigt mir die Urlaubsfotos von eurer Familie.

erklärte
p) Der Lehrer erklärt den Studenten die Sätze.

arbeitete
q) Herr Klein arbeitet bei Siemens

gratulierten
r) Wir gratulieren ihr zum Geburtstag.

wohnte
s) Wang Dali wohnt bei einer deutschen Familie.

3. Bilden Sie bitte die Sätze mit den folgenden Wörtern im Präteritum!

machte
a) machen, 2001, eine Reise, Deutschland, Herr Wang, nach

besuchte
b) Frau Wu, von 1997 bis 2001, die Fudan-Universität, besuchen, in Shanghai

wohnte
c) vor drei Jahren, Frau Hermann, in der Bergstraße, wohnen

spielte
d) spielen, auf dem Volksplatz, gestern, die Kinder, Fußball

lernte
e) Deutsch, vor 10 Jahren, Sun Ping, am Deutsch-Kolleg, lernen

zeigte
f) zeigen, Frau Schmidt, den Gästen, vor ein paar Tagen, das Haus

kaufte
g) vorgestern, ein neues Auto, Herr Li, kaufen

arbeitete
h) für die Prüfung, die ganze Nacht, Wang Dali, am Schreibtisch, arbeiten

hörte   *redete*
i) Musik, und, hören, Hans und Maria, reden, im Café, lange

wartete
j) zwei Stunden, ich, warten, gestern, an der Bushaltestelle

stellte
k) machen, und, Michael, Kaffee, auf den Tisch, Kuchen, stellen

B   Unregelmäßige Verben

Beispiele: Gao Tai *gefällt* die Kleidung nicht. (Präsens)

→ Gao Tai *gefiel* die Kleidung nicht. (Präteritum)

Er *bringt* ein Silberschiffchen *mit*. (Präsens)

→ Er *brachte* ein Silberschiffchen *mit*. (Präteritum)

	tragen	geben	leihen ∨借	bringen	kennen
ich	trug	gab	lieh	brachte	kannte
du	trugst	gabst	liehst	brachtest	kanntest
er sie } es	trug	gab	lieh	brachte	kannte
wir	trugen	gaben	liehen	brachten	kannten
ihr	trugt	gabt	lieht	brachtet	kanntet
sie	trugen	gaben	liehen	brachten	kannten
Sie	trugen	gaben	liehen	brachten	kannten

Übungen

1. Bilden Sie bitte die Sätze im Präteritum!

a) Herr Li <u>fliegt</u> (mit) Lufthansa nach Frankfurt. Er <u>steigt</u> in Frankfurt aus und <u>fährt</u> dann mit der S-
Bahn nach Darmstadt. *flog* *fliegen* *Stieg* *austeigen* *fuhr* *fahren*

b) Wang Dali <u>geht</u> zu Freunden. Sie <u>sitzen</u> zusammen und <u>trinken</u> Kaffee. Sie <u>sprechen</u> über das Leben
und das Studium in Deutschland. *ging* *saßen* *tranken* *sprachen*

c) Ich <u>bin</u> müde und <u>gehe</u> nach Haus. *war* *ging*

d) Frau Hermann <u>kennt</u> den Mann nicht. *kannte*

e) Ich <u>habe</u> kein Geld und <u>kann</u> das Wörterbuch nicht kaufen. Ich <u>möchte</u> mir 12 Euro von Maria
leihen. *hatte* *kannte* *wollte*

f) Er <u>trägt</u> keine Brille und <u>kann</u> den Mann nicht sehen. Dann <u>stoßen</u> sie zusammen. *trug* *kannte* *stießen* ∨撞

g) Er <u>bringt</u> sein Fahrrad zur Reparatur und <u>geht</u> nach Haus. *brachte* *ging*

2. Setzen Sie bitte die Geschichte ins Präteritum!

Zhu Bajie als Bräutigam und Schwiegersohn

Teil 1   Der Bewerber

Im Dorf <u>wohnt</u> ein alter Herr. Er <u>heißt</u>
Lao Gao. Er <u>hat</u> keinen Sohn. Er <u>lebt</u> mit seiner jüngsten
Tochter Cuilan zusammen. Sie <u>ist</u> 17 Jahre alt und sehr
schön. Viele Männer <u>möchten</u> sie heiraten. Deshalb *wollten*
<u>kommt</u> ein Bewerber nach dem anderen. Aber Lao Gao
<u>lehnt</u> alle ab. Er sagt:„Ich suche einen Bräutigam — einen
Sohn."

Eines Tages <u>kommt</u> ein kräftiger Mann. Er <u>nennt</u> seinen Nachnamen: „Zhu" und <u>sagt</u>: „Ich möchte dein Schwiegersohn sein." Lao Gao <u>ist</u> zufrieden. Am nächsten Tag <u>heiraten</u> Zhu und Cuilan. Im Dorf Gaolao <u>findet</u> ein großes Hochzeitsfest statt.

Teil 2   Der faule Schwiegersohn

Am Anfang <u>ist</u> Zhu fleißig. Er <u>ist</u> kräftig und <u>arbeitet</u> auf dem Feld. Aber was <u>sieht</u> Lao Gao drei Wochen später? Ein Schwein! Zhu <u>bekommt</u> einen richtigen Schweinekopf und einen runden Bauch. Zu jeder Mahlzeit <u>isst</u> er viel Reis, Fleisch, Wassermelonen und <u>trinkt</u> viel Shaoxing-Wein. Aber er <u>arbeitet</u> immer weniger und weniger, <u>bleibt</u> immer länger im Bett und <u>schläft</u> viel. Lao Gao <u>ist</u> sehr böse und schlägt ihn. Vor Angst <u>springt</u> der faule Zhu auf eine Wolke. Lao Gao <u>bekommt</u> große Angst und <u>fällt</u> um. <u>schlagen</u>

In der Nacht <u>kommt</u> der faule Zhu ins Zimmer und <u>nimmt</u> Cuilan mit. Sie <u>fliegen</u> auf eine Wolke. Er <u>sucht</u> eine Wohnung, aber <u>findet</u> keine. So <u>geht</u> er mit Cuilan wieder ins Dorf Gaolao zurück.

Teil 3   Zhu Bajie

Cuilan ist <u>traurig</u> und <u>weint</u> viel. Zu dieser Zeit <u>besuchen</u> Tang Seng und sein Schüler Sun Wukong das Dorf. Sie <u>gehen</u> nach Westen und <u>holen</u> das „Fojing". Lao Gao <u>erzählt</u> ihnen sein Unglück und <u>braucht</u> ihre Hilfe.

Sun Wukong <u>nimmt</u> seine Eisenstange und <u>bringt</u> Cuilan zu Lao Gao. Sun Wukong <u>trägt</u> die Kleider von Cuilan und <u>geht</u> ins Bett. Bald <u>tritt</u> Zhu Bajie <u>ein</u> und <u>will</u> Cuilan küssen. Aber wer ist das? Zhu Bajie erkennen erkennt Sun Wukong und <u>läuft</u> weg. Wukong <u>folgt</u> ihm. Sie <u>kämpfen</u> die ganze Nacht. Sun Wukong gewinnt. Lao Gao <u>dankt</u> Tang Seng und Wukong. Tang Seng <u>nimmt</u> Zhu Bajie als seinen Schüler mit. Sie <u>reisen</u> nach Westen.

Es war einmal ein Dorf Gaolao. ...

Hören

Text A   Ein interessantes Buch

1. Hören Sie den Text bitte einmal und lösen Sie die <u>Aufgaben</u>!
a) Wer war Gao Tai?

ein Chinesischer Beamte in Kaifeng

aus dem 10 Jahrhundert

b) Bringen Sie die Inhaltspunkte in die richtige Reihenfolge!

④ Wohnung von Herrn Schmidt

① die Stadt München

② Aussehen und Kleidung der Münchner

③ Essen und Trinken

2. **Hören Sie bitte den Text noch einmal und beantworten Sie die Fragen!**

a) Wohin wollte Gao Tai fahren?

die Zukunft, China im 20 Jahrhundert

b) Wohin kam er? Warum?

München im 20 Jahrhundert. Die Zeitmachine machte einen Fehler.

c) Wie sahen die Münchner aus?

Die Menschen in München waren für ihn sehr komisch.

d) Was trugen die Männer und die Frauen?

Die Männer trugen Anzüge, und viele Frauen trugen kurze Röcker oder enge Hosen.

e) Welche Probleme hatte er mit dem Essen in München?

— Viele Speisen schmeckten ihm nicht.

— Es gab viel Fleisch, aber nur wenig Gemüse.

— Auch assen die Langnasen nur selten Reis.

— Die Leute kochten nur einmal am Tag

f) Wo hat er in München gewohnt?

bei Herrn Schmidt

g) Wie fand er München?

Schmutzig und laut

3. **Erzählen Sie bitte die Erlebnisse von Gao Tai!**

311

Wortschatz

Reisen / Urlaubsreisen / Ferienreisen

A Reiseziele

Wohin reisen Sie gern?

Wo machen Sie gern Urlaub?

Wohin?   ans Meer *n.*
Wo?   am Meer

auf die Insel *f.*
auf der Insel

in die Berge *pl.*
in den Bergen

ins Ausland *n.*
im Ausland

nach Beijing
in Beijing

aufs Land *n.*
auf dem Land

zu Haus

an den See *m.* 湖
am See

?

Wohin kann man noch reisen?

Wohin fahren die Studenten in den Ferien am liebsten? *ins Ausland*

Wohin möchten Sie am liebsten fahren? (im Winter / Sommer)

Wo haben Sie schon Urlaub gemacht? *in die Berge / auf die Insel*

B   Reisevorbereitung f

Was brauchen Sie für eine Urlaubsreise?

澡 er←e

Was müssen Sie vor jeder Urlaubsreise machen?

(before)   f

C   Aktivitäten auf der Reise

Was können Sie besichtigen? √参观

die Sehenswürdigkeit, -en

die Große Mauer   das Schloss, -̈er   die Kirche, -n   der Palast, -̈ e
                              n.   m

Was / Wen können Sie besuchen?

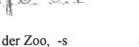

die Ausstellung, -en   der Freund, -e   der Zoo, -s   das Museum, ...seen
    展览 f.   m   n.

Was können Sie machen?

Was wollen Sie noch auf der Reise machen?

Übung *auswählen*

Wählen Sie ein Reiseziel aus und sprechen Sie bitte über Ihre Ferienreise mit Ihrem Nachbarn!

a) Shanghai / Hangzhou

b) Beijing / Xi'an

c) Qingdao / Yangshuo

d) Suzhou / Huangshan

Reiseziele

* Wohin wollen wir reisen? + Nach / Auf Xi'an .

* Warum nicht nach / auf Beijing ? + _____ .

Reisevorbereitungen

* Was müssen wir (vor der Reise) machen? + _____ .

* Was wollen wir mitnehmen? + _____ .

Verkehrsmittel

* Womit/Wie reist du gern? + Mit *dem* Flugzeug .
   n.

Aktivitäten auf der Reise

* Was können wir in / auf Xi'an + _____ .
   besichtigen?

* Was können wir dort besuchen? + _____ .

* Was können wir noch machen? + _____ .

Schreiben

Berichten Sie bitte über Ihre schönste Reise! ✓报告
— Reiseziel

— Verkehrsmittel

— Unterkunft f. 住宿

— Sehenswürdigkeiten 景点 f. pl.

Grammatik II

Temporale Präpositionen am / um / im

Beispiele: *Am* Sonntagvormittag gehen viele Leute in den Park.

Der Zug fährt *um* 14.00 Uhr ab. *abfahren*

Im Herbst ist es in Beijing sehr schön.

Wann?	
an（D）	**Am** Wochenende sind alle Geschäfte in Deutschland zu.
⚠ zu（D） 节日	**Zu** Weihnachten / **Zu** Ostern / **Zum** Frühlingsfest / **Zum** Geburtstag bekommen die Kinder viele Geschenke.
vor（D）	**Vor** dem Fahren dürfen die Autofahrer keinen Wein trinken.
bei（D）	*bei dem* **Beim** Fahren dürfen die Autofahrer auch keinen Wein trinken.
nach（D）	Erst **nach** dem Fahren können die Autofahrer Wein trinken.
in（D）	**In** einer Stunde beginnt das Fußballspiel im Fernsehen. **Im** letzten Jahr machte sie eine Urlaubsreise nach Österreich. 去年
zwischen（D）	Sein Freund kommt **zwischen** 14.00 und 14.15 Uhr.
gegen（A）	Frau Müller geht **gegen** 10.00 Uhr zum Arzt. 大约
um（A）	Der Unterricht endet **um** 11.30 Uhr.

seit wann?　　*bis wann?*　　*von wann bis wann?*　　*ab wann?*	
seit（D）	**Seit** September / **Seit** diesem Semester lerne ich in der Grundstufe Deutsch.
bis（A）	**Bis** Januar / **Bis** nächsten Monat lerne ich in der Grundstufe Deutsch.
von ... bis ...	**Von** September **bis** Januar / **Vom** 1. September **bis zum** 10. Januar lerne ich in der Grundstufe Deutsch.
ab（D）	**Ab** Februar/**Ab** dem 20. Februar lerne ich in der Mittelstufe Deutsch.

Übungen

1. Bitte antworten Sie auf die Fragen!

a) Wann <u>stehen</u> Sie täglich <u>auf</u>?　*um acht*

b) <u>Seit</u> wann lernen Sie Deutsch?　*Seit Juli 2019*

c) Wann machen Sie Ihre Hausaufgaben?　*am Abend*

d) Um <u>wie viel</u> Uhr essen Sie <u>zu Mittag</u>?　*um 12 Uhr*
中午 +12点。

e) Von wann bis wann haben Sie Ferien?　*Von 23 Dezember 2019 bis 07 Januar 2020*

f) Wann können Sie nach Deutschland fahren?　*in einer Woche*

g) Wann ist das chinesische Frühlingsfest? Wann ist Weihnachten?　*25 Dezember*

h) In welcher Jahreszeit möchten Sie reisen?　季节　*im Frühling oder im Herbst*

i) <u>Ab</u> wie viel Uhr können die Studenten in der Mensa <u>frühstücken</u>?　*7 Uhr*

j) <u>Ab</u> wann dürfen Chinesen heiraten? Und Deutsche?
die Frauen 20 ; die Männer 22

k) <u>Ab</u> wann müssen deutsche Kinder zur Schule gehen? Und chinesische Kinder?
6 Jahre

Seit 与 ab.

1) ab 后面可以跟地点名词，而 seit 只能表示时间

2) ~~seit~~ ___ now ___ ab

Seit 表示的时间是从"过去延续到现在"
而 ab 表示从现在开始或未来某个时间开始也

3) seit 后面可以跟时间段，ab 只能跟时间点。(也可以是过去的时间点。)

2. Ergänzen Sie bitte *seit* oder *ab*!

a) _____Seit_____ zwei Monaten lernen wir Deutsch am Kolleg.

b) Hans spielt _____seit_____ drei Wochen Tennis mit Thomas. _____Ab_____ übermorgen hat er einen

neuen Spielpartner.

c) _____Ab_____ nächster Woche haben die Kinder Sommerferien.

d) _____Seit_____ 1995 arbeiten die Chinesen fünf Tage in der Woche.

e) Wang Dali studiert _____Seit_____ einem halben Jahr in Darmstadt.

3. Bitte ergänzen Sie die temporalen Präpositionen, wenn nötig auch die Artikel!

a) Herr Yin ist _____am_____ 23.12.1960 geboren.

b) _____Im_____ September studiert Wang Lingling an der Fudan-Universität.

c) Die DAAD-Lektorinnen haben donnerstags _____von_____ 14.00 Uhr

_____bis_____ 16.00 Uhr Sprechstunde.

d) _____Zu_____ seinem 50. Geburtstag kamen viele Freunde.

e) Können Sie nicht _____am_____ Abend kommen?

f) _____Seit_____ letzter Woche haben wir einen neuen Deutschlehrer.

g) _____Nach_____ Arbeit fährt er schnell nach Hause.

h) Wir machen _____um_____ 9.40 Uhr Pause.

i) _____Von_____ Mai _____bis_____ August arbeitet er in München.

j) Die großen Geschäfte in Shanghai sind _____von_____ 9.00 Uhr _____bis_____ 22.00 Uhr auf. ↔ zu

k) Die Fernsehprogramme enden _____um_____ 24.00 Uhr.

l) * Wann kommt der Chef zurück?

+ _____In_____ zwei Wochen.

m) * Was machst du _____nach_____ Unterricht?

+ Ich gehe ins Café.

n) _____In_____ zehn Minuten beginnt ein amerikanischer Spielfilm im Fernsehen. _____Nach_____
                                                                                      f
_____dem_____ Film gehen wir tanzen.

o) _____Beim_____ Frühlingsfest essen die Nordchinesen Jiaozi.
        n

Grammatik Ⅲ

Andere Präpositionen: mit, ohne, für, außer, zu

Beispiele:

mit (D)	Heute reisen viele Leute gern **mit** dem Flugzeug.
	* Ich möchte Herrn Hoffmann sprechen.
	+ Rufen Sie bitte später an! Er hat jetzt eine wichtige Besprechung **mit** seinem Kollegen.
	* Sie wünschen?
	+ Ich möchte ein Eis **mit** Schlagsahne bitte.
ohne (A)	* Sie wünschen?
	+ Ich möchte ein Eis **ohne** Schlagsahne bitte.
	Deutsche können **ohne** Visum in Europa reisen.
für (A)	Wir lernen **für** das Studium in Deutschland Deutsch.
außer (D)	Wir arbeiten täglich **außer** samstags und sonntags.
	Außer dir liebe ich niemanden.
zu (D)	**Zum** Essen komme ich immer, aber **zur** Arbeit komme ich selten.

Übung

Ergänzen Sie bitte!

a) ___Für___ den neuen Anzug brauche ich eine neue Krawatte.   *passen ... zu*

b) ___Für___ das Studium in Deutschland müssen Sie ___außer___ Büchern auch Kleidung ___für___ alle vier Jahreszeiten mitnehmen.

c) Fahren Sie zur Arbeit ___mit___ dem Bus oder ___mit___ dem Fahrrad?

d) ___Ohne___ Schlüssel kann ich die Tür nicht öffnen.

e) ___Außer___ sonntags habe ich immer Zeit.

f) * Darf ich heute Nachmittag ___mit___ Hans ins Kino gehen?

  + Mach aber zuerst die Aufgaben fertig!

g) Er ist ___mit___ seine Frau nach Paris gefahren.

h) Chinesen essen ___mit___ Stäbchen. Deutsche essen ___mit___ Messer und Gabel.

i) ___Für___ die Hose hat der reiche Mann 400 Euro bezahlt.

j) * ___Außer___ dem Bett ist seine Wohnung leer.

  + Aber er verdient doch viel. Was hat er ___mit___ dem Geld gemacht?

  * Er hat neulich ein teures Auto ___für___ seine hübsche Freundin gekauft.

k) ___Außer___ Nebenkosten zahle ich ___für___ das Zimmer monatlich 300 Euro.

l) Klaus hat gestern zwei Stunden ___mit___ seiner Freundin telefoniert.

m) ___Ohne___ Zigaretten kann ich nicht gut arbeiten.

n) ___Für___ mich, einen armen Studenten, ist die Reise ins Ausland zu teuer.

o) * Trinken Sie Kaffee _____ _mit_ _____ oder _____ _ohne_ _____ Milch?

+ _____ _Mit_ _____ Milch bitte.

p) Kommen Sie bitte das nächste Mal pünktlich _____ ~~zur~~ _____ Unterricht!

zum

f·m.

Hören

Text B   Marco Polo

1. Bitte hören Sie den Text einmal und beantworten Sie die Fragen!

a) Wann reiste Marco Polo nach China?

☐ 1269 _____ _Italien zurück_

☒ 1254 _erste Reise_ (Nicolo Polo und sein Bruder Matteo)

☒ 1271

b) Wie oft reiste er nach China?

☒ einmal

☐ zweimal

☐ dreimal

2. Bitte hören Sie den Text noch einmal und beantworten Sie die Fragen!

a) Wie lange blieb er in China?

20 Jahren

b) Was machte er in China? Woher wissen wir das?

Er arbeitete für den Kaiser   _Ein Buch heißt „Die Wunder der Welt"._

in Yangzhou.

319

Lesen

Text C _Marco Polo in China_

Marco Polo (1254 — 1324) lernte [kennenlernen] auf seiner langen Reise in China nicht nur das große Land, sondern auch den Kaiser kennen. Zuerst durfte [dürfen] Marco Polo den Kaiser in seinem Sommerpalast in Shangdu besuchen.

Im Jahre 1275 erreichte [erreichen v.到达] Marco Polo die Hauptstadt Beijing. Damals [adv.当时] hieß [heißen] die Stadt nicht Beijing, sondern „Da-tu" (auf Deutsch: die große, prächtige Stadt). Marco Polo nannte [nennen] sie „Canbaluc", die Hauptstadt „von Catai". Er staunte [Staunen] über die Größe und den Reichtum.
über j-n/ew. Staunen. 对…感到惊叹

Die größte Anlage war [sein] der Kaiserpalast — die Verbotene Stadt. Im Zentrum stand [stehen] der Palast. Um den Palast stand eine hohe Mauer. Die südliche Mauer hatte [haben] fünf Tore. Das große Tor in der Mitte war [prep] für den Kaiser. An den drei anderen Seiten gab [geben] es je ein Tor. Um diese Mauer stand noch eine Mauer. An jeder Mauerecke stand ein schönes Gebäude. Die südliche Mauer hatte wieder fünf Tore. An den drei anderen Seiten gab es auch je ein Tor.

Zwischen den beiden Mauern spazierte [Spazieren] Marco Polo durch Gärten (mit Wiesen, großen Bäumen und vielen Tieren). Oder er saß an einem schönen Fischteich im Nordwesten.
m 鱼池

Marco Polo besichtigte [besichtigen] den Palast. Die Größe beeindruckte [beeindrucken vt (impress)] den Italiener sehr. Allein im Hauptsaal konnten [können] 6 000 Gäste Platz finden. Der riesige Palast war ein Meisterwerk. Marco Polo sah [sehen] viele wertvolle Bilder und staunte über große Mengen von Gold und Silber an den Wänden. Er bewunderte [bewundern] die Zimmerdecken des Palastes. Sie leuchteten in allen Farben: in Rot und Grün, in Blau und Gelb.
Leuchten v. 发光;闪耀

1. Bitte lesen Sie den Text und beantworten Sie die Fragen!

a) Wie alt war Marco Polo bei seinem Besuch in Beijing?

21

b) Wie nannte Marco Polo „China"?

Er nannte sie „Canbaluc", die Hauptstadt „von Catai".

c) Was erstaunte bzw. beeindruckte Marco Polo in Beijing und in der Verbotenen Stadt?

- die Größe
- viele wertvolle Bilder
- große Mengen von Gold und Silber an den Wänden.
- die Zimmerdecken des Palastes

Norden

2. Geben Sie bitte dem Text eine Überschrift!

Marco Polo in China

3. Bitte zeichnen Sie eine Skizze von der Palastanlage!

['skitsə] f. 草图

Hören

Text D   Im Reisebüro

(1) ___d___

(2) ___g___

(3) ___a___

(4) ___f___

(5) ___b___

(6) ___c___

(7) ___e___

1. Einführung: Bitte ordnen Sie die folgenden Namen den Bildern zu!

a) Das Brandenburger Tor

b) Die Glaskuppel des Reichstags

c) Der Potzdamer Platz

d) Die Museumsinsel

e) Die Weltzeituhr auf dem Alexanderplatz

f) Das Reichstagsgebäude

g) Der Berliner Fernsehturm

2. Hören Sie bitte den Text zweimal und beantworten Sie die Fragen!

围绕什么 a) <u>Worum</u> geht es in dem Dialog?

    eine Tagsreise nach Berlin

b) <u>Wie lange</u> dauert die Reise?

c) Mit welchem <u>Verkehrsmittel</u> fährt man?

   ein Moderner Reisebus

d) <u>Wie viel</u> kostet das Angebot?

    46 Euro

e) Muss man für den Besuch des Reichstagsgebäudes zahlen?

     Nein

f) <u>Wie hoch</u> ist der Fernsehturm?

   ☐ 386 Meter

   ☒ 368 Meter

g) <u>Wie viel</u> kostet der <u>Eintritt</u>?

    11 Euro

h) Was ist in dem Preis von 32 Euro inbegriffen?

　　☒ Auffahrt auf den Fernsehturm mit Mittagessen oder Abendessen

　　☐ Auffahrt auf den Fernsehturm mit Mittagessen und Abendessen

i) Beschreiben Sie bitte die Schifffahrt auf der Spree! (Dauer und Kosten)

　　　　　　　　　　　　　　　　　1 Stunde　　9 Euro

j) Was kann man in KaDeWe kaufen? (zwei Punkte)

　　　　　　　Kleidung, Taschen

Sprechen

1. Sprechen Sie bitte zu zweit über eine Reise!

* Guten Tag!

+ Guten Tag! Ich habe Sie lange nicht gesehen. Wo waren Sie denn?

* Ich ... [War] im Urlaub.

+ Wo ... [waren Sie] ?

* Ich ... [war in Salzburg]

+ Wie ... [war] die Reise?

* ... [Prima]

+ Mit wem ... ?

* Eigentlich ... ich mit ... , aber ...

+ Was ... ?

* ...

+ Wie lange ... ?

* Leider ... , denn ich ...

2. Situative Fragen

a) Sie möchten mit Ihrem Freund / Ihrer Freundin nach Beijing reisen. Was sagen Sie zu ihm / ihr?

b) Wang Dali möchte mit Ihnen eine Reise nach Berlin machen. Sie kommen gerne mit und fragen nach dem Reisetermin.

c) Wang Dali möchte nächsten Freitag mit Ihnen nach Berlin reisen. Sie kommen gerne mit, haben aber leider keine Zeit. Fragen Sie bitte, ob ihr beide die Reise nicht an einem anderen Tag machen könnt.

d) Ein Bekannter möchte mit Ihnen eine Reise nach Berlin machen. Sie möchten mit dieser Person keine Reise machen. Lehnen Sie den Vorschlag höflich ab!

Phonetische Übung I

Hören und sprechen Sie bitte nach!

● [ŋ]

Übung – Bestellung – Hunger – Zeitung – singen – bringen – Rang – Drang – Übernachtung – Stange –
Überraschung – Sendung – Unterhaltung

● [ŋk]

Dank – krank – trinken – Bank – Getränk – Enkel – dunkel – tanken – Klinke – winken – danken –
denken – Franken – gepunktet – Kranker – schminken

● [pf]

Apfel – Pflanze – Pfahl – Pfeife – Opfer – Gipfel – Pfund – Pfeffer – Dampf – kämpfen – schimpfen –
Pflege – Pflicht – Pfeifer – Pflug – Tapferkeit

f. 护课

● [kv]

Quatsch – Quote – quer – bequem – Quittung – Qual – Qualität – Quadrat – Querstraße – Quantität –
quälen – Quartier – Quelle – Quartal – quasi

● [ks]

Keks – links – Text – Luxus – Max – Haxen – Taxi – Lachs – Fuchs – Ochse – sechs – Achse – wachsen –
Wachs – unterwegs – mittags – tagsüber

adv 白天

Phonetische Übung II

Hören und sprechen Sie bitte nach!

a) Ich habe gestern ein sehr schönes Buch gefunden.

   Er hat gestern eine sehr langweilige Zeitschrift gefunden.

   Sie hat gestern eine sehr interessante Zeitung gefunden.

b) Wie heißt das Buch?

   Wie heißt die Zeitschrift?

   Wie heißt die Zeitung?

c) Oh, das muss sehr komisch sein.

   Oh, das muss sehr interessant sein.

   Oh, das muss sehr langweilig sein.

d) Doch die Zeitmaschine machte einen Fehler.

   Doch der Vater machte einen Fehler.

   Doch der Student machte einen Fehler.

e) Gao Tai gefiel die Kleidung überhaupt nicht.

Mir gefiel das Essen überhaupt nicht.

Ihm gefiel der Tee überhaupt nicht.

f) Gao Tai hatte auch große Probleme mit dem Essen.

Lao Cai hatte auch große Probleme mit dem Kochen.

Xiao Li hatte auch große Probleme mit dem Deutschlernen.

g) Er hatte große Angst vor dem Lift.

Sie hatte große Angst vor der Prüfung.

Das Kind hatte große Angst vor dem Tiger.

h) Die deutschen Studenten reisten durch China.

Die chinesischen Studenten reisten durch Deutschland.

Die französischen Praktikanten reisten durch die Schweiz.

Die Schüler aus Shanghai reisten durch Paris.

Die Studenten aus Guangzhou reisten durch Wien.

Die Kinder aus Shenzhen reisten durch Budapest.

Phonetische Übung III ☆

Hören und sprechen Sie bitte nach!

a) ∗ Hallo, Christian!

+ Hallo, Dali! Wo warst du denn in den Sommerferien?

∗ Ich war in Paris.

+ In Paris?! Womit bist du hingefahren? Mit dem Auto oder mit der Bahn?

∗ Mit der Bahn. Von Frankfurt bis Paris dauerte die Fahrt etwa sieben Stunden.

+ Was hast du alles gesehen / besichtigt?

∗ Ich habe zuerst die Innenstadt kennen gelernt, dann Louvre, Versailles besucht und schließlich eine Schifffahrt auf der Seine gemacht.

+ Wie war die Reise?

∗ Sie war toll.

b) ∗ Xiao Lin, am Samstagabend läuft ein ausländischer Film im Unikino.

+ Ein amerikanischer oder französischer Film?

∗ Weder noch. Es ist ein deutscher Film. Er soll sehr interessant sein.

+ Wie heißt der Film?

∗ Er heißt „Lola rennt". Kommst du mit?

+ Ja, sehr gern.

∗ Also wir treffen uns am Kinoeingang. Nun bis Samstagabend.

+ Tschüss, bis Samstagabend.

c) ∗ Hast du am Wochenende schon was vor?

+ Nein, noch nichts. Und du?

* Ich will in den Waldpark gehen.

\+ Gehst du alleine in den Park?

* Natürlich nicht alleine, sondern mit meinen Mitbewohnern.

\+ Was wollt ihr dort machen?

* Grillen. Kommst du mit?

\+ Eigentlich möchte ich sehr gern kommen, aber leider habe ich keine Zeit. Ich muss Deutsch lernen.

* Wie schade. Vielleicht ein anderes Mal.

\+ Eben. Also viel Spaß! Tschüs.

* Tschüs.

Lektion 14 Eintopf

Hören

Text A   Eintopf

Einführung

Schauen Sie sich das Bild auf dem Deckblatt an und erklären Sie: Was ist ein ,, Eintopf "?

n. 第一页
(封面)

Bitte hören Sie den Text zweimal und beantworten Sie die Fragen!

a) Welche andere Bedeutung hat das Wort ,, Eintopf " im Text?

f. 意思

  Unterricht wiederholung

b) Was gehört in unseren ,, Topf " für Lektion 14?

  vieler verschiedener Themen, Übungen zur Grammatik, Lesen, Hören usw.

Hören

Text B   Wer bin ich?

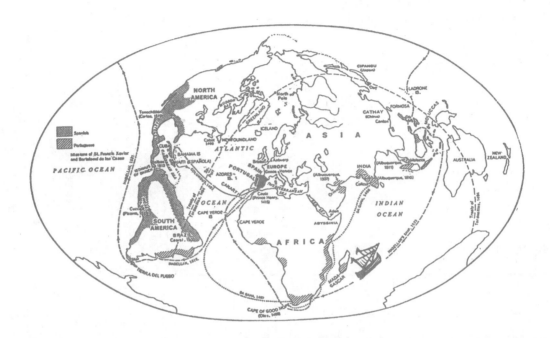

1. Bitte hören Sie den Text zweimal und antworten Sie auf die folgenden Fragen!

a) Was wissen Sie über diese Person? (Name, Geburtsjahr, Todesjahr, Nationalität)

f. Christopher   1451   150 6   Italien
       Columbus

b) Was machte diese Person oft? Warum?

·Reisen   Seine Beruf · Seefahrer

c) Für wen arbeitete diese Person?

Für den Spanischen König

d) Was war ihr Berufsziel?

Er wollte nach Ostasien, nach Indien.

e) Welchen Berufserfolg hatte diese Person?

entdecken. v. (敵次)发现

Er hatte einen neuen Kontinent entdeckt, Amerika.

2. Sprechen Sie bitte mit Ihrem Partner über diese Person!

Hören

Text C   Eine Verabredung

f. 约定；约会

1. **Bitte hören Sie den Text zweimal und beantworten Sie die Fragen!**

a) Was möchte die Frau mal wieder machen?

   Sie möchte mal wieder ins Theater gehen.

b) Welche Wochentage schlägt sie vor?   *vorschlagen . v.建议*

Mo	Di	Mi	Do	Fr	Sa	So
X		X		X		

c) Was haben der Mann und die Frau an diesen Wochentagen schon vor?

   Was haben sie gemeinsam vor? Tragen Sie bitte die Termine in den Terminkalender ein!

	der Mann	die Frau
Mo	*ein Termin mit Doktor Clemens*	
Di		
Mi	*ein Termin mit seinem Kollegen Lampelt*	*zum Sport*
Do		
Fr	*seinen Bruder besuchen*	
Sa	*spazieren und kochen*	
So		

2. **Bitte lösen Sie die Aufgabe!**

   Welche Verben können Sie mit dem Nomen „Termin" kombinieren?

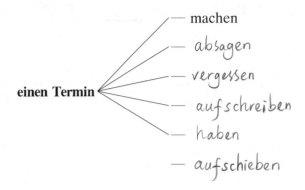

— machen
— absagen
— vergessen
einen Termin — aufschreiben
— haben
— aufschieben

3. Hat der Mann Lust zu dieser Freizeitbeschäftigung? Begründen Sie bitte Ihre Antwort!

f　业余活动

Lesen

Text D　Ein Brief

m.

20. Mai 2011

Liebe Iris,

adv
现在 <u>nun</u> bin ich schon zwei Monate in Deutschland und es geht <u>mir</u> viel besser als am Anfang. Die ersten drei
am Ende n.

Wochen waren sehr schwer für mich, <u>denn</u> alles war neu, ich hatte noch kein <u>eigenes</u> Zimmer, <u>sondern</u>
m.

wohnte bei meinen chinesischen Freunden, und ich hatte großes Heimweh.

n.思乡

Dann bekam ich ein Zimmer im Studentenheim. Das Zimmer ist <u>zwar nicht</u> sehr groß, <u>aber</u> sehr hell und

gemütlich. Ich habe einen bequemen Sessel und eine Leselampe gekauft. Die anderen Möbel, wie Bett,

Schrank, Schreibtisch, Stuhl und Regal musste ich nicht kaufen. Sie gehören zum Zimmer. Letzte Woche

habe ich viele Fotos an die Wand gehängt; Fotos <u>von</u> meinen Eltern, Geschwistern und Freunden. Es ist

auch ein Foto von dir dabei.

An der Uni besuche ich noch den Sprachkurs. Wir sind zweiundzwanzig Studenten <u>aus</u> zwölf Ländern.

<u>Außer</u> mir ist noch ein Chinese im Sprachkurs. Er kommt aus Xiamen. Die anderen Studenten kommen

aus „aller Welt", z. B. Frankreich, Portugal, Chile, Ägypten und Indonesien. Unsere <u>gemeinsame</u>

Sprache ist Deutsch! Für mich ist das eine gute Übung, <u>denn</u> mit meinen chinesischen Freunden spreche *ich natürlich nur Chinesisch. Der Kurs ist sehr interessant. Wir lernen dort nicht nur die Sprache, sondern auch viel über die Universität und das Studium.*

In China habe ich viel über das deutsche Essen gehört, z. B. über Käse. Hier habe ich dann einmal Käse probiert; und ich finde, viele Sorten Käse schmecken ausgezeichnet. Auch frischer Salat ist köstlich. In der Mensa ist das Essen nicht besonders gut, aber schlecht ist es auch nicht. Es gibt immer eine große Auswahl, so finde ich meistens etwas Leckeres. Manchmal kochen wir im Studentenwohnheim zusammen, manchmal deutsch, italienisch, türkisch, japanisch oder auch chinesisch. Das macht großen Spaß.

Ich möchte dir gerne mein Zimmer zeigen. Wann kommst du mich besuchen? Hoffentlich bis bald!

Herzliche Grüße

   Dein Shao Yan

P. S. Ab nächster Woche Mittwoch habe ich Telefon: 436361.

1. Bitte lesen Sie den Text und geben Sie jedem Abschnitt eine Überschrift!

a) Es geht ihm viel besser als am Anfang.

b) Er bekam ein Zimmer in Studentenheim.

c) Er besuchte noch den Sprachkurs an der Uni.

d) Essen

e) mich besuchen

2. Lesen Sie den Text noch einmal und beantworten Sie die folgenden Fragen!

a) Warum hatte Shao Yan kurz nach seiner Ankunft in Deutschland Probleme?

Denn alles war neu, er hatte noch kein eigenes Zimmer.

b) Was hat er in seinem Zimmer im Studentenwohnheim?

ein Sessel, eine Leselampe, die anderen Möbel, wie Bett, Schrank Schreibtisch, Stuhl und Regal

c) Welchen Vorteil hat ein Sprachkurs mit Teilnehmern aus verschiedenen Ländern?

Die gemeinsame Sprache ist Deutsch.

d) Hat er Probleme mit dem Essen? Begründen Sie bitte Ihre Antwort!

Nein.

e) Hat er Kontakt zu Studenten aus anderen Ländern? Woher wissen Sie das?

Ja. Manchmal sie kochen zusammen.

Lesen

Text E   Lesestrategien

Einführung

Was lesen Sie in Ihrer Freizeit?

Wozu lesen Sie es?   〈疑问代副词〉为何

Wie viel Zeit verwenden Sie dafür?   etwas (für/zu etw.) verwenden
用

was?	wozu?	wie viel Zeit?

Es gibt nicht ausschließlich eine Methode, Texte zu lesen, sondern mehrere Methoden. Welche die richtige ist, hängt davon ab, warum man den Text liest. Je nach der Leseabsicht liest man einen Text langsamer oder schneller, genauer oder weniger genau. Im Allgemeinen werden drei Lesestrategien unterschieden: das kursorische Lesen, das selektive Lesen und das totale Lesen.   5

Das kursorische Lesen dient dazu, sich einen schnellen Überblick darüber zu verschaffen, worum es in einem Text geht. Man erfasst dabei nur die wichtigsten Informationen eines Textes. Dieses Lesen wird auch als überfliegendes Lesen bezeichnet, denn der Blick folgt dem Text nicht Satz für Satz und Zeile für Zeile, sondern „fliegt" über den Text. Dabei bleibt er an den Wörtern hängen, die auffallen – die   10
„ins Auge springen".

Das selektive Lesen hat den Zweck, in einem Text eine bestimmte Information bzw. bestimmte Informationen zu finden. Auch beim selektiven Lesen liest man einen Text nicht Satz für Satz, sondern sucht den Text nach Schlüsselwörtern ab. Nur die Textstellen oder Textabschnitte, die die gesuchte   15
Information enthalten, werden genau gelesen. Auch sollte nur für diese Textstellen bzw. Textabschnitte das Wörterbuch verwendet werden. Ansonsten sollte man beim selektiven Lesen und beim kursorischen Lesen versuchen, ohne Wörterbuch zu arbeiten.

Das totale Lesen ist die Methode, um einen Text genau und im Detail zu erfassen. Totales Lesen   20
bedeutet aber nicht Wort für Wort lesen. Man braucht nicht jedes Wort zu verstehen, um einen Text zu verstehen. Es ist nicht nötig, alle unbekannten Wörter im Wörterbuch nachzuschlagen. Uber unbekannte Wörter kann man hinweglesen, wenn sie für das Verständnis unwichtig sind. Ihre Bedeutung lässt sich aus dem Kontext erschließen. Totales Lesen ist kein Synonym für Übersetzen!

1. Lesen Sie bitte die Überschrift des Textes!
Was könnte damit gemeint sein?

2. Lesen Sie bitte den Text und beantworten Sie die Fragen!
a) Wie liest man Texte?

Es gibt nicht ausschließlich eine Methode

b) Ergänzen Sie bitte das Schema und berichten Sie über die verschiedenen Lesestrategien:

Lesestrategie	Leseabsicht	Methode

3. Wie haben Sie den Text gelesen, um Frage 2 b) zu beantworten?

4. Welche Lesestrategie verwenden Sie in den folgenden Situationen?

a) Um wie viel Uhr wird die Sportschau im Fernsehen gesendet und was wird gezeigt? *zeigen*

das selektive Lesen 显示

Fernsehen am Sonntag, 15. Juni

ARD

6.00   Robbi, Tobbi und das Fliewatüüt

6.30   Pumuckl TV

7.30   Sesamstraße

8.00   Die wunderbare Reise des kleinen Nils
        Holgersson mit den Wildgänsen. Graufell

8.30   Tigerenten Club. Der Club zum Mitmachen

10.00   Immer wieder sonntags. Sommershow

11.30   Die Sendung mit der Maus

12.00   Presseclub

12.45   Tagesschau mit Wochenspiegel

13.15   Weltreisen. Durch Kanadas Wilden Westen

13.45   Bilderbuch Deutschland. Schwalm Nette

14.30   Musikstreifzüge. Clavierissimo

15.00   Tagesschau

15.05   Kampf der Titanen
        Spielfilm GB, 1981; R: Desmond Davis; D:
        Harry Hamlin, Judi Bowker, Laurence Olivier

17.00   Ratgeber: Technik

17.30   „Leuchte auf, mein Stern Borussia!"
        Fußball als Religion. Von Martin Buchholz

18.00   Tagesschau

18.05   Der 7. Sinn

18.08   Sportschau
        u.a. Fußball. DFB-Pokal-Finale; Empfang VfB
        Stuttgart und Empfang Energie Cottbus; Tor des Monats Mai;
        Fußball: Real Madrid-Interview mit Jupp Heynkes

18.40　Lindenstraße. Serie

19.09　Die Goldene 1. Wochengewinner

19.10　Weltspiegel

19.50　Sportschau-Telegramm

20.00　Tagesschau

20.15　Tatort, Krimireihe (von 1991)

21.50　Kulturreport. Aus München

22.20　Tagesthemen

22.35　Der Blumenmann

23.20　Die Tigerin

　　　　Spielfilm, BRD 1991; R: Karin Howard; D: Valentina Vargas,

　　　　Hannes Jaenicke u. a.

0.45　Tagesschau

0.55　Der tolle Mister Flim-Flam

　　　　Spielfilm USA 1967; R: lrvin Kershner; D:

　　　　George C. Scott, Sue Lyon u. a. (bis 2.35)

b) Sie haben in einer Fachzeitschrift einen Artikel eines Kollegen gefunden. Sie möchten wissen, ob der Artikel Informationen enthält, die für Sie interessant sind.

das kursorische Lesen

c) Sie lesen einen Artikel über eine neue Theorie in Ihrem Fachgebiet.

das totale Lesen

Sprechen

1. Sehen Sie sich bitte die Bilder genau an!

a) Beschreiben Sie bitte die Personen! (Größe, Figur, Haare, Aussehen)

b) Was tragen die Personen?

2. Schauen Sie sich bitte die Bilder an!

zierlich

a) Beschreiben Sie bitte jede Person! (Größe, Figur, Haare, Aussehen)
b) Vergleichen Sie bitte die beiden Personen!

3. Farbenrätsel ['rɛːtsl] 谜语
Beispiel: * Was ist <u>außen</u> gelb und <u>innen</u> weiß?
    + Das ist die Banane.

a) Was ist außen rot und innen auch rot? der Pfirsich
b) Was ist außen grün und innen rot? die Wassermelone
c) Was ist außen rot und innen weiß? der Apfel
d) Was ist <u>schwarzweiß</u> und isst Bambus? der Panda

Machen Sie bitte selber <u>ähnliche</u> Rätsel!

4. Ordnen Sie bitte die Sätze den Bildern zu!

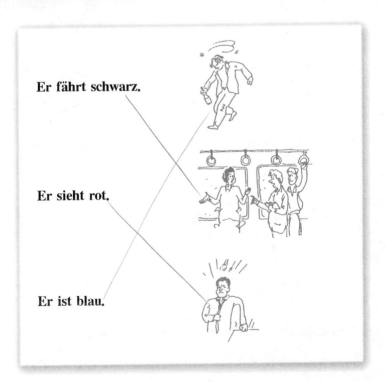

Er fährt schwarz.

Er sieht rot.

Er ist blau.

Vorstellung f. 介绍

5. Stellen Sie bitte Ihre Familie und Ihre Verwandten <u>vor</u> und nennen Sie dabei bitte auch ihr <u>Alter</u>, ihren
m.

<u>Beruf</u>, ihr <u>Studienfach</u>, ihre <u>Schulbildung</u>, ihre <u>Hobbys</u> und ihre <u>Interessen</u>!
m.   n.   f.   pl   pl (n).
vb
n

6. Schauen Sie sich bitte die Bilder an! Was hat Sandra Bauer <u>am letzten Mittwoch</u> gemacht? Erzählen Sie
m.
bitte mit Hilfe (der) Bilder!

7.00 Uhr aufstehen

stand auf

7.30 Uhr frühstücken   frühstückte

~~stückte früh~~

8.15 Uhr ihren Sohn in
die Schule <u>bringen</u>

brachte

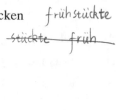

8.40 Uhr zur Arbeit gehen   ging

14.00 Uhr Wäsche waschen

waschte

15.00 Uhr ihren Sohn von
der Schule <u>abholen</u>   holte ab

17.20 Uhr das Abendessen
kochen   kochte

18.15 Uhr mit ihrem Sohn
und ihrem Mann <u>essen</u>   aß

20.45 Uhr mit ihrem
Mann <u>fernsehen</u>   sah fern

22.30 Uhr ins Bett gehen   ging

7. Erzählen Sie bitte den Tagesablauf (von) Sandra Bauer im Präteritum!

8. Was haben Sie am Wochenende gemacht? Sprechen Sie bitte mit Ihrem Nachbarn!

9. Sprechen Sie bitte!

Suchen Sie sich bitte eine bekannte Person und erzählen Sie über ihren Lebenslauf. Notieren Sie einige Stichpunkte. Sie sollen dann vor der Klasse mit Hilfe Ihrer Stichpunkte über das Leben berichten. (Sie sollen den Lebenslauf nicht vorlesen !!!) Die anderen Studenten sollen raten, über wen Sie sprechen. Nennen Sie nicht den Namen und auch nicht das Geschlecht, d.h. Mann oder Frau —,, er" oder ,, sie". Beginnen Sie Ihre Sätze immer mit: ,, *Die Person* ..."! 性别

Geburtsdatum / -ort:

Beruf:

wichtige Lebensdaten;

—

—

—

—

—

—

Todesdatum (Wenn die Person gestorben ist.):
m.兔

10. Beschreiben Sie bitte die zwei Zimmer von Karl Schmitz!

a) d/e Arbeitszimmer
     das

b) <u>d̶i̶e̶ das Schlafzimmer</u>

11. Herr Schmitz möchte sein Arbeitszimmer untervermieten. Also muss er <u>seine Möbel und Sachen</u> vom Arbeitszimmer in das Schlafzimmer bringen. Wohin stellt er <u>sie</u>?

12. Beschreiben Sie bitte <u>das Ferienhaus</u> von Herrn Schmidt!

Beispiel: Oben links ist das Bad.

Sprechen und Hören

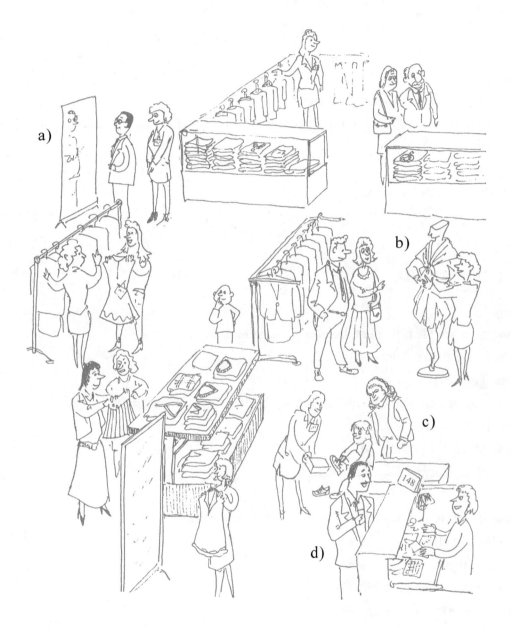

a)

b)

c)

d)

1. Bitte schauen Sie sich das Bild an und machen Sie mit Ihrem Partner Dialoge!

Was sagen die Leute?

2. Bitte hören Sie die Aussagen und ordnen Sie sie den Personen zu!

Dialog 1: _____　　　　Dialog 2: _____

Dialog 3: _____　　　　Dialog 4: _____

Schreiben

1. Sie sind seit drei Monaten hier im Deutschkurs.

Schreiben Sie bitte Ihrem Freund / Ihrer Freundin / Ihrer Familie eine Postkarte und berichten Sie über Ihr Leben hier!

2. Schreiben Sie bitte Ihren Lebenslauf!

Wiederholungen

Ⅰ. Phonetik

1. Hören und sprechen Sie bitte die folgenden Aussagesätze nach!

a) Vielleicht ist sie in der Küche.

b) Ich mache gerade Tee.

c) In zwei Tagen ist der Deutschkurs zu Ende und wir haben Prüfungen.

d) Der Fluss fließt in Ostasien.

e) Es ist eine Stadt in Deutschland.

f) Ich erzähle Ihnen etwas über mein Leben.

2. Hören und sprechen Sie bitte die folgenden Ja-Nein-Fragen nach!

a) Darf ich Ihnen helfen?

b) Trinken wir einen Tee zusammen?

c) Wollen wir heute Eintopf kochen?

d) Gibt es für Dienstag noch Karten?

e) Soll ich einen Tisch bestellen?

f) Gehen wir zusammen ins Theater?

3. Hören und sprechen Sie bitte die folgenden W-Fragen nach?

a) Was bedeutet das Wort „Eintopf" in dem Hörtext?

b) Wie war es heute im Deutschkurs?

c) Wer bist du?

d) Warum kannst du am Wochenende nicht ins Kino gehen?

e) Wann koooonnen wir zusammen ein Wochenende verbringen?

f) Wo findet die Veranstaltung statt?

4. Hören und sprechen Sie bitte die folgenden Imperativsätze nach!

a) Geh doch bitte mit ins Theater!

b) Nimm bitte Platz hier am Tisch!

c) Wartet hier bitte auf mich!

d) Verlasst bitte nicht das Klassenzimmer!

e) Fahren Sie bitte vorsichtig!

f) Seien Sie bitte ruhig!

II. Verben

1. Ergänzen Sie bitte die Tabelle mit allen Ihnen bekannten starken Verben!

Infinitiv	Präsens (du)	Präsens (er)	Präteritum (er)	Perfekt	Imperativ (du)
beginnen	beginnst	beginnt	begann	begonnen	beginn
gehen	gehst	geht	ging	gegangen(s)	geh

2. Ergänzen Sie bitte die Verben und achten Sie dabei auf die Zeitform in der Geschichte!

Eine Geschichte von Christian und Jutta	
Auf einer Party _____ Christian Jutta _____.	kennen lernen
Von da an _____ Christian jeden Tag Jutta _____.	anrufen
Er _____ Termine mit ihr und _____ oft	machen / spazieren gehen
mit ihr _____. Eines Tages _____ Christian	kommen
zu Jutta. Er _____ Jutta ins Kino _____.	einladen
Aber Jutta _____ keine Lust und _____ zu	haben / wollen
Hause _____. Dann _____ er einen Ausflug	fernsehen / vorschlagen
an den See _____. Jutta _____ eine Weile	nachdenken
_____ und _____ _____. Sie	wollen / mitfahren
_____ eine Kamera und etwas zum Essen	mitnehmen

_____ . Christian _____ sehr schnell und	fahren
_____ nicht auf den Verkehr _____ .	aufpassen
Plötzlich _____ Christian mit einem Wagen _____ .	zusammenstoßen
Die beiden _____ verletzt und ein anderer	sein
Autofahrer _____ sie zum Arzt. Nach der	bringen
Behandlung _____ sie einen Freund _____ , und er	anrufen
_____ sie nach Hause _____ .	zurückbringen

3. Ordnen Sie bitte die Zeitangaben zu!

gestern	früher	jede Woche	ab dem 1. Mai
letzten Montag	seit drei Monaten	**morgen**	heute
bald	nächstes Jahr	jetzt	übermorgen
in zwei Tagen	vor drei Jahren	in Zukunft	vorgestern

Präsens	Perfekt oder Präteritum
morgen …	_gestern_ …

4. Bilden Sie bitte Sätze und beachten Sie die Zeitform!

a) wir, haben, Unterricht,   **gerade**

    Herr Li, sollen, ein Satz, bilden   **jetzt**

    wir, machen, Wiederholung   **seit gestern**

    wir, schreiben, ein Test,   **in zwei Tagen**

    wir, machen, weiter, Wiederholung,   **morgen**

    Herr Li, lernen, Deutsch,   **seit zwei Monaten**

    er, haben, fünf Tage Unterricht,   **jede Woche**

b) ich, gehen, in die Stadt,   **vor zwei Wochen**

    ich, kaufen, dort, eine Jacke

    ich, anziehen, die Jacke,   **am letzten Sonntag**

    mein Freund, finden, ein Fehler an der Jacke

    ich, fahren, wieder, in die Stadt,   **gestern**

    ich, sprechen, darüber, mit der Verkäuferin,

    ich, bekommen, eine Antwort, telefonisch,   **heute**

ich, dürfen, die Jacke, umtauschen

5. a) Ein Deutscher hat Ihren chinesischen Freund / Ihre chinesischen Freunde zum Essen eingeladen. Geben Sie ihm / ihnen bitte ein paar Tipps!

Verwenden Sie dabei Imperativ!

pünktlich oder etwas später kommen

eine Flasche Wein mitbringen

einen Blumenstrauß kaufen

der Gastgeberin keine roten Rosen schenken

beim Essen nicht rauchen

die Gabel in der linken Hand und das Messer in der rechten Hand halten

nicht mit vollem Mund sprechen

zuerst die Suppe essen

beim Essen nicht schlürfen

nichts auf den Tisch spucken

b) Ein deutscher Freund kommt heute zu einem chinesischen Freund zum Essen. Geben Sie ihm bitte ein paar Ratschläge!

etwas früher kommen

etwas zum Essen oder zum Trinken mitbringen

nicht zu viel von den kalten Speisen essen

die Essstäbchen beim Essen auf den Teller legen

nicht nur von einer Speise essen

die Essstäbchen nach dem Essen auf den Tisch legen

nicht mit vollem Mund sprechen

6. Welchen Befehl geben Sie?

Beispiel: Es ist Ihnen im Zimmer zu laut.

Ihr Befehl: *Seid / Sei still!*

a) Die Kinder spielen auf der Straße.

b) Es ist Ihnen im Zimmer zu warm.

c) Die Kinder haben Angst vor dem Hund.

d) Der Schüler spricht zu leise.

7. Antworten Sie bitte!

* Sag mal, wie kann ich gut Deutsch lernen?

+ ...

8. Bitte setzen Sie die Modalverben ein und achten Sie dabei auf die Zeitform!

Liebe Katrin,

gestern habe ich erfahren, du liegst im Krankenhaus. Ich _____ dich besuchen. Aber etwas

Geduld _____ du noch haben. Ich _____ dich erst am Wochenende besuchen. Morgen __

_____ ich in die Sprechstunde zu Prof. Müller gehen und ich _____ nicht unvorbereitet

kommen. Es ist die letzte Möglichkeit vor der Prüfung.

Außerdem _____ ich noch die Seminararbeit schreiben.

In den letzten Wochen _____ ich nicht arbeiten und jetzt _____ ich nachts arbeiten. Ich

habe übrigens gestern mit Prof. Müller gesprochen. Du _____ alle deine Prüfungen verschieben.

Ich _____ dich sehr herzlich von ihm grüßen und dir gute Besserung wünschen.

Ich _____ jetzt schließen. Von Klaus und Marion _____ ich dich auch grüßen.
Liebe Grüße
   Deine Sabine

9. Bitte ergänzen Sie die Modalverben!

Torsten spricht gut Chinesisch und arbeitet bei einem Reisebüro als Dolmetscher. Gestern war er krank

und _____ nicht zur Arbeit gehen. Eigentlich _____ er eine Reisegruppe nach China

begleiten, und das _____ er auch sehr gern tun. Aber der Arzt meinte, das _____ er nicht

machen. Er _____ im Bett bleiben. Sonst wird es schlimmer.

10. Bitte setzen Sie die Modalverben ein und achten Sie dabei auf die Zeitform!
                „Wer draußen ist, will rein und wer drinnen ist, will raus!"
Ein Ehemann berichtet: „ Vor zehn Jahren habe ich meine Frau kennen gelernt. Sie war damals sehr

schön. Ich _____ , nein ich _____ sie heiraten.

Und heute? Mein Leben ist furchtbar. Ich _____ so nicht mehr leben. In unserer Hochzeitsnacht

_____ ich nicht mit meiner Frau in einem Bett schlafen. Ich _____ vor dem Bett liegen.

Jeden Morgen _____ ich den Nachttopf wegbringen. Meine Nachbarn _____ das nicht

verstehen. Meine Freunde _____ ich auch nicht einladen. ,Wir _____ sparen', sagt meine

Frau. Außerdem _____ ich ihr mein ganzes Geld geben. Wenn ich etwas kaufen _____ oder

_____ , _____ ich erst meine Frau fragen. Meine Frau arbeitet natürlich nicht. Am Tag

schläft sie oft, abends besucht sie ihren Freund. Sie meint, sie _____ einen Freund haben. Ein

Mann ist langweilig.

Ich _____ nicht mehr so leben. Ich _____ meine Frau nicht mehr sehen. "

Ⅲ. Präpositionen

1. Ergänzen Sie bitte Präpositionen, wenn nötig, auch die Artikel!

Der Sonntag von Herrn Sand

_____ letzten Sonntagnachmittag ging Herr Sand _____ seinem Sohn _____ Museum. Sie gingen zuerst _____ _____ rechten Raum. Dort sahen sie viele schöne Bilder _____ _____ Wand. _____ Fenster stand ein großer Tisch. _____ _____ Tisch stand eine blaue Vase _____ China. Danach gingen sie _____ _____ linken Raum. _____ Raum standen viele Leute _____ _____ Ecke. Da hing ein bekanntes Bild _____ Picasso. _____ _____ Besichtigung gingen sie _____ _____ Park _____ _____ Museum. Dort machten sie einen Spaziergang. Der Sohn spielte dann _____ _____ Wiese und Herr Sand saß _____ _____ Bank und las eine Zeitung. _____ Abend gingen sie _____ Kino und sahen einen lustigen Film. Anschließend fuhren sie _____ _____ Straßenbahn _____ Hause.

2. Ergänzen Sie bitte die Verben und Präpositionen, wenn nötig, auch die Artikel!

stehen — stellen; liegen — legen; sitzen — setzen; hängen — hängen

a) Warum _____ du _____ Bild hier _____ _____ Tür? _____ es doch _____ _____ linke Wand, _____ _____ Bett!

b) Das Essen ist fertig. Alle _____ _____ Tisch und die Mutter _____ die kleine Tochter _____ _____ Kinderstuhl.

c) Seit drei Tagen _____ er _____ _____ Bett, denn er ist schwer krank.

d) * Wo _____ meine Brille? Ich habe sie eben _____ _____ Telefon _____ .
+ Sie ist _____ deiner Nase.

e) * Hallo, was _____ _____ _____ Zettel _____ _____ Wand?
+ Nichts.

f) * Frau Vater, wo soll Ihr Regal _____ ?
+ _____ Sie es bitte _____ _____ Ecke _____ _____ Schrank!

Ⅳ. Artikel und Pronomen

1. Ergänzen Sie bitte die Artikel, wenn notwendig!

a) Es war einmal _____ Berg. Auf _____ Berg stand _____ Tempel. In _____ Tempel lebten _____ alter Mönch und _____ junger Mönch. _____ alte Mönch erzählte _____ jungen Mönch _____ Geschichte und fing an: Es war einmal _____ Berg. Auf _____ Berg ...

b) Ich erzähle dir _____ Geschichte. In _____ Geschichte ist _____ Hase. _____ Hase läuft weg und _____ Geschichte ist zu _____ Ende.

c) Das ist unser Klassenzimmer. _____ Klassenzimmer ist groß und hell. An _____ Decke hängen _____ Lampen. Vorne an _____ Wand ist _____ Tafel. _____ Tür ist vorne an _____ linken Wand. An _____ rechten Wand ist _____ kleines Fenster. _____ Tische stehen in _____ U-Form. Hier haben wir jeden Tag _____ Unterricht.

d) _____ Stadt Shanghai ist _____ industrielle Zentrum Chinas. Shanghai hat _____ hohe Bevölkerungszahl. Viele Leute kommen aus _____ ganz China nach _____ Shanghai. Sie wollen hier in _____ Fabriken oder _____ Büros _____ Arbeit finden und _____ Geld verdienen.

e) _____ Herr Wang hat in _____ Beijing an _____ Qinghua-Universität studiert. _____ Studium hat vier Jahre gedauert. Nach _____ Studium hat er _____ Deutschkurs besucht. Er wollte in _____ Deutschland oder in _____ Schweiz promovieren.

f) * Hast du heute Nachmittag _____ Zeit? Wir gehen zusammen ins Kino.
  + _____ Zeit habe ich. _____ Lust habe ich auch. Aber _____ Geld habe ich nicht.
  * Macht nichts. Ich lade dich ein.

g) _____ Mond kreist um _____ Erde. _____ Erde kreist um _____ Sonne.
  _____ Menschen leben von _____ Sonne.

h) * Sag mal, Wann beginnt _____ Frühling?
  + _____ Frühling beginnt im März.
  * Welche Jahreszeit ist _____ schönste Jahreszeit?
  + _____ Herbst.

i) Ich möchte _____ Auto kaufen. _____ Auto darf nicht über 1 500 Euro kosten.

j) ,,Herr Ober, haben Sie _____ Eisbein?", will _____ Gast wissen.
  ,,Nein", sagt _____ Kellner, ,,Ich trage immer _____ warme Socken. "

2. Ergänzen Sie bitte die Possessivpronomen!

Familie Becher hat Zwillinge. Sabine und Robert sind drei Jahre alt. Außerdem hat Familie Becher ein drei Wochen altes Baby, Christian.

Robert: Christian ist _____ Bruder.

Sabine: Nein, Christian ist nicht _____ Bruder. Er ist _____ Bruder!

Robert: Mutti, Mutti. Ist Christian _____ Bruder oder nicht?

Mutter: Christian ist nicht _____ Bruder, Robert. Er ist auch nicht _____ Bruder, Sabine. Er ist _____ Bruder.

Robert: Mutti, ist Christian auch _____ Bruder?

Mutter: Nein, er ist _____ Sohn.

Vater: Na, na. Er ist nicht _____ Sohn, sondern _____ Sohn!

Mutter: Entschuldige. Er ist natürlich _____ Sohn und _____ Bruder.

3. Sprechen Sie bitte!

Beispiele:

   * Hast du *eine Kamera*?

   + Nein, ich habe leider *keine Kamera*. Vielleicht hat *Hans eine Kamera*.

   * Na gut, ich gehe jetzt zu *ihm* und frage *ihn*.

   * Haben Sie vielleicht *Zucker*?

   + Nein, leider habe ich *keinen* Zucker. Vielleicht hat *Frau Hausmann Zucker*.

   * Na gut, ich gehe jetzt zu *ihr* und frage *sie*.

Tasche Koffer Wasser Fahrrad Öl Jasmintee Lampe Stuhl Videorecorder Blumentopf Kaffeemaschine Blumen Wörterbuch Bier	die Müllers Maria Herr Schmidt Ma Long Thomas Frau Herman Christian Sabine Frau Wu Franz Xiaohong Herr und Frau Pöppelmann

4. Sprechen Sie bitte!

Beispiel:

     Kamera

   * Wem gehört *die Kamera*?

   + *Die* gehört mir. Gefällt *sie* dir?

   * Ja, so *eine Kamera* möchte ich schon lange haben.

   + Dann schenke ich *sie* dir.

   * Ich danke dir sehr.

a) Tasche   b) Koffer   c) Buch   d) Vase

e) Bild   f) Computer   g) Uhr   h) Scherenschnitt

i) Briefmarke   j) Tischdecke   k) Lampe   l) Stuhl

m) Mantel   n) Kugelschreiber   o) Puppe   p) Krawatte

5. Sprechen Sie bitte!

Beispiel: *mein Freund / ein Buch / eine Krawatte*

* Sag mal, was soll ich *meinem Freund* zum Geburtstag schenken?

+ *Deinem Freund*? Vielleicht gefällt *ihm ein Buch*?

* Nein, *er* hat schon so viele *Bücher*.

+ Dann kaufst du *ihm eine Krawatte*.

* Aber *eine Krawatte* gefällt *ihm* sicher nicht.

+ Dann kann ich dir nicht helfen, tut mir leid.

```
Herr Müller      Hans und Maria
        Frau Herman
die Kinder            mein Bruder
        unsere Lehrerin
Herr Schmidt         Xiaohong
Herr und Frau Pöppelmann
```

```
Bild    CDs    Spielzeug
    Kinderbücher    Vase
Hemd    Blumen    Bluse
    Seidentuch   Puppen
        Fotoalbum
Schokolade        Mantel
```

V. Negation

1. Antworten Sie bitte mit ,, *nein*"!

a) Habt ihr nachmittags Unterricht?

b) Fährt er nach Frankfurt?

c) Hast du Zeit?

d) Hat Wang Dali eine Wohnung?

e) Müssen Sie morgen arbeiten?

f) Ist sie verheiratet?

g) Haben Sie einen dunklen Anzug?

h) Gefällt dir die blaue Hose?

i) Hast du heute frei?

j) Kauft Petra die Kinokarten?

k) Geht sie morgen zu Hans?

l) Hat sie viel Arbeit?

2. Antworten Sie mit ,, *Ja, Nein, Doch*" !

a) * Haben Sie keine Fragen mehr?   + _____, ich habe noch eine Frage.

b) * Fahren Sie nicht mit dem Bus?   + _____, ich gehe lieber zu Fuß.

c) * Finden Sie Maria nicht nett?   + _____, ich finde sie sehr nett.

d) * Trinkst du Jasmintee nicht gern?   + _____, aber jetzt nicht.

e) * Haben Sie kein Geld mehr?   + _____, leider.

f) * Hast du keine Zeit mehr?   + _____, für dich habe ich immer Zeit.

g) * Hat er Freunde?   + _____, viele.

h) * Kannst du Deutsch sprechen?   + _____, aber nur ein bisschen.

i) * Waren Sie schon einmal in Deutschland?

+ _____, ich war noch nie da.

j) * Haben Sie keinen Hunger?

+ _____ , .aber das Essen schmeckt mir nicht so gut.

k) * Arbeitet ihr immer am Wochenende?

+ _____ , nur heute.

l) * Willst du einen langen Brief schreiben?

+ _____ , nur noch ein paar Wörter.

VI. Adjektive und Komparation

1. Ergänzen Sie bitte die richtigen Endungen, wenn nötig, auch die Artikel!

Das Ehepaar Witte wohnt in _____ breit _____ und ruhig _____ Universitätsstraße. Es hat _____ ziemlich _____ groß _____ Wohnung im dritt _____ Stock. Sie hat drei Zimmer, _____ hell _____ Küche und _____ klein _____ Bad. _____ klein _____ Zimmer links ist Herrn Wittes Arbeitszimmer. Im Zimmer steht _____ groß _____ Schreibtisch am Fenster. Vor _____ groß _____ Schreibtisch ist _____ neu _____ Stuhl. Rechts an _____ weiß _____ Wand sind zwei schön _____ Bücherschränke. Darin stehen viel _____ deutsch _____ und einig _____ englisch _____ Bücher. Jeden Abend arbeitet Herr Witte gern hier. _____ groß _____ Zimmer rechts ist _____ schön _____ Wohnzimmer. Es ist ziemlich _____ gemütlich _____ hier. Es ist 35 m² groß _____ , mit _____ klein _____ Balkon. Im Sommer sitzt Frau Witte sehr gern _____ da und liest.

2. Ergänzen Sie bitte die richtigen Endungen, wenn nötig, auch die Artikel!

____ alt ____ reich ____ Chinese machte einmal mit sein ____ jung ____ hübsch ____ Frau ____ groß ____ Reise durch ____ schön ____ Thailand. Sie fuhren mit ihr ____ neu ____ rosa ____ Auto. Sie sahen unterwegs nicht nur ____ groß ____ Städte, sondern auch ____ interessant ____ Landschaften mit ____ (hoch)____ Bergen und blau ____ Seen. An ____ besonders schön ____ warm ____ Tag fuhren sie schon am früh ____ Morgen weiter. Am Mittag kamen viel ____ (dunkel)____ Wolken aus dem Westen und nach wenig ____ Minuten regnete es sehr stark ____ . Der Chinese hielt sein ____ Auto vor _____ klein ____ , aber gemütlich ____ Restaurant. Sie hatten groß ____ Hunger. So gingen sie hinein und nahmen an ____ rund ____ Tisch in der Ecke den Platz. ____ freundlich ____ Kellnerin begrüßte ihr ____ beid ____ Gäste höflich _____ . Der Chinese wollte ____ gut ____ Mittagessen bestellen. Leider konnte er aber nicht Thai und die Kellnerin verstand auch kein _____ einzig ____ Wort Chinesisch. Das war ____ unangenehm ____ Situation! Plötzlich hatte ____ klug ____ Chinesin ____ toll ____ Idee. Sie nahm ____ lang ____ Bleistift und zeichnete auf ____ klein ____ Stück Papier ____ groß ____ Xianggu-Pilz, denn sie und ihr ____ Mann wollten ____ gut ____ Pilze essen. Die Kellnerin sah ____ einfach _____ Zeichnung und ging schnell ____ weg. Nach zehn Minuten brachte die Kellnerin ihnen kein ____ gut ____ Pilze, sondern ____ alt ____ schwarz ____ Regenschirm!

3. Ergänzen Sie bitte!

a) * Ist das Zimmer warm genug?

   + Nein, es muss noch _____ sein.

b) Walter ist nicht so alt wie ich.

   Aber er ist sicher _____ als du.

c) * Nehmen Sie ein Taxi?

   + Nein, ich gehe _____ zu Fuß.

d) * Ist das Hotel gut?

   + Ja, es ist _____ in München.

e) 500 Euro, das ist zwar nicht viel Geld, aber _____ Geld

   kann ich dir nicht geben.

f) * Ist das Bild hoch genug? + Nein, häng es ruhig noch

   etwas _____!

g) * Sind Sie noch gern in dieser Stadt? + Nein, _____ möchte ich sofort nach Hause fahren.

h) * War die Reise nach Frankreich eigentlich schön?

   + Ja, aber von allen meinen Reisen war die Reise nach Spanien _____.

i) * Ist er denn wirklich so jung?

   + Ja, er ist _____ Professor hier in der Uni.

j) Sie sprechen zu leise. Können Sie bitte etwas _____ sprechen?

k) * War der Film interessant?

   + Nein, den anderen fand ich viel _____.

l) Dieses Brot ist schon alt. Haben Sie auch _____ (frisch)?

m) * Kann sie gut tanzen? + Ja, sie tanzt _____ in unserer Klasse.

n) Die _____ Bauern haben die _____ Kartoffeln (dumm / groß).

o) Er ist _____ stark _____ ein Bär.

Stehlen Sie entweder einen kürzeren Fisch, oder ziehen Sie sich einen längeren Mantel an!

Anhang I Grammatischer Rückblick

I. Pronomen

A Personalpronomen im Nominativ, Akkusativ und Dativ
(*Lek.2, Lek.3 und Lek.7*)

Beispiele:

Ich (N) liebe **sie** (A). **Ich** (N) schenke **ihr** (D) eine Rose.

Nominativ	Akkusativ	Dativ	Nominativ	Akkusativ	Dativ
ich	mich	mir	wir	*uns*	*uns*
du	dich	dir	ihr	*euch*	*euch*
er	ihn	ihm	sie	sie	ihnen
sie	sie	ihr	Sie	Sie	Ihnen
es	es	ihm			

B Possessivpronomen im Nominativ, Akkusativ und Dativ (*Lek.2, Lek.3 und Lek.7*)

Beispiel:

Mein Vater (N) hat **meiner** Schwester (D) **meinen** Fotoapparat (A) gegeben.

Personalpronomen	Possessivpronomen	Personalpronomen	Possessivpronomen
ich	mein	wir	unser
du	dein	ihr	euer
er	sein	sie	ihr
sie	ihr	Sie	Ihr
es	sein		

	maskulin	feminin	neutral	Plural
Nominativ	mein	meine	mein	meine
Akkusativ	meinen	meine	mein	meine
Dativ	meinem	meiner	meinem	meinen

II. Bestimmte und unbestimmte Artikel sowie Indefinitpronomen „ *kein*" im Nominativ, Dativ und Akkusativ (*Lek. 3, Lek. 4 und Lek. 7*)

Beispiele:

Das ist **eine** schlechte Zeitung (N). **Die** Zeitung (N) hat **keine** Leser (A).

	maskulin (m)	feminin (f)	neutral (n)	Plural (Pl.)
Nominativ	der ein 〉 Mann kein	*die* *eine* 〉 *Frau* *keine*	*das* <u>*ein*</u> 〉 *Kind* *kein*	*die* — 〉 *Leute* *keine*
Dativ	dem einem 〉 Mann keinem	der einer 〉 Frau keiner	dem einem 〉 Kind keinem	den — 〉 Leuten keinen
Akkusativ	den einen 〉 Mann keinen	*die* *eine* 〉 *Frau* *keine*	*das* *ein* 〉 *Kind* *kein*	*die* — 〉 *Leute* *keine*

III. Verben

A Regelmäßige Verben im Präsens (*Lek. 2*)

Beispiel:

* Ich lerne Deutsch. Was lernt ihr?   + Wir lernen auch Deutsch.

	lernen	arbeiten	bilden	öffnen	zeichnen
ich	lerne	arbeite	bilde	öffne	zeichne
du	lernst	arbei**test**	bild**est**	öffnest	zeichnest
er sie es	lernt	arbeitet	bildet	öffnet	zeichnet
wir	lernen	arbeiten	bilden	öffnen	zeichnen
ihr	lernt	arbeitet	bildet	öffnet	zeichnet
sie	lernen	arbeiten	bilden	öffnen	zeichnen
Sie	lernen	arbeiten	bilden	öffnen	zeichnen

B Unregelmäßige Verben im Präsens (*Lek. 3*)

Beispiel:

* Was **liest** er jetzt? + Ich **weiß** nicht. Vielleicht **liest** er eine deutsche Zeitung.

	lesen	schlafen	nehmen	raten	haben	wissen	werden	sein
ich	lese	schlafe	nehme	rate	habe	**weiß**	werde	**bin**
du	liest	schläfst	nimmst	rä*tst*	**hast**	**weißt**	**wirst**	bist
er sie es	liest	schläft	nimmt	rä*t*	**hat**	**weiß**	**wird**	ist
wir	lesen	schlafen	nehmen	raten	haben	wissen	werden	**sind**
ihr	lest	schlaft	nehmt	ratet	habt	wisst	werdet	**seid**
sie	lesen	schlafen	nehmen	raten	haben	wissen	werden	**sind**
Sie	lesen	schlafen	nehmen	raten	haben	wissen	werden	**sind**

Verben wie *lesen*: sehen, befehlen, empfehlen, stehlen ...
<small>(Las) sah befahl empfahl stahl</small>

Verben wie *schlafen*: anfangen, fahren, fallen, gefallen, lassen, laufen, schlagen, tragen, wachsen, waschen ...
<small>schlief fing an fuhr fiel gefiel ließ lief schlug trug Wuchs [vaksn] wusch</small>

Verben wie *nehmen*: essen, geben, helfen, sprechen, sterben, treffen, vergessen, werfen ...
<small>nahm aß 上课,生气 half sprach starb v死亡 traf vergaß warf 投 geholfen</small>

Verben wie *raten*: behalten, braten, halten ...
<small>riet behielt 保存:维持 briet 烤,炙 hielt</small>

C   Verbstellungen: Aussagesatz, Fragesatz (Entscheidungsfrage / W-Frage / alternative Fragen) und Imperativsatz

(*Lek.2, Lek.3 und Lek.5*)

Beispiele:

a) * Sind Sie noch Student?   + Nein, ich bin kein Student mehr.
   * Was sind Sie von Beruf?   + Ich bin Ingenieur und arbeite (seit) zwei Jahren (bei) Siemens in Shanghai.
   * Arbeiten Sie immer <u>ganztags</u> oder <u>halbtags?</u>   + Ich arbeite ganztags.

b) Nehmen Sie bitte Platz!

Verbstellung	I	II	III	Ende
Aussagesatz	Ich	**arbeite**	zwei Jahre	bei Siemens in Shanghai.
W-Frage	Was	**sind**	Sie	von Beruf?
Entscheidungsfrage	**Sind**	Sie	noch	Student?
Alternative Frage	**Arbeiten**	Sie	immer	<u>ganztags</u> oder <u>halbtags?</u>
Imperativsatz	**Nehmen**	Sie	bitte	Platz!

D Modalverben im Präsens und Präteritum (*Lek. 4 und Lek. 6*)

1) Modalverben im Präsens

Beispiele:

∗ **Können** Sie mit mir ins Kino gehen?

+ Ich **möchte** sehr gern, aber ich **kann** leider nicht, denn ich **muss** noch meine Hausaufgaben machen.

Personal-pronomen	Modalverben im Präsens					
	müssen	dürfen	sollen	können	wollen	möchten
ich	*muss*	*darf*	*soll*	*kann*	*will*	*möchte*
du	musst	darfst	sollst	kannst	willst	möchtest
er sie es	*muss*	*darf*	*soll*	*kann*	*will*	*möchte*
wir	müssen	dürfen	sollen	können	wollen	möchten
ihr	müsst	dürft	sollt	könnt	wollt	möchtet
sie	müssen	dürfen	sollen	können	wollen	möchten
Sie	müssen	dürfen	sollen	können	wollen	möchten

2) Modalverben im Präteritum

Beispiele:

∗ Warum bist du gestern nicht zur Party gekommen?

+ Ich **wollte** sehr gern, aber ich **konnte** leider nicht, denn ich **musste** noch meine Hausaufgaben machen.

Personal-pronomen	Modalverben im Präteritum				
	müssen	dürfen	sollen	können	<u>wollen</u> (möchten)
ich	*musste*	*durfte*	*sollte*	*konnte*	*wollte*
du	musstest	durftest	solltest	konntest	wolltest
er sie es	*musste*	*durfte*	*sollte*	*konnte*	*wollte*
wir	mussten	durften	sollten	konnten	wollten
ihr	musstet	durftet	solltet	konntet	wolltet
sie	mussten	durften	sollten	konnten	wollten
Sie	mussten	durften	sollten	konnten	wollten

E Regelmäßige Verben im Präteritum und Perfekt (*Lek. 13 und Lek. 9*)

1) Regelmäßige Verben im Präteritum

Beispiele:

Gestern besuch**te** ich Herrn Wang. Er arbei**tete** bei Siemens. Vorher mach**te** ich ihm Geschenke. Dann kauf**ten** wir für unser chinesisches Essen am Samstag ein.

Personal-pronomen	Präteritum			
	machen	**arbeiten**	**besuchen**	**einkaufen**
ich	*machte*	*arbeitete*	*besuchte*	*kaufte … ein*
du	machtest	arbeitetest	besuchtest	kauftest … ein
er sie es	*machte*	*arbeitete*	*besuchte*	*kaufte … ein*
wir	machten	arbeiteten	besuchten	kauften … ein
ihr	machtet	arbeitetet	besuchtet	kauftet … ein
sie	machten	arbeiteten	besuchten	kauften … ein
Sie	machten	arbeiteten	besuchten	kauften … ein

2) Regelmäßige Verben im Perfekt

Beispiele:

Gestern haben wir einen Besuch bei Herrn Gao **gemacht**. Er hat sechs Jahre in Deutschland **studiert** und dann bei einer Firma **gearbeitet**. Er hat uns viel über sein Studium und seine Arbeit in Deutschland **erzählt**. Dann haben wir zusammen **eingekauft**.

Personal-pronomen		Perfekt				
		machen	**studieren**	**arbeiten**	**erzählen**	**einkaufen**
ich	*habe*	… gemacht	… stud*ier*t	… gearbei*t*et	… erzählt	… ein**ge**kauft
du	*hast*	… gemacht	… stud*ier*t	… gearbei*t*et	… erzählt	… eingekauft
er sie es	*hat*	… gemacht	… stud*ier*t	… gearbei*t*et	… erzählt	… eingekauft
wir	*haben*	… gemacht	… stud*ier*t	… gearbei*t*et	… erzählt	… eingekauft
ihr	*habt*	… gemacht	… stud*ier*t	… gearbei*t*et	… erzählt	… eingekauft
sie	*haben*	… gemacht	… stud*ier*t	… gearbei*t*et	… erzählt	… eingekauft
Sie	*haben*	… gemacht	… stud*ier*t	… gearbei*t*et	… erzählt	… eingekauft

Verben wie *machen*:　　lernen, lehren, üben, danken …
Verben wie *studieren*:　diktieren, informieren, notieren …
Verben wie *arbeiten*:　　bilden, öffnen, zeichnen …
Verben wie *erzählen*:　　besuchen, verkaufen, entschuldigen, zerstören …
Verben wie *einkaufen*:　vorbereiten, zumachen, zusammenarbeiten, nachfragen …

F Zusammenfassung der unregelmäßigen Verben

Infinitiv	Präteritum	Partizip II	Infinitiv	Präteritum	Partizip II
e — a — o			**i(e) — a — e**		
命令 befehlen *befiehlt*	befahl	befohlen	请 bitten	bat	gebeten
推荐 empfehlen *empfiehlt*	empfahl	empfohlen	放 liegen	lag	gelegen
nehmen *nimmt*	nahm	genommen	sitzen	saß	gesessen
偷 stehlen *stiehlt*	stahl	gestohlen			
ei — ie — ie			**ie — o — o**		
bleiben	blieb	geblieben(s)	biegen ✓使弯曲	bog	gebogen(h/s)
判决;决定 entscheiden	entschied	entschieden	bieten ✓提供	bot	geboten
借 leihen	lieh	geliehen	fliegen	flog	geflogen(s)
scheinen	schien	geschienen	genießen /享用	genoss	genossen
schreiben	schrieb	geschrieben	gießen ✓倒	goss	gegossen
沉默 schweigen	schwieg	geschwiegen	schließen 关	schloss	geschlossen
爬,升 steigen	stieg	gestiegen(s)	verschieben 移动 推迟	verschob	verschoben
做 treiben	trieb	getrieben	verlieren ✓失去;丢失	verlor	verloren
避开 vermeiden	vermied	vermieden	wiegen 称重;掂量	wog	gewogen
原谅 verzeihen	verzieh	verziehen	ziehen	zog	gezogen(h/s)
i — a — u			**e — a — a**		
finden	fand	gefunden	brennen 燃烧	brannte	gebrannt
怒多音 klingen 听起来	klang	geklungen	denken 想	dachte	gedacht
singen	sang	gesungen	kennen 认识	kannte	gekannt
sinken	sank	gesunken(s)	nennen 命名	nannte	genannt
springen	sprang	gesprungen(s)	rennen 跑	rannte	gerannt(s)
trinken	trank	getrunken	senden 送	sandte	gesandt
连结;联系 verbinden	verband	verbunden	wenden 翻转	wandte	gewandt
强迫 zwingen	zwang	gezwungen			
i — a — o					
beginnen	begann	begonnen			
gewinnen	gewann	gewonnen			
schwimmen	schwamm	geschwommen(h/s)			

与 klingen 与 springen 区分

Infinitiv	Präteritum	Partizip II	Infinitiv	Präteritum	Partizip II
分娩;养 gebären	gebar	geboren	bringen	brachte	gebracht
gehen	ging	gegangen(s)	haben	hatte	gehabt
heißen	hieß	geheißen	dürfen	durfte	gedurft
kommen	kam	gekommen(s)	können	konnte	gekonnt

laufen	lief	gelaufen(s)	mögen	mochte	gemocht
rufen	rief	gerufen	müssen	musste	gemusst
sein	war	gewesen(s)	sollen	sollte	gesollt
stehen	stand	gestanden	wollen	wollte	gewollt
stoßen 去打	stieß	gestoßen(h/s)			
tun	tat	getan			
werden	wurde	geworden(s)			

IV. Präpositionen (*Lek. 12 und Lek. 13*)

	Dativ	Dativ / Akkusativ	Akkusativ
Präpositionen mit Fragewort und Pronominaladverbien: **wo**(r) ... **da**(r) ...	aus bei mit nach von zu	an auf in vor ↔ hinter über ↔ unter neben ↔ zwischen	für gegen 朝、向 um 围绕；在…左右 durch
	ab seit außer 除了…之外		ohne bis pro 每 per (表方式) 用，通过
	gegenüber 对面的	entlang 沿着；顺着	

△ Achtung!

1) Bei Personalpronomen wird die Präposition *gegenüber* immer nachgestellt. 后置

Beispiele:

Die Post liegt *der Universität gegenüber* / *gegenüber der Universität*.

Aber: Hans sitzt **mir** *gegenüber*.

2) Das Nomen vor der Präposition *entlang* ist Akkusativ, hinter der Präposition *entlang* ist Dativ.

Beispiele:

Er geht *die Straße* (A) entlang.

Aber: Er geht entlang der Straße (D).

3) bei dem = beim   von dem = vom   zu dem = zum   zu der = zur

   an dem = am   vor das = <u>vors</u>

   an das = ans   in das = ins   für das = <u>fürs</u>   auf das = <u>aufs</u>

   über das = <u>übers</u>   in dem = im   durch das = <u>durchs</u>

V. Ja — Nein — Doch (*Lek. 6*)

Maria:	Hast du heute Abend Zeit?
Hans:	**Ja.** Warum fragst du?
Maria:	Susi geht heute Abend ins Theater. Kommst du mit?
Hans:	**Nein**, ich möchte nicht mit ihr ausgehen.
Maria:	Kommst du auch *nicht* gern mit mir ins Theater?
Hans:	**Doch**, ich komme immer sehr gern mit dir ins Theater. Wann gehen wir los?

VI. Adjektive (*Lek. 10 und Lek. 11*)

A Adjektivendungen mit bestimmten, unbestimmten Artikeln, Nullartikeln sowie Indefinitpronomen „*kein*"

Beispiele:

* *Was für eine* Frau möchtest du heiraten? + **Eine** hübsch*e* Frau natürlich!

* Hier sind zwei Kinder. *Welches* Kind ist dein Sohn? + **Das** klein*e* Kind am Fenster.

		maskulin			feminin			neutral			Plural	
N	der	alte	Mann	die	hübsche	Frau	das	kleine	Kind	die	strengen	Eltern
	ein	alter	Mann	eine	hübsche	Frau	ein	kleines	Kind		—	
	mein	alter	Mann	meine	hübsche	Frau	mein	kleines	Kind	meine	strengen	Eltern
	kein	alter	Mann	keine	hübsche	Frau	kein	kleines	Kind	keine	strengen	Eltern
	(零冠词)	kalter	Kaffee		frische	Milch		warmes	Wasser		billige	Getränke 复数
D	dem	alten	Mann	der	hübschen	Frau	dem	kleinen	Kind	den	strengen	Eltern
	einem	alten	Mann	einer	hübschen	Frau	einem	kleinen	Kind		—	
	meinem	alten	Mann	meiner	hübschen	Frau	meinem	kleinen	Kind	meinen	strengen	Eltern
	keinem	alten	Mann	keiner	hübschen	Frau	keinem	kleinen	Kind	keinen	strengen	Eltern
	0	kaltem	Kaffee		warmer	Milch		warmem	Wasser		billigen	Getränken
A	den	alten	Mann	die	hübsche	Frau	das	kleine	Kind	die	strengen	Eltern
	einen	alten	Mann	eine	hübsche	Frau	ein	kleines	Kind		—	
	meinen	alten	Mann	meine	hübsche	Frau	mein	kleines	Kind	meine	strengen	Eltern
	keinen	alten	Mann	keine	hübsche	Frau	kein	kleines	Kind	keine	strengen	Eltern
	0	kalten	Kaffee		frische	Milch		warmes	Wasser		billige	Getränke

B   Adjektivendungen mit „ *viele, einige, wenige, andere, mehrere, zwei, drei ...* "

Beispiele:

> 少许,一些 wie bei Nullartikel

Ich habe viele deutsche Bücher, aber wenige englische Bücher.

N	viele	deutsche	Bücher
D	vielen	deutschen	Büchern
A	viele	deutsche	Bücher

C   Adjektivendungen mit „ *alle, manche, beide, solche* " wie „ *die* "

> 有些 俩 这样的

Beispiele:

Ich habe alle einfachen Aufgaben gemacht, nur manche schwierigen Aufgaben kann ich nicht verstehen.

> 有些 pron.

N	alle	einfachen	Aufgaben *pl.*
D	allen	einfachen	Aufgaben
A	alle	einfachen	Aufgaben

D   Komparation

Beispiele:

> so ~ wie ~

Herr Luo ist nicht so alt wie ich. Er ist *jünger als* ich. Er ist sogar der *jüngste* in unserer Klasse.

> adv 甚至

Susi hat einen *älteren* Bruder und eine *jüngere* Schwester.

Tabelle der unregelmäßigen Komparation der Adjektive und einiger Adverbien

Positiv	Komparativ	Superlativ
gut	besser	am besten / der, die, das beste
hoch	höher	am höchsten / der, die, das höchste
nah(e)	näher	am nächsten / der, die, das nächste
viel	mehr	am meisten / der, die, das meiste
gern	lieber	am liebsten / der, die, das liebste
oft / häufig	öfter / häufiger	am häufigsten / der, die, das häufigste
bald	eher	am ehesten / der, die, das eheste

VII. Zahlen (*Lek. 2 und Lek. 4*)

A Grundzahlen

1	*eins*	11	*elf*	21	ein*und*zwanzig	40	vier**zig**
2	*zwei*	12	*zwölf*	22	zwei*und*zwanzig	50	fünf**zig**
3	*drei*	13	drei**zehn**	23	drei*und*zwanzig	60	sech**zig**
4	*vier*	14	vier**zehn**	24	vier*und*zwanzig	70	sieb**zig**
5	*fünf*	15	fünf**zehn**	25	fünf*und*zwanzig	80	acht**zig**
6	*sechs*	16	*sech*zehn	26	sechs*und*zwanzig	90	neun**zig**
7	*sieben*	17	*sieb*zehn	27	sieben*und*zwanzig	100	(ein)**hundert**
8	*acht*	18	acht**zehn**	28	acht*und*zwanzig	101	hundert**eins**
9	*neun*	19	neun**zehn**	29	neun*und*zwanzig	1 000	(ein)**tausend**
10	*zehn*	20	*zwan*zig	30	drei**ßig**	1 001	tausend**eins**

1 000 000	eine Million (Mio.)	1,5 Mio.	eins Komma fünf Milli**onen**
1 000 000 000	eine Milliarde (Mrd.)	1,3 Mrd.	eins Komma drei Milliard**en**

6	+	4	=	10		10	−	4	=	6
6	plus	4	ist	10		10	minus	4	gleich	6
3	·	4	=	12		12	:	3	=	4
3	mal	4	ergibt	12		12	durch	3	macht	4

ergeben. vt. 结果是；得出

B Ordinalzahlen (*Lek. 9*)

Beispiel:

* *Der wievielte* ist heute?   + Heute ist *der fünfte* Juni 2002.

* *Am wievielten* haben wir die Semesterabschlussprüfung? + *Am siebten* Juli.

1. (*der*) **erste**	11. (*der*) elf**te**	21. (*der*) ein*und*zwanzig**ste**	40. (*der*) vierzig**ste**
2. (*der*) zwei**te**	12. (*der*) zwölf**te**	22. (*der*) zwei*und*zwanzig**ste**	50. (*der*) fünfzig**ste**
3. (*der*) **dritte**	13. (*der*) dreizehn**te**	23. (*der*) drei*und*zwanzig**ste**	60. (*der*) sechzig**ste**
4. (*der*) vier**te**	14. (*der*) vierzehn**te**	24. (*der*) vier*und*zwanzig**ste**	70. (*der*) siebzig**ste**
5. (*der*) fünf**te**	15. (*der*) fünfzehn**te**	25. (*der*) fünf*und*zwanzig**ste**	80. (*der*) achtzig**ste**
6. (*der*) sechs**te**	16. (*der*) *sech*zehn**te**	26. (*der*) sechs*und*zwanzig**ste**	90. (*der*) neunzig**ste**
7. (*der*) **siebte**	17. (*der*) *sieb*zehn**te**	27. (*der*) sieben*und*zwanzig**ste**	100. (*der*) hundert**ste**
8. (*der*) **achte**	18. (*der*) achtzehn**te**	28. (*der*) acht*und*zwanzig**ste**	101. (*der*) hundert**erste**
9. (*der*) neun**te**	19. (*der*) neunzehn**te**	29. (*der*) neun*und*zwanzig**ste**	1 000. (*der*) tausend**ste**
10. (*der*) zehn**te**	20. (*der*) zwan**zigste**	30. (*der*) dreißig**ste**	1 001. (*der*) tausend**erste**

VIII. Uhrzeit (*Lek.5*)

	offiziell	*inoffiziell*		
13.00 Uhr	dreizehn Uhr	ein		Uhr
13.10 Uhr	dreizehn Uhr zehn	zehn	**nach**	eins
13.15 Uhr	dreizehn Uhr fünfzehn	(ein) Viertel	**nach**	eins
13.20 Uhr	dreizehn Uhr zwanzig	zwanzig	**nach**	eins
		oder: zehn	**vor**	**halb** zwei
13.30 Uhr	dreizehn Uhr dreißig		**halb**	zwei
13.40 Uhr	dreizehn Uhr vierzig	zwanzig	**vor**	zwei
		oder: zehn	**nach**	**halb** zwei
13.45 Uhr	dreizehn Uhr fünfundvierzig	(ein) Viertel	**vor**	zwei
		oder: *Dreiviertel*		zwei
13.50 Uhr	dreizehn Uhr fünfzig	zehn	**vor**	zwei

Anhang II   Liste der grammatischen Terminologie

das	Adjektiv, -e (*Adj.*)	形容词
die	Adjektivdeklination	形容词变位
das	Adverb, -e (*Adv.*)	副词
der	Akkusativ (A)	第四格
das	Akkusativobjekt	第四格宾语
der	Artikel, -	冠词
der	Aussagesatz, ⸚e	陈述句
	bestimmter Artikel	定冠词
der	Dativ (D)	第三格
das	Dativobjekt	第三格宾语
	feminin (f)	阴性
der	Finalsatz, ⸚e	目的从句
das	Fragepronomen, -	疑问代词
der	Fragesatz, ⸚e	疑问句
das	Futur, -e	将来时
der	Genitiv (G)	第二格
die	Grammatik	语法
der	Hauptsatz, ⸚e	主句
der	Imperativ	祈使句
	Imperativ informell	非正式祈使句
das	Indefinitpronomen, -	不定代词
	indirekte Rede	间接引语
der	Infinitiv	不定式
die	Interjektion, -en (*Int.*)	感叹句
	intransitive Verben (*Vi.*)	不及物动词
die	Ja-Nein-Frage, -n	一般疑问句
der	Kausalsatz, ⸚e	原因从句
der	Komparativ -e	比较级
der	Konditionalsatz, ⸚e	条件从句
die	Konjugation, -en	变位
die	Konjunktion, -en	连词
der	Konjunktiv	虚拟态
der	Konsekutivsatz, ⸚e	结果从句
der	Konzessivsatz, ⸚e	让步从句
	maskulin (m)	阳性
der	Modalsatz, ⸚e	方式方法从句
der	Nebensatz, ⸚e	从句
die	Negation	否定

	neutral（n）	中性
das	Nomen, -	名词
der	Nominativ（N）	第一格
der	Nullartikel	无冠词
das	Objekt	宾语
	Partizip Perfekt / Partizip II（*P. II*）	第二分词
das	Passiv	被动态
das	Perfekt	现在完成时
das	Personalpronomen, -	人称代词
der	Plural, -e（*Pl.*）	复数
das	Plusquamperfekt	过去完成时
der	Positiv	原级
	Positiv der Adjektive	形容词原级
das	Possessivpronomen, -	物主代词
das	Präterikativ	谓语
die	Präposition, -en（*Präp.*）	介词
das	Präsens	现在时
das	Präteritum	过去时
das	Pronomen, -（*Pron.*）	代词
der	Proportionalsatz, ⸚ e	比例从句
	reflexive Verben（*Vr.*）	反身动词
das	Relativpronomen, -	关系代词
der	Relativsatz, ⸚ e	关系从句
der	Satz, ⸚ e	句子
das	Satzgefüge, -	句子结构
der	Singular, -e	单数
	Stellung von Dativ- und Akkusativobjekt	第三、第四格宾语的位置
der	Superlativ, -e	最高级
	temporale Präposition	时间介词
der	Temporalsatz, ⸚ e	时间状语从句
	transitive Verben（*Vt.*）	及物动词
	trennbare Verben	可分离动词
	unbestimmter Artikel	不定冠词
	untrennbare Verben	不可分离动词
das	Verb, -en	动词
die	Verbstellung	动词的位置
das	Vollverb, -en	实义动词
das	Vorgangspassiv	过程被动态
die	W-Frage, -n	特殊疑问句
das	Zustandspassiv	状态被动态